| 오대산 노스님의 인과 이야기 속편 |

오대산 노스님의 그 다음 이야기

과경 엮음

각산 정원규 옮김

불광출판사

오대산 노 스님의
그 다음 이야기

머리말

『오대산 노스님의 인과 이야기』가 출판된 후 각지의 불자들로부터 큰 환영을 받았다. 나를 기쁘게 한 것은 적지 않은 독자들이 그 책을 읽고 인과(因果)의 도리를 이해하게 되었으며, 참회의 마음을 일으킴과 동시에 몸의 병도 어느덧 갑자기 좋아지거나 많이 가벼워졌다는 것이다.

아직 육식(肉食)을 끊지 못한 독자들은 이 책을 읽은 후, 비로소 고기 먹는 것이 큰 죄라는 것을 알게 되어 바로 고기를 끊었다. 그런 지 몇 개월 후 신체가 날로 건강해지고 피부도 좋게 변하여 나이에 비해 매우 젊어 보이는 경우가 많았으며, 어떤 사람은 사업이 날로 발전하였다고 한다.

고기를 끊은 후 몸이 뚱뚱한 사람은 살이 빠지면서 건강해졌으며, 마른 사람은 오히려 체중이 늘었다. 아기를 임신한 여성들은 철저히 고기와 오신채를 금하고 『지장경(地藏經)』을 배워 독경하니, 태어난 아기가 건강하고 총명하며, 모습이 잘 생기고 키우기가 편하다고 하였다.

결론적으로 말하면 비린내 나는 고기를 먹지 않은 이점이 너무도 많으며, 각 개인의 인연이 다르기 때문에 얻는 이익도 다르게 나타난다. 여러 곳에서 들려오는 기쁨이 충만한 소식을 들으며 많은 것을 느꼈다. 산에 비가 내리면 큰 나무, 작은 풀까지 잘 자라듯이, 불법은 감로(甘露)와 같아서 감로의 비가 한 번 내리면 우리 중생들은 두루두루 그 혜택을 입게 되는 것이다.

따라서 불경(佛經)을 깊이 연구하면 지혜가 증장하며, 듣고 믿어 받아들이면 고통에서 벗어나 즐거움을 얻을 수 있다. 이 또한 내가 이 책을 쓴 본래의 목적이다. 안으로 추구하면 얻을 수 있으니, 즉 '일체유심조(一切唯心造)'의 도리를 실천하는 것이다.

불법(佛法)은 바로 묘법(妙法)이다. 이 책에 소개된 여러 이야기를 읽고 이해하여 진심으로 행한다면 바로 묘법 노스님을 직접 만나는 것과 같다. 막대기를 세우면 그림자가 나타나듯이 즉시 효과를 볼 수 있는 것이다. 많은 불자들의 요구에 부응하여 다시 여러 가지의 다른 인과 이야기를 제공하니 참고하기 바란다.

아울러 중원(中原)에서 만난 묘용(妙容) 비구니의 자기 피로 쓴 사경(寫經)의 이야기를 소개하니 수행의 모범으로 삼기 바란다. 도적 같은 이들이 나타나 스님의 옷을 입고 부처님을 팔면서 갖가지의 악업을 짓고 있는 오늘날, 이러한 묘용 스님의 출현은 우리로 하여금 이 땅에 불법이 다시 부흥될 것이라는 기대와 기쁨을 느끼게 한다.

묘용 스님과 같은 분들이 출가의 모습으로, 거사의 몸으로, 혹은 갖가지 다른 몸으로 백 명, 천 명, 심지어 만 명 이상 나타나, 묵묵히 마음의 땅을 갈면서 조만간 큰 과(果)를 이루어 수많은 중생을 이롭게 할 것이라 믿는다.

묘법 노스님께서 말씀하시기를, 진정한 불교도는 마땅히 부패를 척결하고 깨끗한 정치를 이끄는 사람이 되어야 하며, 불법을 지켜 모든 악은 짓지 말고 착한 일을 행할 것이며, 국법을 지켜 법과 기강을 존중하며, 가법을 지켜 노인을 공경하고 어린이를 사랑하는 사람이 되어야 할 것이라고 하였다.

말법(末法)시대인 지금 크게 발심한 수행자들이 세상에 많이 출현하고 있으니, 말법이라도 말법이 아니다. 더욱 많은 사람들이 넓고 넓은 불법(佛法)의 바다로 들어오기를 원한다.

삼보제자 과경(果卿)

만약 파, 마늘, 부추 등 오신채와 계란과
모든 고기 먹는 것을 끊고, 매일 진심으로 중생을 위하여
대비주를 3회 내지 21회 염송하며, 한가할 때 송념(誦念) 혹은 묵념(默念)으로
관세음보살의 명호를 염하면, 이것은 바로 모든 소원을 이룰 수 있는 묘법이며,
일체의 전염병, 질병, 재해, 악질 등을 막을 수 있는 묘방(妙方)이며,
사람이 죽은 후 반드시 제불국토에 왕생할 수 있는 묘방이다.
만약 성심으로 염송했는데도 영험이 없는 사람이 있으면,
나는 영원히 불도를 이루지 않을 것이다.

– 묘법 노스님의 법문 중에서

차례

머리말 ··· 2
묘법 노스님의 법문 ··· 5

1장

함부로 나무를 벤 과보 ··· 12
숙세의 정 ··· 15
가면무도회 ··· 19
임신 중에 화를 낸 과보 ··· 23
악성 피부병의 원인 ··· 26
아내의 학대 ··· 29
과자 반 조각의 보시공덕 ··· 33

2장

대부호의 두통과 전생인연 ··· 42
능엄신주 ··· 52
개똥밭에서 꽃이 피다 ··· 60

참회로 당뇨병을 치료하다 … 65
'잘못 가르친 죄'의 뒷 이야기 … 68
신통은 어디에서 오는가 … 76
어느 공장장의 갑작스런 신통 … 80

3장

고모의 골절상 … 90
아기가 계속 우는 원인 … 94
부부의 연분 … 97
새 생명의 길 … 101
애욕은 윤회의 근본 … 108
치질의 원인 … 114
묘용 비구니스님의 피로 쓴 사경 … 120

4장

육식의 해로움 … 130
채식을 하면서 … 137
기공의 채기(采氣) … 140
해충을 쫓아내는 법 … 144
낙태의 죄 … 152
올바른 장례법 … 155
술과 고기를 먹으면 왕생하기 힘들다 … 161

5장

염불과 참선 … 170
천수대비주 … 175
어느 거사의 천도 … 177
보살의 화현 … 182
묘법은 어디에 있는가? … 189

부록

- 선화 상인의 일화 … 200
- 선화 상인의 법문 … 204
- 선화 상인의 행장 … 206
- 지공 선사의 인과법문 … 211
- 양무제와 양황보참 … 256
  - 어느 집안의 인연 이야기 · 257
- 방생공덕 감로묘법/쇼다지캄포 … 259
  - 살생의 응보 · 260
  - 성자도 살생의 보를 받는다 · 267
  - 살생하면 도를 성취할 수 없다 · 269
  - 살생업의 참회 · 272
  - 방생에는 대비심이 중요하다 · 273
  - 육식과 채식 · 277
  - 경사스러운 날에는 살생을 금하고 방생해야 한다 · 279
  - 방생은 복을 증가시키고 수명을 늘린다 · 283
  - 방생의 이익은 무변하다 · 288
  - 방생하면 해탈, 왕생을 얻는다 · 293

옮긴이의 말 … 298

1장

함부로 나무를 벤 과보

숙세의 정

가면무도회

임신 중에 화를 낸 과보

악성 피부병의 원인

아내의 학대

과자 반 조각의 보시공덕

함부로 나무를 벤 과보

1993년 어느 날 대사향이라는 마을에 사는 서른을 갓 넘긴 농민이 묘법 노스님을 만나러 왔다.

그는 2년 전 목구멍 아래의 식도(食道) 벽에 양성 종양이 자라 병원에서 식도의 일부분을 잘라내는 수술을 하였다. 그러나 얼마 지나지 않아 살이 자라나서 식도를 막아 음식물을 잘 삼키지 못하였다. 비록 아프지는 않았으나 딱딱한 음식은 먹지 못하고 죽만 조금씩 먹어야 했다. 이 때문에 1년 후 다시 병원에 가서 수술을 받지 않을 수 없었다.

그러나 반년 후에 다시 살이 자라나 재차 수술을 하였으나 살이 자라나는 원인을 알 수가 없었다. 밥을 먹을 때마다 마치 고문을 받는 것처럼 고통스러워하던 그는 마침내 스님께 구원을 요청하였다.

노스님께서 물었다.

"당신은 예전에 작은 나무 한 그루를 벤 적이 있습니까? 대략 밀가루 반죽 방망이만큼 굵은 것이군요."

노스님은 손으로 방망이 모양을 그리면서 이야기하였다. 그가 생각해보더니 대답하였다.

"단 한 번 나무를 벤 적이 있는데, 우리 집 대문 밖 공터에 자라던 작은 나무였습니다. 그때 그 나무를 베어 삽자루로 만들었으며, 지금도 있습니다. 작은 나무를 벤 것이 제 식도 안에 자라는 종양과 관계가 있습니까?"

그는 노스님의 말씀을 듣고 매우 의심스러워했으나 믿지 않을 수 없었다. 이 나무를 벤 것은 10여 년 전의 일이었는데, 생면부지의 노스님이 어떻게 알 수 있었는지 모를 일이었기 때문이다.

노스님께서 말씀하셨다.

"나무가 세상에 자라는 것은 인류를 이롭게 하기 위한 것입니다. 집을 짓고 교량을 건설하며 물건을 만드는 것 모두 나무를 떠날 수 없는 일입니다. 『지장경(地藏經)』에서 이르기를, '산에는 산신이, 땅에는 지신이, 물에는 수신이, 초목에는 영신(靈神)이 의탁하여 수행하고 있다'고 하였습니다. 따라서 그가 성목(成木)이 되지 않았을 때는 함부로 꺾거나 벨 수 없습니다. 왜냐하면 첫째는 재료를 낭비하게 되는 것이며, 둘째는 붙어있는 수신(樹神)을 상하게 하는 것입니다.

수신을 해치게 되면 수신은 당신에게 원한을 가지게 되며, 병이 생기게 하여 고통을 받게 하는 것이니, 앞으로는 함부로 나무나 화초를 상하게 하지 말아야 합니다. 만약 그것들을 제거해야 할 때는 그들을 위하여 '나무 아미타불'을 몇 차례 염송한 후 제거해야 할 것입니다. 왜냐하면 자라나는 풀의 뿌리 밑에는 수많은 생명이 생존하고 있기 때문입니다.

옛날의 수행인들은 성목이 된 나무를 벨 때에도 사전에 수신으로 하여금 옮겨가게 알렸습니다. 당신이 만약 고기 먹는 것을 끊을 수 있고 아울러 그 나무를 위하여 『지장경』을 세 번 독경해 줄 수 있으면, 자라나는 종양은 아마도 점점 소멸될 것입니다. 그렇게 할 자신이 있습니까?

그가 재빨리 대답하였다.

"할 수 있습니다. 어디에 가서 『지장경』을 사죠?"

"절의 경서(經書) 파는 곳에 가면 살 수 있습니다."

숙세의 정

　언젠가 묘법 노스님과 함께 어느 큰 절에 갔는데, 주지스님이 노스님께 그 절에 상주하는 두 사미니에 관한 이야기를 하시면서 해결책을 부탁하였다.
　그 두 사미니는 스물을 갓 넘긴 나이로 단아하게 생겼다. 출가하기 전에 같은 대학을 졸업하였으며, 모두 석사학위를 가지고 있다고 한다. 출가 후에 독경 예참과 염불, 몸가짐 등이 다 뛰어나며 『능엄경(楞嚴經)』을 완전히 외울 수 있다고 하였다. 그들은 비구니스님 가운데 출중한 인재가 될 수 있을 것이라 하였다. 그런데 주지스님이 아무리 훈육해도 고치지 못하는 결점이 하나 있는데, 즉 '동성애(同性愛)'를 가지고 있다는 것이다.
　편의상 구분하기 위하여 '갑' 사미니와 '을' 사미니로 호칭하고자 한다. 처음부터 그들은 떨어지려고 하지 않았으며, 잠을 잘 때도 같이 자려고 하고, 줄을 설 때도 함께 줄 서려고 하고, 아침저녁 예불할 때에도 앞뒤로 붙어 있으려고 하며, 선방에서 좌선할 때, 공양할 때도 매번 함께 앉으려고 하였다. 심지어 화장실을 갈 때에도 두 사람은 같이 가려고 하였다고 한다. 처음에는 아무도 그에 대해 주시하지 않았으나, 시간이 흐르자 대중스님들 사이에서 의론이 일기 시작하고 주목하게 되었다.

왜냐하면 어느 날 주지스님이 둘 중 하나에게 외부의 일을 보게 하였는데, 다른 하나가 꼭 같이 가겠다고 하면서 못 가게 하니 기분이 상했다고 한다. 이 사건을 계기로 문제가 발견된 것은 좋았으나 도량 내의 많은 스님들이 언짢게 생각하였으며, 스님들의 청정함에 영향을 미치게 되었다. 비록 대중스님들은 말하지 않았으나 그 뒤로 언제나 그 두 사미니를 주시하기 시작하였다. 그러나 정상에서 벗어난 행위는 발견하지 못하였다.

주지스님이 그 두 사미니를 불러 여러 차례 대화하고 심지어 나무라기까지 한 뒤에는 '을' 사미니가 '갑' 사미니를 멀리하기 시작하였다. 그러자 이것이 사태를 더욱 악화시킬 줄 누가 알았겠는가? '갑' 사미니가 '을' 사미니의 이러한 소원(疏遠)한 태도를 참지 못해, 마침내 의견충돌이 일어난 것이다. 비록 큰소리로 싸우지는 못하였지만 두 사람은 얼굴을 붉히는 일이 잦아졌다. 싸움은 싸움이고 '갑'은 여전히 '을'로 하여금 한 걸음도 떨어지지 못하게 하였다. 마치 어머니가 막 걸음마를 뗀 아이를 보살피는 것 같았다.

그들의 말에 의하면, 이러한 감정은 중학교 때 갓 사귀었을 적부터 시작되었으며, 첫 만남에서 정(情)이 통한 것이라고 할 수 있다고 한다. 처음 만났을 때부터 한 번도 떨어진 적이 없었다고 하니 자기들도 좀 이상하다고 느꼈단다. 대학에 들어가 기숙사에 들어가서부터 위·아래 침대를 사용하였으며, 자주 한 침대에서 잠을 잤다고 한다.

'갑' 사미니가 주지스님께 말씀드리기를, "'을' 스님이 보이지 않으면 제 마음이 이상하게도 불안해지니, 저도 비정상이라고 느끼지만, 제 마음을 통제할 방법이 없습니다."라고 하였다.

주지스님은 묘법 노스님께 이 어려운 문제를 해결해주시기를 청하였다. 노스님은 잠시 침묵하시더니 다음과 같이 말씀하셨다.

"그녀 둘은 삼생(三生) 전에 모자(母子) 관계로서 어머니는 자애롭고 아들은 효성스러워 그 은애가 지극히 깊었으며, 그 다음 생은 부부가 되어 더욱 친밀하기가 마치 아교와 옻칠과 같이 평생을 서로 의지하며 지냈습니다.

그러나 음심(淫心)이 무거웠기 때문에 다음 생에는 한 쌍의 제비로 태어나 축생으로 떨어졌으며 조석으로 같이 지내게 되었습니다. 이 한 쌍의 제비는 어느 절 안의 큰 나무 위에 둥지를 틀고 살았는데, 매일 스님들의 경 읽는 소리를 들을 수 있었기 때문에 금생(今生)에 여자의 몸으로 태어날 수 있었으며, 아울러 총명하고 기억력이 좋으며 또 같이 출가하여 수행하러 온 것입니다.

수행을 잘 하면 금생에 생사(生死)를 벗어날 수 있을 것입니다.

그러나 만약 다생(多生) 이래의 애정에 빠진 마음을 놓지 못하면, 내생에는 지옥에 떨어질 수 있으며, 다시 불법을 만나려고 해도 어려울 것입니다."

　노스님은 주지스님의 요청에 응하여 특별히 그 두 사미니스님을 불러 오랫동안 대화를 나누었다. 그들은 이러한 서로간의 인연을 이해한 후 바로 애정을 놓기로 발원하였으며, 불전(佛殿)에 참회하러 갔다.

가면무도회

작년에 공 선생이라는 분이 불교를 믿고 있는 부인과 함께 묘법 노스님을 뵈러 왔다. 그는 대략 사십이 넘은 나이로서 짙은 눈썹에 큰 눈, 오른쪽 볼 아래가 매우 붉었으며, 두툼한 입술이 후덕한 인상을 주었다. 그러나 정신 상태는 그렇게 좋지 못하였다. 그의 부인이 말하였다.

"반년 전 어느 날 저녁 남편이 귀가하는 도중 어떤 사람에게 황산 세례를 받아 얼굴을 상하게 되었습니다. 어두워서 괴한의 얼굴을 제대로 보지 못했다고 합니다. 남편은 검찰기관에서 근무하는데 일처리가 성실하여 아마도 어떤 사람의 보복 행위가 아닌가 생각됩니다. 시정부는 이 사건에 대하여 매우 중시하고 있으나 지금까지 해결하지 못하고 있습니다. 남편은 지금 마음이 매우 뒤틀려 있으며, 울화가 차있어 언젠가는 보복할 마음을 품고 있습니다. 불면증 때문에 수면제를 먹어도 잠깐 잠을 잘 수 있을 뿐입니다. 이러다가 남편에게 정신적인 문제가 생기지 않을까 두려워, 특별히 스님께 가르침을 구합니다."

노스님께서 공 선생에게 말씀하셨다.

"이 사건은 선생이 살생하고 고기를 많이 먹는 것과 관계가 있습니다. 검찰의 업무는 단지 조그만 인연에 불과하니, 이 사건을 저지른 사람에게 원한을 갖지 마십시오.

선생에게 일러드리고 싶은 것은 선생은 정신상 아무런 문제가 없으며, 얼굴의 상처가 회복되면 흉터가 남지 않을 것입니다. 마음가짐을 잘 하시고 이후로 다시 이런 일을 만나지 않으려면 하루 빨리 고기 먹는 것을 끊으시고 항상 '나무 관세음보살' 명호를 염하셔야 합니다."

그는 스님의 말씀을 받아들였으나, 보아하니 마음속은 여전히 압박을 받는 것 같았다. 스님은 그의 이름과 전화번호를 요구하였다. 그들이 돌아간 후 스님은 나에게 일러주셨다. 그의 부인이 자리에 있어 못한 말이 있는데, 그것은 본인이 불교를 믿지 않으니 전생의 인과 이야기를 해 주어도 믿지 않기 때문이라고 한다.

이삼 일이 지나 시간을 내어 공 선생에게 전화를 걸어 물어보았다. "사람들에게 식사대접을 받을 때 식당에 가서 주문하는 음식이 대부분 해산물의 구운 요리가 아닌지요?" 그는 업무관계로 사람들의 청을 받아 식당에서 먹고 마시는 경우가 많았다. 향응을 받는 자체가 업을 짓는 것인데, 하물며 고기를 먹고 살생을 하니 그 업이 더욱 중해지는 것이었다.

그리고 다시 물었다. "다른 사람에 이끌려 가면무도회에 참가하여 춤을 춘 적은 없는지요?"

그런 장소에는 가지 말아야 하며, 이것이 바로 얼굴에 상처를 입은 원인이다.

그 밖에 공 선생의 전생은 부유한 사람으로서 자비심이 있어 가난한 사람을 불쌍히 여겨 항상 보시를 행하였다. 따라서 그는 금생에 먹고 마시는 것을 걱정하지 않아도 될 만큼 복이 있다. 그러나 선량한 사람도 일을 하는 데 있어 선과 악이 섞이기 마련이다. 그는 부유하기 때문에 자연히 일종의 존귀심리가 생겨, 아랫사람에게 자주 모욕을 주며 인격을 무시하는 일들이 발생하게 되었다.

전생의 어느 날, 공 선생은 책읽기에 몰두하고 있었다. 하녀가 일 때문에 곁에 와서 부르는 소리에 소스라치게 놀랐다. 얼굴을 돌려보니 하녀인지라 바로 두 눈을 부릅뜨고 탁자에 있는 컵을 들어 하녀의 얼굴에 뿌렸다. 그의 갑작스러운 분노에 하녀는 어쩔 줄 몰라 울음을 터트렸다.

이것이 바로 공 선생이 금생에 괴한에게 황산 세례를 받게 된 원인이다. 그러나 전생의 인연을 살펴볼 때, 얼굴이 훼손될 지경까지는 이르지 않을 것이다. 아마도 전생의 그 여자하인이 몸을 바꿔 태어나 황산을 뿌렸을 것이다.

스님의 법문을 들으며 사뭇 감개무량한 마음이 일어났다. 『지

『장경』에서 이르기를, 이 세계의 우리 중생들은 마음을 일으키는 것이 업 아님이 없고 죄 아님이 없다고 하였다. 어떤 행위가 조금만 여법하지 않아도, 인연이 모일 때 과보가 현전한다는 것을 알게 되었다. "비록 백천 겁이 지나도 저지른 업은 없어지지 않으며, 인연이 모일 때 과보를 스스로 받아야 된다."

모든 불제자는 여법하지 않은 자기의 언행을 바로잡아야 하며 악한 과보가 닥칠 때 후회하지 않으려면, 마음을 움직이고 일으키는 데 공을 들여야 한다. 종이를 절약하기 위하여 그 후의 이야기는 쓰지 않는다.

묘법 노스님은 아직까지 말씀하신 것이 한 번도 틀린 적이 없으며, 공 선생이 이번 일을 계기로 하여 반드시 불법을 배우는 길에 들어설 것을 바란다.

 선화 상인의 법문

문: 외삼보(外三寶: 佛法僧)와 내삼보(內三寶: 精氣神)의 관계에 대하여 설명해 주십시오.

답: 신(神)은 부처님(佛)에, 기(氣)는 법(法)에, 정(精)은 승(僧)에 대비됩니다. 내삼보는 사람의 법신혜명(法身慧命)이며, 외삼보는 사람의 좋은 모범입니다. 따라서 외삼보를 보호하는 동시에 자기의 정·기·신을 잘 보호해야 합니다. 몸을 깨끗이 하기를 옥과 같이 해야 동시에 내삼보를 낭비하지 않게 됩니다. 결코 출가가 승이 아니며, 정과 기를 낭비하지 않을 수 있으면 승이라 칭할 수 있습니다. 따라서 설령 재가인이라도 정과 기를 낭비하지 않으면 또한 승인 것입니다.

임신 중에 화를 낸 과보

　　서안(西安)의 어느 염불당에서 50세 전후의 어느 여신도가 묘법 노스님께 자신의 억울함을 하소연하였다. 그녀는 남편과 일찍이 이혼하고 고생스럽게 키운 딸이 이미 북경 모 대학 석사인데, 어릴 적부터 자기의 마음과는 상반되게 행동하려고 한단다.

　　동(東)으로 가라고 하면 딸은 기어코 서(西)로 가려고 한다. 비유하면 딸은 볶음밥을 가장 좋아하여 자기가 만들어 주면 매우 맛있게 먹으면서도, 오히려 맛없는 듯 가장하면서 국수를 먹고 싶은데 엄마는 그것도 만들어주지 않는다고 불평을 늘어놓는다.

　　그 다음날 국수를 만들어 주면 딸은 계란 볶은 것을 먹고 싶다고 하니, 기가 찰 노릇이다. 그러나 밖에서는 철이 든 착한 아이라는 말을 들으며, 매년 학교의 모범생이 되곤 하였다.

　　비록 엄마의 영향으로 불교를 믿지만 엄마에 대한 태도는 여전히 바뀌지 않고 있다. 염불이 좋다고 말하면 그녀는 기어코 참선을 하러 가겠다고 하고, 엄마가 좌선을 하고 있으면 딸은 염불을 한다고 한다.

"스님! 딸아이가 저의 죄업의 인연으로 빚을 받으러 온 것은 아닌지요?"

노스님께서 그녀에게 반문하였다.

"딸을 임신한 지 6개월째 되었을 무렵, 남편에게 두 번 연속 화를 낸 적이 없는지요?"

그녀는 조금 생각해보고 나서 답하였다.

"있습니다. 두 번 화를 낸 적이 있습니다."

"보살님의 남편은 과거에 줄곧 당신을 사랑하고 아껴왔죠?"

"그렇습니다."

"보살님은 남편에게 크게 성을 내고는 자신을 원망하였으며, 매번 마음으로는 잘못을 알면서도 고집을 부리곤 하였습니다. 마침내 당신은 남편의 사랑을 잃게 되었으며, 같이 사는 생활에 대한 믿음도 잃게 되어 결국 남편이 이혼을 제기하게 되었습니다.

보살님은 비록 마음속으로는 이혼하고 싶지 않았으나 입은 도리어 마음과 상반되게 말하기를, '이혼하자면 누가 이혼 못해. 이혼하지 뭐. 당신 나가요!' 라고 말했습니다. 이혼 후 지금까지 재혼하지 않은 것도 회한(悔恨)과 남편에 대한 그리움 때문이죠?"

그녀가 갑자기 실성한 듯 통곡하는데, 얼굴에 눈물이 폭포수처럼 흘러내렸다. 노스님은 이어서 말씀하셨다.

"뱃속의 태아는 보살님이 남편과 싸울 때 보살님에 대하여 화가 났으며, 보살님의 분노는 태아의 간장(肝臟)을 상하게 하였습니다. 이혼으로 말미암아 딸은 아버지의 사랑마저도 잃게 되었습니다. 그리고 보살님이 아버지를 공격하여 자신을 맡아 키우게 된 것에 대하여 마음속으로 원한이 남아 있습니다.

사실 보살님은 일찍부터 내심으로 남편에 대한 잘못을 참회하면서도 밖으로는 인정하지 않으려고 하였습니다. 지금이라도 남편의 가정생활에 영향을 주지 않는 상황에서, 그로 하여금 보살님의 참회를 알게 하고, 아울러 딸에게도 참회하는 마음으로 대해야 할 것입니다. 보살님의 잘못으로 딸에게 아버지의 사랑을 잃게 하였으니 말입니다. 성심으로 집에서 '양황보참(梁皇寶懺: 양무제가 지은 자비도량참법)' 세 번을 참회하면 부처님의 가피로 따님이 보살님에 대한 태도를 바꿀 것이며, 앞으로 효성스런 딸이 될 것입니다."

악성 피부병의 원인

예순을 갓 넘긴 분으로 뒤늦게 불교에 입문한 어느 여신도가 그녀의 남편과 함께 찾아와 스님께 가르침을 청하였다. 현재 마흔한 살이 된 아들이 몇 년 전부터 머리에 건선(마른버짐)이 생기기 시작하여 지금은 이마에까지 퍼지고, 두 손의 손톱에도 건선이 생겨 두껍게 변했는데 백방으로 치료를 해도 효과가 없다며, 스님의 자비법문을 청하였다.

노스님께서 물었다.

"아들을 낳기 한 달 보름 전 돈 때문에 화를 낸 적이 없습니까?"

"없습니다."

스님이 말씀하셨다.

"임신 기간의 일이라 생각해 낼 수 있을 것이니 잘 생각해 보십시오."

조금 지나 그들 부부는 같이 말하기를, "아! 그런 일이 있습니다."라고 하면서 아내가 말하였다.

"1960년의 일입니다. 그때 자연재해 때문에 각종 식품의 공급이 부족하여 짠지(소금에 절인 야채)를 사는 것도 수량이 정해져 있어 부식(副食)에 따라 공급하였습니다. 그때가 바로 아들을 임신한 지 7개월 정도 되었을 때입니다. 그 당시 짠지를 사지 못했는데 부식점 판매원은 오히려 저에게 이미 사간 적이 있다고 말하더군요. 기록 장부를 보니 확실히 '이미 샀다'고 기록되어 있었습니다.

시어머니가 흑룡강(黑龍江) 주변에 사는 시누이에게 주려고 사간 것이라 짐작하고 집에 와서 물어보니 사실이었습니다. 이 때문에 시어머니와 심하게 다투었으며, 남편은 시어머니를 대신하여 변명하면서 저를 발로 차기까지 하였습니다."

그녀는 비록 얼굴에 쓴 웃음을 띠었지만, 그 당시의 억울한 감정을 억제할 수 없어 눈물을 흘리면서 이야기하였다.

"이미 41년이 흐른데다 사소한 일이었는지라 저 또한 이미 잊고 있었습니다. 스님께서는 저와 처음 만나셨는데, 이 일을 거론하시니 놀라울 따름입니다."

노스님은 자상하게 그녀에게 말씀하셨다.

"태아가 뱃속에 있을 때에는 엄마의 희로애락에 대하여 모두 감지할 수 있으며, 단지 외부와 의사소통을 할 수 없을 뿐입니다. 당신이 시어머니에게 화를 낸 것은 도덕윤리를 위배했을 뿐 아니라, 자기도 상하게 하고 또 태아의 대뇌신경까지 상하게 하였습니다. 이것이 바로 아들이 지금 피부병을 앓고 있는 원인입니다. 진심으로 참회하면 죄업을 소멸할 수 있습니다. 또한 이 병은 아들 스스로 살생하고 고기를 먹은 원인도 포함되어 있으니, 마땅히 고기 먹는 것을 금해야 할 것입니다. 『지장경』을 읽을 수 있습니까?"

"잘 읽지는 못하지만 읽을 수 있습니다."

"매일 『지장경』 한 부를 독송할 것이며, 병이 완전히 나을 때까지 해야 할 것입니다."

 선화 상인의 법문

문: 삼재(三災: 화재, 수재, 풍재)는 어떻게 하여 오는 것입니까?

답: 사람이 탐심(貪心)이 있기 때문에 화재가 발생하며, 진심(嗔心)이 있기 때문에 수재가 발생하며, 치심(痴心)이 있기 때문에 풍재가 발생합니다. 따라서 삼재는 삼독심(三毒心)으로 일어나는 것입니다.

아내의 학대

남녀의 혼인을 보아하니
착하고 악한 인연이 모이지 않은 것이 없고
아들딸로 태어남은 빚을 받으러,
빚을 갚으러 오지 않음이 없구나.

1994년 여름 하북성(河北省) 어느 절에 오십여 세의 거사가 와서 스님께 자신의 고충을 토로하였다.
"본래 저희 부부는 사이가 좋았으나 아내가 첫째 아이를 낳은 후부터 성격이 비뚤어져 부부싸움이 잦아졌습니다. 싸울 때는 저를 때리고 할퀴고 꼬집어 제 몸과 얼굴에 항상 상처가 없어지지 않을 정도였습니다.
그러나 저는 비록 마음속으로는 괴롭고 화가 나지만 아직 아내를 때려 본 적이 없으며, 그녀에 대하여 미움의 감정이 일어나지 않습니다. 그 후에 아이가 하나 더 생겼는데 상황은 더욱 악화되어, 그야말로 집에 들어설 수 없을 정도로 집안이 엉망진창이 될 때가 많았습니다.

이러한 원인 때문에 일찍이 불문(佛門)에 귀의하였으며, 부득이 하여 앞당겨 퇴직을 하였습니다. 퇴직 후에는 거처를 절로 옮겨 거주하고 있습니다. 퇴직 연금은 식비만 남겨두고 나머지는 전부 집으로 보내어 두 아이의 학비에 보태고 있습니다.

그러나 받는 연금이 얼마 되지 않아 아내의 성질은 더욱더 나쁘게 변했습니다. 지금 병이 들었지만 돈이 없어 병원에 갈 엄두도 내지 못합니다. 정말 이 세상이 너무도 괴롭습니다. 스님! 저에게 밝은 길을 일러 주십시오."

"아미타불!"

줄곧 자세히 듣고 계시던 스님께서 말씀하셨다.

"거사님은 전생에 돼지새끼를 팔아 생계를 유지하였는데, 어미돼지를 교배시켜 새끼를 낳으면 팔아 돈을 장만하곤 하였습니다. 한 배 한 배 연이어 새끼를 낳으면 당신은 새끼돼지를 팔아버리니, 어미돼지는 낳는 고통뿐만 아니라 새끼를 잃는 슬픔을 동시에 느끼게 되었습니다.

동물도 사람과 같이 감정이 있는데, 그 당시의 어미돼지는 거사님에 대하여 원한이 가득하였지만 어쩔 수 없었지요. 어미돼지가 늙어 다시는 새끼를 낳지 못하게 되었을 때, 거사님은 어미돼지를 팔아 죽게 하였습니다. 한번 생각해보십시오. 어미돼지의 모든 새끼를 팔아버렸으며 죽을 때도 비참하게 도살되었으니, 당신을 놓아줄 수 있겠습니까? 금생에 다시 만나 전생의 원한을 갚게 된 것입니다."

거사는 흥분되어 물었다.

"어떻게 하면 이 원한을 풀 수 있습니까? 아예 출가하면 끝날 수 있을까요?"

"출가를 해요? 첫째, 거사님은 두 아들을 떠날 수 없습니다. 거사님은 그들을 매우 사랑하기 때문입니다. 이삼 일 보지 못하면 잠을 잘 수 없지 않습니까, 그렇죠?"

"그렇습니다. 스님!"

"그리고 두 아들은 오히려 엄마와의 관계가 더 좋습니다. 거사님은 설령 출가를 해도 다시 집으로 돌아오게 될 것이며, 그때가 되면 거사님의 처지는 지금보다 더욱 비참해질 것입니다."

"그러면 저는 어떻게 해야 합니까?"

노스님은 웃으며 물었다.

"거사님은 정말로 원한을 풀 생각이 있습니까?"

"물론이지요. 스님! 가르침을 주십시오."

"그러면 거사님은 이 모든 것을 유쾌한 마음으로 맞이하십시오. 집으로 돌아가서 아내가 때려도 되갚아 때리지 말고 욕을 해도 대꾸하지 말 것이며, 역경(逆境)을 순경(順境)으로 받아들여 기꺼이 아내와 두 아들을 위해 헌신하십시오. 진정으로 과거생의 죄업을 참회하면 하늘 가득한 큰 죄도 풀어질 수 있습니다.

그밖에 매일 아침, 저녁예불을 지속하면서 매일 『지장경』 1부를 독송하여 어미돼지와 새끼들에게 회향할 것이며, '양황보참'으로 항상 절하면서 참회하십시오. 이미 퇴직하였으니 가정 일을 돌보는 외에 마음을 독경(讀經)과 예불참회에 쏟으세요. 이렇게 하면 출가한 사람과 같습니다. 자신 있습니까?"

"있습니다."

"그럼 좋습니다. 정성이 깊으면 금석(金石)도 쪼갤 수 있으니, 참회를 오래도록 지속하면 얼음같이 꽁꽁 언 원한도 풀리고 녹을 것입니다."

과자 반 조각의 보시공덕

　사람마다 모두 돈을 많이 벌려고 한다. 어떤 사람은 기회를 잘 잡아 마음먹은 대로 성공하지만, 어떤 사람은 불운을 타서 열심히 노력해도 성공하지 못하는 사람도 많다. 그리고 어떤 사람은 비록 적지 않은 부를 축적하지만, 한 번의 실패로 모든 게 끝나버리는 안타까운 경우도 있다. 십여 년 동안 묘법 스님께서 이 문제에 관하여 많은 사람들의 괴로운 삶을 들으면서 가르침을 내려주신 이야기 중에서 두 가지를 골라 소개하고자 한다.

　『오대산 노스님의 인과 이야기』 전편(前編)에서 어떤 거사가 묻기를, "앞으로 절을 짓는 데 보시(布施)를 많이 하려고 합니다. 어떻게 하면 돈을 많이 모을 수 있습니까?"라고 하자, 스님께서 법문하시기를 "재물은 땔감과 같아서 많이 모아도 이익이 없으며, 한 번 태우면 자기의 몸이 타기 쉽습니다. 땔감은 방을 따뜻하게 할 수 있으며, 필요할 때 줍기만 하면 됩니다. 너무 많이 탐하면 안 됩니다. 너무 많으면 숨은 근심거리가 됩니다."라고 하신 적이 있다.

　이번 이야기의 주인공은 바로 그때 질문했던 그 분이다. 왜 그 분은 재물을 많이 모아 절을 지으려고 가르침을 청했는가? 왜냐하면 그 분은 이미 사업상 크게 성공한 분이며, 일가족(부부에게 아들 하나가 있다)이 모두 불법승 삼보(三寶)에 귀의하였으며, 오래되지 않아 계(戒)를 지키게 되었기 때문이다. 많은 돈이 있는데도 계를 엄중히 지키니 주위의 불자들이 감탄하였다. 보아하니 부귀하여 도(道)를 배우는 것도 어렵지 않으나, 관건은 숙세의 혜근(慧根)이 있어 부처님과 어떤 인연을 맺었느냐 하는 것이다.

　갓 고등학교에 진학한 그의 아들 정위는 어느 날 방과 후 몇 명의 동급생과 집으로 돌아오고 있었다. 그 중 한 친구가 밀가루 빵 하나를 사서 조금 먹다가 남은 빵을 땅에 버렸다.
　정위가 "왜 빵을 먹지 않고 버리니?"라고 물었다.
　친구는 "맛이 없어서!"라며 빵을 발로 멀리 차버렸다.
　정위는 급히 달려가 그 빵을 주워 친구에게 주면서 말했다. "버리면 너무 아깝잖아, 먹어! 음식을 낭비하면 죄가 된대!"
　친구가 웃으며 말했다. "내가 산 빵을 버리고 싶어 버리는데 무슨 죄가 돼? 아까우면 너나 먹어!"
　정위는 조금 머뭇거리다가 말했다. "그럼 내가 너 대신 먹을게!" 그리고는 빵에 묻은 흙을 입으로 불어내며 다 먹었다고 한다.

정위의 어머니는 노스님께 이 이야기를 하면서 눈가가 조금 붉어졌다. 아들이 이 일을 이야기할 때 그녀는 울었다고 한다. 노스님은 그 말을 듣고 묵묵히 앉아있는 아들을 칭찬하면서 말하였다.

"착한 아이구나! 열심히 공부하여라. 전도가 무궁하구나!"

정위의 아버지가 말했다.

"아들은 어릴 때부터 좌선(坐禪)을 좋아했습니다. 어떤 때는 집에서 놀던 아이가 보이지 않아 찾아보면, 옷장 속에서 눈을 감고 단정히 앉아 소리는 나지 않지만 입으로 무엇을 읊조리고 있었습니다. 아이를 안으면서 무엇을 하느냐고 물으면 '놀지'라고 하여, '입으로 무엇을 중얼거리느냐?'라고 다시 물으면 '나도 모르겠어'라고 하였습니다. 스님! 이 아이가 불연(佛緣)이 있는지 말씀해 주십시오. 얘는 일찍부터 자기는 커서 결혼하지 않을 것이며 결혼의 번거로움을 찾지 않을 것이라고 말했습니다."

노스님은 정위 어머니에게 말씀하셨다.

"이 애를 잘 키워서 지식 있는 불교신자가 되게 하면, 장래 불교의 포교를 위하여 큰 공헌을 할 수 있을 것입니다."

정위 아버지가 말했다.

"이해가 되지 않는 일이 하나 있는데, 몇 년 동안 마음속에 쌓여있어 스님께 가르침을 구합니다. 저는 단지 중학교밖에 졸업하지 못했지만, 인연을 잘 만나 하고 싶은 사업을 시작하였습니다.

지금까지 사업이 매우 순조로워 비록 대기업은 아니지만 그런 대로 잘 되어오고 있습니다.

그런데 어떨 때엔 제 자신에 대하여 의혹이 생깁니다. 학벌도 높고 총명한 사람들이 저보다 사업에 일찍 뛰어들어 종사하고 있는데, 그다지 크게 발전하지도 않았고, 어떤 사람은 몇 년간은 흥하다가 갑자기 도산하기도 합니다. 그러나 저는 지속적으로 사업이 순조롭게 발전되어 왔습니다. 또한 다행스럽게도 불법을 만나 염불송경하고 불경과 불상 등을 보시하면서 사업은 갈수록 좋아집니다. 저는 과거생에 무슨 인(因)을 심어 오늘날 이러한 복을 받게 되었는지 알려주십시오."

스님께서 말씀하셨다.

"이러한 문제는 본래 자기가 참선하여 공부하면 알 수 있을 것이나, 거사님은 하루 종일 사업하는 것만 생각하여 좌선할 시간이 없으니, 내가 인과법을 이해시키기 위하여 이야기해 줄 것이니 잘 들으십시오.

석가모니 부처님께서 세상에 계실 때, 어느 날 제자 천여 명이 강당에 모여 부처님의 설법을 듣고 있었습니다. 맨 뒤편 문 입구에 스님 한 분이 앉아있었는데, 뱃속에서 갑자기 '꼬르륵' 하는 소리가 들렸어요. 뒤에서 '히히' 하고 웃는 소리가 들려 스님이 뒤돌아보니, 문 밖에 8, 9세 되는 사내아이가 웃으면서 무엇인가 씹어 먹고 있었습니다. 손에는 먹다 남은 과자를 가지고 있었는데, 나지막한 소리로 '스님, 배고파?' 하고 물었습니다. 비구는 고개를 끄덕였으며, 그 아이는 손에 들고 있는 반 조각의 과자를 주고는 놀러 나갔습니다.

그 아이가 바로 거사님의 전생입니다. 거사님이 스님에게 과자 반 조각을 주어 배고픔을 면하게 하였습니다. 스님으로 하여금 편안하게 부처님의 법을 듣게 한 공덕은 매우 컸으며, 이것이 바로 금생에 당신이 부유하게 된 인연입니다.

『지장경』에서 이르기를 '미래세에 선남자 선여인이 불법 가운데 조그마한 선근을 심으면 받게 되는 복덕은 모래같이 많아 비유할 수가 없다. … 미래 세상에 선남자 선여인이 대승경전을 만나 한 게송이나 한 구절을 듣고 은중심(殷重心)을 내어 찬탄공경하고 보시공양하면 이 사람은 무량무변의 큰 과보를 얻게 되며, 만약 법계에 회향하면 그 복은 비유할 수가 없다.' 라고 하였습니다.

그 아이는 호기심으로 강당의 문 입구에 가서 몇 마디 불법을 들었는데, 비록 그 뜻을 이해하지는 못했을지라도 여러 생을 거친 금생에서 인연이 성숙하여 불제자가 되었을 뿐만 아니라 크게 부유한 사람이 된 것입니다.

그리고 또 그 애가 준 반 조각의 과자를 먹고 잠시 배고픔을 면한 스님은 편안하게 불법을 들을 수 있었기 때문에, 깨달음이 열려 과(果)를 증득하게 되었습니다. 거사님과의 인연 때문에 아마도 금생에 거사님을 만나 함께 불법을 널리 펴게 될 것입니다. 거사님이 계속 정진하고 참선하면 어느 날 명백하게 알게 될 것입니다.

그리고 어떤 사람이 사업상에서 성공하지 못하는 것은 모두가 전생 혹은 금생에 보시하지 않았거나 다른 장애가 있는 까닭입니다. 운명을 바꾸려면 먼저 보시를 이해해야 하며, 나라와 백성을 이롭게 하는 자선사업을 많이 해야 할 것이며, 살생, 도둑질, 사음, 거짓말을 하지 않으면 성공할 수 있을 것입니다.

그런데 부유하게 된 다음에 재물을 잃게 되는 사람은 모두가 나쁜 업을 짓는 데 돈을 쓰기 때문입니다. 말하자면, 사음을 많이 하고 먹기 위하여 살생을 많이 하는 것입니다. 또한 정당하지 않은 방법으로 돈을 벌어서는 안 됩니다. 즉 살생, 도둑질, 사음, 거짓말을 이용하여 사업을 해서 큰 돈을 벌더라도, 일단 인연이 성숙되면 즉시 악한 과보가 이르게 됩니다. 따라서 이러한 사업을 하는 사람은 하루 빨리 업종을 바꾸고 죄업을 참회해야 미래의 나쁜 과보를 바꿀 수 있을 것입니다."

어떤 사람이 사업상에서 성공하지 못하는 것은
모두가 전생 혹은 금생에 보시하지 않았거나
다른 장애가 있는 까닭입니다.
운명을 바꾸려면 먼저 보시를 이해해야 하며,
나라와 백성을 이롭게 하는 자선사업을 많이 해야 할 것이며,
살생, 도둑질, 사음, 거짓말을 하지 않으면
성공할 수 있을 것입니다.

2장

대부호의 두통과 전생인연

능엄신주

개똥밭에서 꽃이 피다
-방탕한 청년의 개과천선

참회로 당뇨병을 치료하다

'잘못 가르친 죄'의 뒷 이야기

신통은 어디에서 오는가

어느 공장장의 갑작스런 신통

대부호의 두통과 전생 인연

　엄(嚴) 대거사는 국내(중국)의 많은 절에서 인기가 있는 분이다. 사람들이 그를 '대거사'라고 부르는 것은 첫째 재산이 많아 전국의 주요 대도시에 그의 기업이 있기 때문이며, 둘째 절을 짓고 불상을 모시고 불경을 인쇄하여 보시하는 데 씀씀이가 크며, 셋째 성격이 대단하기 때문이다. 엄 거사의 명성은 나도 일찍부터 들어왔으나 만나지 못하다가, 그가 묘법 노스님을 뵈러 왔을 때 비로소 대면할 수 있었다.
　육십을 갓 넘긴 엄 거사는 머리가 온통 백발이었다. 얼핏 봐서는 그에게 기업가의 풍모는 느낄 수 없었으며, 오히려 나이 지긋한 근로자처럼 보였다. 남색의 방한복과 구김살이 많은 짙은 남색의 바지를 입었으며, 신고 있는 여행신발 또한 깔끔하게 보이지는 않았다. 왜 외모를 주의 깊게 관찰하였는가 하면, 그 동안 들어온 그의 행적 중에는 금전 보기를 돌이나 흙과 같이 보며, 한마디로 말하여 '큰 손'이었기 때문이다. 어떤 사람이 말하기를, 그의 집에 봉안한 금으로 만든 불상(佛像)을 보고 손님이 찬탄하면, 두 손으로 받들어 주면서 모시고 가라고 하는데 그 청을 뿌리칠 수 없단다. 그리고 그가 본 불교서적이 마음에 들면 곧 최소한 10톤 컨테이너 두 대 분량을 인쇄하여 배포하며, 그가 가본 절에 무엇이 부족하거나 부서진 것이 있으면 즉시 금액에 관계없이 해결해 준다고 한다.

나중에 그가 어떤 사람에게 이야기하기를, 절에 돈을 주지 않고 필요한 물건을 사서 보내는 까닭은 예전에 어느 절에 돈을 보시하였는데, 돈을 받은 거사가 챙겨서 도망간 것을 알았기 때문이란다. "내가 그에게 지옥에 떨어질 조건을 제공했으니 나에게도 죄가 있다. 그 뒤부터는 물건은 사주되 직접 돈은 주지 않게 되었다."라고 커다란 두 눈을 부릅뜨고 성이 난 듯 말하였다고 한다.

그가 어떤 절을 위하여 높이 22미터의 향목(香木)으로 된 관세음보살상을 조각하여 금박을 입히는 데 금 2kg이나 들였으며, 중국돈 백만 원 이상의 돈을 들였다고 한다.

묘법 스님은 그를 청하여 옆에 앉히고 자상하게 물었다.

"거사님에 대하여 일찍부터 들었는데, 나를 찾아온 무슨 까닭이 있습니까? 지금은 회사를 관리하지 않습니까?"

엄 거사는 두 다리의 감각이 매우 무거워 걸음이 불편하다. 그리고 두통을 앓은 지는 이미 몇 십 년이 되었다. 국내외의 유명한 병원에는 다 가보았지만 아무런 효과를 보지 못했으며, 티베트의 활불(活佛) 몇 분을 청하여 관정을 받기도 하였지만 두통을 고치지는 못하였다. 현재 그는 기업을 모두 자식들에게 물려주고, 절에 다니면서 염불을 통해 불보살의 가피를 구하여 두통을 고치려고 하고 있다. 그렇게 하지 않으면 밥을 먹고 잠을 자는 것도 모두 귀찮으니 늘 성질을 부리게 된다고 하였다.

그는 진지하게 스님께 말씀드렸다.
"저는 진정으로 알고 있습니다. 돈이 아무리 많아도 자신의 업력(業力)을 뛰어 넘을 수는 없으며, 재물이 제가 필요한 것을 도와주진 못합니다. 따라서 저는 가능한 한 불교를 위하여 봉사하려고 하며, 죽을 때 고통 없이 극락세계에 왕생하기를 발원합니다.
『오대산 노스님의 인과 이야기』를 읽은 후 비로소 스님의 법호를 알게 되었으며, 여러 경로를 통하여 스님 계신 곳을 물색하고, 외람되게 찾아뵙게 되었습니다. 스님께서는 염불수행을 하시면서 손님을 접견하지 않는다는 것을 알지만, 꼭 뵙고 싶어서 찾아왔으니 양해하여 주시기 바랍니다.
저는 줄곧 알고 싶었습니다. 제가 불교의 큰 일, 작은 일에 어느 정도 봉사했으며 여러 해 동안 채식을 하였는데, 왜 두통은 계속되고 또 다리에 문제가 생겼는지 모르겠습니다."
노스님께서 말씀하셨다.
"거사님은 너무 겸손해 하지 마십시오. 내가 손님을 다시 만나지 않으려는 것은 기력이 못 따라가기 때문입니다. 책이 나오기 전에는 인연이 닿는 대로 인과를 이야기하여 세상 사람들을 일깨워 줬으나, 이제는 책이 나와 많은 독자들이 그 책을 읽었습니다. 그런데 인과의 도리는 이해하지 못하고 단지 밖으로만 구하려고 합니다. 나를 신의(神醫)로 여기면서 사방으로 나를 찾으러 다니는데, 이것은 잘못된 것입니다.

만약 안으로 구하는 것(즉 인과를 이해하고 자기의 언행을 바로 잡는 것)을 실천하지 못하면, 관세음보살을 만나더라도 이익을 얻을 수 없습니다. 거사님의 일은 별도로 논하기로 하고, 우선 거사님이 학벌도 높지 않은데 사업이 왜 그렇게 크게 성공할 수 있었는지 알고 계십니까?"

엄 거사가 말씀드렸다.

"그것은 국가의 좋은 정책을 따랐기 때문이라고 생각합니다."

스님께서 말씀하셨다.

"그것은 단지 외부의 인연입니다. 전국에 사업을 하는 사람은 매우 많아도 거사님처럼 그렇게 크게 성공하는 사람은 많지 않습니다."

엄 거사가 여쭈었다.

"그것은 제가 전생에 심은 인연 때문입니까?"

스님께서 말씀하셨다.

"왜 거사님과 이것을 이야기하는가 하면 그것은 거사님의 두통과 관계가 있기 때문입니다. 부인은 왜 함께 오지 않았습니까?"

엄 거사가 말씀드렸다.

"본래 집사람과 같이 오려고 했으나, 집에 독일종 애완용 개를 키우는데 만약 집사람이 외출하면 돌볼 사람이 없기 때문입니다. 스님! 어째서 제 아내를 거론하십니까?"

스님께서 말씀하셨다.

"거사님이 가는 곳은 어디라도 부인이 따라가죠, 그렇지 않습니까?"

"맞습니다. 제가 어디를 가든 꼭 따라가려고 합니다. 저를 떠나서는 의지처가 없는 것 같다나요. 어떤 때는 조금은 귀찮습니다."

스님께서 정중히 말씀하셨다.

"내가 거사님에게 전생에 얽힌 이야기를 해 주겠는데, 듣고 화를 내면 안 됩니다."

엄 거사는 즉시 몸을 바로 하면서 말씀드렸다.

"어찌 그럴 수 있겠습니까? 『오대산 노스님의 인과 이야기』를 읽고나서 저도 저의 전생 이야기를 듣기 위하여 온 것입니다."

그리고는 스님께 삼배하였다. 스님께서는 다음과 같은 이야기를 말씀해주셨다.

백 년 전 열아홉 살의 의지할 데 없는 가난한 청년이 어느 산자락에 있는 절에 밥을 얻으러 왔다. 큰스님은 청년을 불쌍히 여겨 절 빈 방에 머물게 하고는 땔나무를 하고 잡일을 하게 하였다. 필요할 때는 산 아래로 내려보내 기름, 소금, 양식 등을 짊어지고 오게 하였다.

그 후 청년은 어디에선가 누런 개 한 마리를 주워 데려와서는 하루 종일 그의 곁에 있게 하였다. 산을 내려갈 때는 몸을 지켜주는 호신용 개로 삼았으며, 밤에는 함께 한 침상에서 잠을 잤다. 몇 년 동안 줄곧 서로를 의지하여 살아갔다.

매월 초하루와 보름날은 많은 신도들이 절에 오는데, 남녀노소가 함께 즐거이 예불하고 향을 피우는 것을 보고 그는 매우 부러워했다. 그는 개를 쓰다듬으며 "내가 장래 아내를 맞이할 때, 너와 같았으면 좋겠다. 매일 나를 따라오고 항상 좋은 동반자가 되어 주니…."

어느 날 절에 온 신도들이 모두 내려간 후, 그는 의혹이 생겨 향불이 휘감는 불전에 들어갔다. 불상 앞에 서서 절을 하며 장엄한 불상을 바라보았다. 그리곤 부처님께 말씀드리기를, "부처님이시여! 정말로 부처님이 계신지 안 계신지는 모르겠습니다. 만약 진짜로 부처님이 계신다면 저도 가정을 가지고 행복하게 지낼 수 있도록 도와주십시오."라고 하였다.

그 때 갑자기 뒤에서 큰스님께서 말씀하셨다.

"너도 돈을 벌고 싶으냐?"

그는 고개를 돌려 대답하였다.

"스님! 누군들 돈을 벌고 싶지 않겠습니까? 저한테 만약 돈이 있으면 가정을 꾸리고 사업을 이룰 수 있을 것이 아닙니까!"

큰스님께서 말씀하셨다.

"그래, 돈이 있으면 가정을 이루고 사업을 할 수가 있지. 그러나 아무리 돈이 많은들 모두 하루하루 늙어가며 또한 병이 들어 조만간 자녀들의 울음 속에서 죽어갈 것이다. 그렇지 않은가?"

그는 스님의 말씀을 듣고 한참 멍하게 있다가 물었다.

"스님의 말씀에 따르면, 돈이 있어도 단지 몇 년간 잘 지내다가 병이 들어 죽으면, 여전히 괴롭다는 말씀 아닙니까?"

"그렇지. 어떤 사람이라도 생로병사를 피할 수 없다. 죽을 때 우리 두 손은 아무 것도 갖지 못한 채 땅속에 묻혀서 썩어갈 것이며, 최후에는 흙으로 변하게 될 것이야. 그리고 신식(영혼)은 또 윤회하여 태에 들거나, 소가 되고 말이 되거나, 지옥에 들어가거나 하는 등 다시 윤회의 고통을 받는 것이 끝이 없을 것이다."

"스님! 정말로 윤회하여 세상을 돌고 도는 것입니까?"

큰스님은 그의 곁에 있던 누런 개를 가리키며 말씀하셨다.

"저 개는 과거 생에 이곳 절의 사미스님이었다. 오른쪽 눈꼬리 위에 조그만 점이 있을 것이다. 그 당시 그는 공양을 시작하기 전에 몰래 만두 하나를 훔쳐 먹었는데, 다른 사람에게 발견되었다. 그 때 그는 한마디로 부인하면서 아울러 맹세하며 말하기를, '만약 내가 훔쳐 먹었으면 내생에 개로 변할 것이다.' 라고 하였다. 그 후 그는 병이 들어 죽었는데, 정말로 개가 되어 이 절에 다시 왔구나. 네가 저 개를 데리고 절에 들어설 때, 나는 벌써 알아보았다. 지금 저 개의 털을 한번 들춰보거라. 갈색의 조그만 점이 없는지?"

그는 스님의 말씀에 반신반의하면서 털을 들춰보고는 깜짝 놀랐다.

"스님, 정말로 조그만 점이 있습니다. 이 개와 몇 년간 함께 지냈어도 발견하지 못했는데, 스님은 어떻게 아십니까?"

큰스님은 계속하여 말씀하셨다.

"사람이 잘못을 저지르면 반드시 잘못을 인정하고 바로 잡아야 하며, 마음을 거슬러 자기의 결백을 증명하려고 맹세하면 안 된다. 진실로 잘못을 저지르지 않았으면 그것으로 아무 일도 없을 것이나, 만약 거짓을 말하면 그 맹세한 말이 조만간 실현되기 때문이다. 이 개는 업보가 끝난 후 다음 생에는 사람이 될 것이며, 계속 이어서 수행을 하게 될 것이다."

그는 "그러면 어떻게 해야 윤회의 고통에 다시는 빠지지 않을 수 있습니까?"라고 다시 물었다.

큰스님께서 말씀하셨다.

"사람은 누구나 자기가 언제 죽을지 모른다. 따라서 수행에 힘써야 하며, 출가하여 수행하면 생사를 벗어날 수 있을 것이다. 아내를 얻고 자식을 낳아도 수행은 할 수 있으나, 당연히 출가하여 수행하는 것보다는 장애가 많다."

"그러면 저는 생사를 벗어나기 위하여 출가 수행코자 합니다. 스님께서 저를 받아주십시오."

큰스님은 웃으면서 "내 일찍부터 네가 이 말 하기를 기다렸다."

사미가 된 그 청년은 수행하여 삼계를 벗어나기로 결심하고 매우 열심히 노력하였다. 그러나 몇 년 후 그는 병을 얻어 일찍 이 세상을 떠나게 되었으며, 그의 원력은 실현되지 못하였다. 많은 세월이 흐른 후 금생에 다시 이 세상에 오게 되었다.

원래는 과거생의 원을 이루기 위하여 계속하여 출가해야 마땅하나, 과거생에서 출가하기 전에 결혼하고 싶다고 소망한 종자가 싹터 출가하지는 않게 되었다. 전생에 그 누런 개는 절을 보호한 공덕이 있었기 때문에 인간으로 태어나 아름답고 현명한 여자가 되었으며, 아울러 그 청년의 원에 응하여 금생에 정말로 그의 아내가 된 것이다.

노스님은 미소를 지으며 말씀하셨다.

"거사님은 내가 말하는 사람이 누군지 아십니까?"

엄 거사는 흥분되어 고개를 끄덕이며 대답하였다.

"압니다. 스님께서 말씀하신 그 청년은 저이며, 제 집사람은 지금도 우측 눈꼬리 위에 갈색의 조그만 점이 있습니다."

노스님은 또 말씀하셨다.

"거사님이 금생에 많은 돈을 벌게 된 것은 전생에 절에서 많은 공덕을 지은 결과이며, 거사님의 두통은 단지 거사님이 출가하기만 하면 좋아질 것입니다. 그리고 두 다리가 아픈 까닭은 모두 거사님이 사업할 때 수뢰하고 뇌물을 준 과보이며, 그렇게 무거운 죄업이 다리를 누르고 있으니 어떻게 다리를 움직여 걸을 수 있겠습니까?

진심으로 이런 죄업을 참회하면 없어질 것입니다. 내가 조금 피곤하니 과경 거사가 거사님에게 공양(식사)을 드릴 것입니다. 이야기해야 할 것은 모두 말했으니, 당신의 원을 이루십시오. 어떻게 하더라도 거사님 자신의 일입니다."

엄 거사는 황급히 예를 올리고 감사를 표시하며 말하였다.

"법문 감사합니다. 출가는 제가 고려할 것입니다."

현대인은 모두 돈을 버는 데 많은 관심을 가지고 있다. 이 이야기는 우리 모두에게 복을 받고 돈을 버는 도에 대하여 알려주는 것인데, 그것은 바로 법을 펴고 삼보에 공양하는 것이다.

당신이 얼마나 좋은 인연을 만나는가에 관계없이, 만약 자기가 좋은 원인을 심지 못했으면 좋은 결과를 얻을 수 없다. 마치 당신이 종자를 준비하지 않으면 당신에게 아무리 좋은 땅을 주고 아무리 좋은 자연조건이 있다고 하더라도 당신은 아무런 수확을 거둘 수 없는 것과 같은 것이다.

능엄신주

견명(甄明) 거사의 이층집이 낙성되었다. 경사를 알리는 폭죽소리 가운데 견명 거사 부부는 팔십 세의 부모를 부축하여 새집으로 이사하였다. 그날 오후 그들은 축하하러 온 이웃들에게 과일, 빵, 음료수 등을 대접하였다. 그들의 이층집은 그 마을에서 제일 처음 지어진 것이라 더욱 사람들의 주목을 받았다.

그러나 견명 거사 댁은 3년 전만 해도 그 마을에서 가장 가난했다. 찢어진 천막으로 둘러 부엌을 만들 정도였다. 위로는 부모님, 아래로는 네 자녀가 있었는데, 이들을 부양할 모든 막중한 짐을 견명 거사의 아내가 짊어질 수밖에 없었다. 그러면 남편인 견명은 어디로 갔느냐? 사업을 하다가 빚을 져서 잠시 몸을 피해 숨어 있었던 것이다.

개혁개방이 막 시작된 1980년 초 견명 거사는 촌에서 다른 사람들과 같이 전답을 아내에게 맡기고 '유령회사'를 차려 사장이 되었다. 처음에는 그런 대로 돈을 벌었으나 좀더 크게 사업해보려고 은행에 20만 위안(중국화폐단위)을 대출받았다. 그는 20만 위안을 가지고 친구를 합작파트너로 삼아 동업하였다. 그러나 오래되지 않아서 친구에게 몽땅 사기를 당하여 친구도 돈도 찾을 수가 없게 되었다. 은행에서는 대출금을 상환하도록 요구하였으며, 법원의 전표가 날아들었다.

어떻게 할까? 어찌할 도리가 없어진 그는 할 수 없이 몸을 피하여 오랜 친구인 H현의 단량에게 의탁하였다. 마침 그 당시 단량은 T시에 와서 나를 찾아왔었다. 왜냐하면 그는 내 고향의 동생으로부터, 내가 어떤 고승(高僧)을 스승으로 모시고 다닌다는 소식을 들었기 때문이다. 도교(道教)의 수행을 연구하던 단량은 자연히 이 좋은 인연을 놓치고 싶지 않아, 혼이 나간 견명을 데리고 와서 묘법 노스님을 만나게 된 것이다. 인연이란 정말 불가사의한가 보다. 견명은 친구에게 돈을 몽땅 사기 당한 인연 때문에 묘법 노스님의 제자가 된 것이다.

단량의 집으로 돌아온 견명은 그곳에서 더 이상 머무를 수 없었다. 왜냐하면 법원에서 이미 사람을 파견하여 그의 행적을 뒤쫓고 있었기 때문이다. 그래서 그는 황폐한 땅에 저수지를 관찰하기 위하여 만든 낡고 허물어진 집을 매월 10위안에 세를 내었다. 친구인 단량이 매일 밥을 한 번씩 보내왔다. 촌사람들도 오지 않아 매우 조용하였다. 견명은 이곳에서 8개월을 거주하게 되었다.

이 기간 동안 그는 잠자는 시간 외에는 좌선하고 '능엄주(楞嚴

呪'를 외웠다. 마치 출가한 스님이 폐관(閉關)수행을 하는 것과 다름이 없었다. 채식하면서 염불하고 능엄주를 암송하는 일이 하루의 모든 일과였다. 저녁에는 전등불도 밝히지 않았으며 심지어 기름 등조차도 켜지 않았다.

사십여 세가 된 그는 다리가 굳고 배가 나와 가부좌로 앉는 자세가 잘 되지 않아, 항상 걱정이었다. 그런데 어느 날 저녁 좌선을 하고 있는데, 어디선가 뚱뚱한 스님 한 분이 나타나서 좌선하는 자세를 가르쳐주었다.

"너는 너무 뚱뚱하니 나처럼 이렇게 앉으면 돼."

그래서 그 스님이 가르쳐주는 대로 앉아, 두 손바닥을 아래로 향해 자연스럽게 양측 다리 위에 놓았다. 두 눈을 가볍게 감고 좌선하는데, 칠흑 같은 밤이 푸른 허공으로 변하면서 사방이 망망하며 공적하고 아무 소리도 들리지 않았다.

'내가 어디에 있지. 어찌 내 몸이 보이지 않는 걸까? 그런데 설마 내가 죽은 것은 아니겠지.'

마음이 긴장되면서 두 눈을 떠보니 하늘은 밝아 있었으며, 자신은 분명히 앉아 있었고, 뚱뚱한 스님은 보이지 않았다.

'내가 꿈을 꾼 것은 아닌가?'

견명은 머리를 숙여 자신의 앉은 자세가 뚱뚱한 스님이 가르쳐준 모습임을 알았다.

'꿈을 꾼 것도 아닌데 어째서 날이 밝았을까? 나는 어제 저녁 날이 어두워지자 곧 좌선하였으며, 뚱뚱한 스님이 나에게 가르쳐

준 것은 잠깐 동안이었는데 벌써 날이 밝았으니…. 설마 밤새 앉아 있었던 것은 아니겠지? 그러나 정신은 오히려 매우 맑은데!'

그날 오전 그는 망상이 분분하고 의혹이 일어나, 단량이 밥을 가지고 왔을 때 어제 저녁의 일을 이야기하였다.

단량은 이 지역에서 그렇게 뚱뚱한 스님은 본 적이 없다고 말하였다. 다음날 정오에 단량이 한 장의 불보살님 사진을 견명에게 보여주면서, 이 분의 모습과 닮지 않았는지를 물어보았다.

"맞아, 이렇게 생긴 스님이 나에게 이렇게 앉으라고 했어."

단량은 견명에게 "이분은 미륵보살이며, 석가모니불 다음에 성불하실 미래의 부처님"이라고 일러주었다. 그리고는 "미륵보살께서 오셔서 너에게 가르쳐주셨으니, 너의 행운은 작지 않으며 장래에 너는 반드시 성취할 것"이라고 하였다.

견명은 미륵보살이 자신을 '항운(恒云)'이라고 부르던 것이 생각났다. 단량은 "그것은 법명(法名)이며, 법명은 부처님께 귀의한 제자가 가지는 이름이다. 아마도 너의 전생은 출가한 스님인가보다. 잘 수행해. 조만간 모든 것을 알게 될 날이 올 것이야."라고 말해주었다. 그 후 몇 개월의 기간 중 견명은 좌선 중에 여러 가지의 경계가 나타났다고 한다.

홀로 지낸 지 8개월이 지난 어느 날 단량이 좋은 소식을 가지고 왔다. 어느 운수회사의 사장이 장기간 석탄운송을 담당할 업무

직원을 찾는다고 하는데, 월급은 1,000위안이라고 하였다. 그래서 견명은 그 회사에 취직을 하게 되었으며, 최소한 몇 백 위안은 집으로 보내줄 수가 있었다. 만약 묘법 노스님께서 그에게 모든 인연을 놓고 일심으로 능엄주를 염송하라고 하지 않았더라면, 마음이 얼마나 괴로웠을지 모를 일이었다.

견명의 업무는 화물트럭에 질 좋은 석탄을 실어 보내는 일이었다. 업무 이외의 시간은 '미륵좌(미륵보살, 즉 중국 포대화상의 모습과 같이 앉는 자세)'로 앉아서 능엄주를 매일 사오십 회는 염송하였으며, 저녁에 한번 좌선하면 몇 시간이 흘렀다.

그 후 3년이 지난 어느 날 사장이 견명을 불렀다. 석탄을 원하는 공장과 의견충돌이 발생하여 석탄을 공급하지 못하게 되었다며, 거래처 공장과 관계를 끝내야 하니 결산을 해오라고 시켰다. 그래서 공장에 갔는데 생각지도 않은 제안을 받았다. 공장 측에서 회사와 거래를 끊고 견명과 거래하기를 원하니, 책임지고 계속 석탄을 공급해 달라고 하는 게 아닌가. 견명은 자금이 없다고 거절하였으나, 공장 측은 단지 석탄의 품질만 보증한다면 매월 결산해 주겠다고 하였다.

견명은 마음에 자신이 있었고, 공장과의 관계도 좋아 제안을 받아들였다. 공장 측도 견명을 신임하였기 때문에 운송료를 매월 한 번에 결산하기로 합의하여, 돈 한 푼 수중에 없이도 장사를 할 수 있었다. 이것은 그 당시 운수업계에 있어서 상식 밖의 파격적인 대우로서, 견명은 이 모든 것을 부처님의 가피와 능엄주의 영험으로 돌렸다.

『능엄경』에서 이르기를 "시방의 여래는 이 주(呪)의 마음에 의지하여 시방에서 여러 중생의 고통을 구제해 줄 수 있다. 지옥, 아귀, 축생, 각종 신체의 장애와 미워하는 사람과 만나는 고통, 사랑하는 사람과 이별하는 고통, 구하여도 얻지 못하는 고통, 오음이 치성하는 고통, 크고 작은 여러 횡화(橫禍) 등을 동시에 해탈시키며, 도적난, 병난, 왕난, 감옥난, 풍수해, 화재, 기갈, 빈궁을 당하여 (이 능엄주를) 염송하면 모두 없앨 수 있다. 시방의 여래는 이 주(呪)의 마음에 따라 시방에서 선지식을 섬기고 네 가지 위의 가운데서 뜻대로 공양할 수 있으며, 항하사와 같이 많은 여래의 회중에서 대법왕자가 되는 것이다."

2년 후 견명은 20만 위안의 수표를 가지고 전에 돈을 빌린 은행 문에 들어서서, 온 뜻을 이야기하였다. 은행 관계자는 감동되어 말하였다. "당신이 대출한 돈은 벌써 결손으로 처리하였는데, 이렇게 갚으려고 오셨으니 정말로 감사합니다."

견명이 말하였다. "오늘 가지고 온 돈은 원금밖에 안 됩니다. 이자는 나중에 갚겠습니다. 나는 국가에 손해를 끼칠 수 없으니 은행에서는 조금만 더 시간을 주십시오."

은행 책임자는 "좋습니다."를 연거푸 말할 뿐이었다.

견명이 묘법 노스님께 귀의한 후 그의 아내와 자녀, 심지어 부모님까지도 그를 따라 육식을 끊고 염불하기 시작하였다. 그리고 모친에게 각종 경전을 들려주자, 본래 사이가 좋지 않았던 고부간의 관계도 많이 좋아졌다.

견명의 아내가 나에게 말하였다.

"불교를 믿은 후 다시는 시어머니에게 화를 내지 않았으며 갈등도 없어졌습니다. 자전거를 타고 밭에 가면서 바람에 흔들리는 보리밭의 물결을 바라보면, 저의 마음속에서 올라오던 화도 어느새 없어집니다. 남편이 매번 산서(山西)에서 전화를 걸어와 열심히 염불하라고 하며, '염불하면 아무 것도 남는 게 없어진다'고 하였습니다. '아무 것도 남는 게 없는 것이 무슨 뜻인가?' 하고 물으니 '염불이 지극하면 벽의 구멍에서 불꽃이 타오른다(일종의 염불의 경계)'고 하였습니다."

그녀는 또 말하였다.

"염불을 배우고부터 자전거를 타고 밭에 갈 때에도 마음속으로 '나무 아미타불'을 염합니다. 밭에서 일을 할 때나 일을 마치고 집으로 돌아올 때도 염하는데, 염불을 하니 마음이 든든해지더군요. 주위에 사람이 없을 때 큰소리로 염불하면, 마음은 더욱 후련해집니다. 집에 돌아와 식사를 한 후에도 예전처럼 이웃집에 가서 놀지 않습니다. 시간이 나면 염불해야 하는데, 그들과 한담하며 보낼 시간이 없기 때문입니다. 많은 사람들이 어떻게 하여 부자가 되었는지 물으면, 저는 '염불한 공덕'이라고 말합니다."

지금은 마을에서 그녀를 따라 고기를 먹지 않고 염불하는 사람이 날이 갈수록 많아진다고 한다.

반년 전의 일이었다. 마을의 어떤 사람이 귀신이 붙은 병에 걸려 횡설수설하곤 하였다. 그녀와 아들이 병자의 집에 가서 살펴보니 과연 크게 고함지르며 야단법석을 치던 중이었다.

그런데 병자가 그 모자를 보자마자, 곧 얌전해지면서 무얼 바라는 눈치였다고 한다. 누군가가 그에게 어째서 소동을 부리지 않고 얌전해졌느냐고 물으니, "우리 집에 온 몸에서 금빛이 나는 보살 두 분이 들어와서 감히 소동을 부리지 못한다"고 하였다.

견명의 아들이 말하기를 "그럼 너는 가거라!"라고 하자, 그가 말하기를 "당신이 말하지 않으면 저는 감히 가지 못합니다."라고 하였다. 그래서 견명의 아들이 "그럼 너도 '나무 아미타불'을 염하거라." 하자, 병자는 단지 한 구의 '나무 아미타불'을 염하더니 "그럼 저는 태를 받으러 가야겠습니다."라는 말을 마치고 곧 잠을 자게 되었다. 가족들이 침대에 눕히자 그 다음날까지 잠을 자더니, 그 후 아무 일도 없이 괜찮아졌다고 한다.

이 일이 온 마을에 널리 알려지자 사람들마다 귀신은 '육식을 끊고 염불하는 사람'을 두려워한다고 말하면서, 견명의 아내를 찾아와 염불을 배우기 시작하였다. 농삿일이 한가한 시기에는 항상 견명의 집에서 사람들의 능엄주 외우는 소리가 들려온다고 한다.

개똥밭에서 꽃이 피다
― 방탕한 청년의 개과천선

나의 이름은 여산걸이며, 하남성(河南省) H현 사람이다. 4, 5년 전 어느 날 우리 공장의 이령이라는 직원이 점심시간에 동료와 대화하는 내용을 우연히 듣게 되었다. 오대산에서 묘법 노스님을 참배한 일이며 인과응보에 관한 기이한 이야기가 매우 재미있었다. 그러나 나는 그들의 즐거운 대화 분위기에 영향을 줄까봐 가까이 가지는 못하고 약간 떨어져서 들었다. 왜냐하면 공장 사람들은 나만 보면 피하기 때문이다.

나는 처음으로 불법을 들은 감동을 억제할 수 없어, 그날 저녁 식사 후 용기를 내어 이령의 집으로 찾아갔다. 공교롭게도 그녀는 남편 단 거사와 같이 집에 있었다. 그들은 나를 내치지 않을 뿐만 아니라, 남들에게 환영받지 못하는 나 같은 사람을 따뜻하게 맞이하여 주었다. 나는 그들(그들은 모두 묘법 스님의 제자였다) 집에서 두세 시간 머물면서 불법의 감로비를 맞았으며, 이를 계기로 하여 나의 온몸에 달라붙은 병의 원인을 알게 되었다. 뿐만 아니라 만약 내가 통절히 과거의 잘못을 고치지 않는다면, 무간지옥이 나를 기다리고 있다는 것도 알게 되었다.

나는 어떤 사람인가? 우리 지역의 우는 아이에게 부모가 단지 "여산걸이 온다"고 말하면 울음을 뚝 그칠 정도다. 아이를 달랠 때 내 이름이 효과를 발휘하는데, 그것이 바로 내가 고향사람을 위하여 유일하게 '좋은 일'을 한 셈이다.

한 가지 예를 들면, 내가 어떤 방면에서 이름을 떨치고 있는가를 알게 될 것이다. 몇 년 전 어느 날 친구와 함께 웃고 떠들면서 큰길을 걸어가는데 뒤에서 자동차의 경적소리가 들려왔다. 머리를 돌려 보니 외지에서 온 큰 화물차이기에, 무시하고 길을 계속 갔다. 그러자 그 차는 경음을 크게 울려 나를 깜짝 놀라게 하였다. 나는 큰소리로 운전기사에게 "너 죽고 싶어?"라며 욕을 퍼부어댔다.

이 때 차가 멈추면서 운전기사가 머리를 내밀고, "네가 죽고 싶은 거 아니냐!"라며 맞받아쳤다. 나는 그 말을 듣고 화가 나서 차에 뛰어 올라 기사의 멱살을 잡았다. 그런데 기사 옆에 예쁜 아가씨가 앉아 있었다. 나는 즉시 차문을 열고 들어가, 몸으로는 아가씨를 누르고 오른손으로 운전기사를 때렸다. 과거에 저지른 나쁜 짓은 헤아릴 수 없이 많아 부끄러워 입에 담지도 못할 지경이며, 지금 생각하면 후회막급이다. 나는 이전의 잘못을 고치고 새로운 사람이 되기로 결심하였다. 며칠 후 여러 가지 말들이 들려왔다.

"여산걸이 불법을 배울 수 있을까? 개똥밭에서 꽃이 피겠군!"

"불교가 아무리 좋아도 여산걸 때문에 배우고 싶지 않아!"

그 밖에도 더욱 듣기 거북한 말들이 들렸는데, 그 당시 나는 아무리 심한 말을 들어도 화가 나지 않을 뿐 아니라 오히려 더욱 내 자신에 대한 참회심이 솟아났다. 그 어느 누구도 나의 개과천선을 믿는 사람이 없었다. 그러면 그럴수록 나는 '이것도 인과응보야, 조금도 틀리지 않아'라고 마음속으로 생각했다.

나는 온갖 질병으로 인해 전신이 무력하며, 때때로 쇼크현상이 나타나기도 하였다. 단 거사는 이것은 내가 육식을 위해 살생하고 사람을 때린 과보라고 하였다. 나는 불법을 듣고 인과응보의 무서움을 알았으니, 잘 배워 새사람이 되기로 마음을 다잡았다. 부처님께서 모든 중생은 부처가 될 수 있다고 하셨는데, 내가 어째서 착한 사람이 될 수 없겠는가? 불보살께서는 불법을 알지 못하여 죄를 저지른 사람으로 하여금 어찌 불법을 배우게 하시지 않겠는가?

이미 결심한 이상 좋은 모습을 사람들에게 보여주어야 했다. 동료들이 어떻게 이야기하든, 그때부터 퇴근하여 집에 돌아오면 불경을 공부하기 시작하였다. 일체의 비린내 나는 것, 담배와 술조차도 모두 끊고 매일 불전에서 이전에 저지른 살생, 도둑질, 사음, 거짓말 등의 죄업을 참회하였다. 백 배, 이백 배, 삼백 배, 일천 배 절을 하면서, 내가 죽인 동물들과 때리고 욕하며 괴롭힌 사람들에게 모든 공덕을 회향하였다. 한번 절을 할 때마다 간절히 참회를 하였으며, 눈물이 온 얼굴에 범벅이 되었다. 절하는 나 자신조차도 내가 여산걸이라는 것을 알지 못하였다.

마침내 어느 날부터 불교신도들이 나를 받아들이게 되었으며, 이웃과 친척들도 나를 보면 인사하기 시작하였다. 귀신이 사람으로 변하여 다시 인간세상으로 돌아온 것이다. 단 거사는 나를 데리고 묘법 스님께 귀의하게 하였으며, 그때부터 새 인생이 펼쳐졌다.

어느 날 꿈속에서 어디선가 본 듯한 검은 개가 다가오자, 말할 수 없이 귀여워하며 두 손으로 개를 쓰다듬는 나의 모습을 보았다. 그 다음날 잠에서 깨자 온몸이 가벼워졌음을 느끼게 되었다. 그때부터 내 몸의 병은 부지불식간에 점점 좋아졌다.

어느 날 검은 개에 대한 생각이 갑자기 떠올랐다. 그 개는 수년 전 내가 끈으로 묶어 잡아먹은 개였다. 그 개에게 진 목숨의 빚이 너무나 많고 업이 커서, 죄업이 쌓여 병이 되었던 것이다. 내가 진심으로 참회·송경하고 회향하니 나에 대한 원한을 풀어주었다. 그 개는 다시는 나를 원망하지 않을 뿐 아니라 꿈속에서 나에게 다가왔으니, 이것은 그 개도 고통에서 벗어났다는 것을 설명한다.

나는 그 후 매일 내가 죽이고 먹은 동물을 위하여 『지장경』 일 편을 독송하기로 결심하고 줄곧 독송을 계속하면서, 그들이 조속히 극락세계에 왕생하여 나와 함께 불도를 이루기를 빌었다.

몇 년 후 나는 여전히 '유명인사'가 되었다. 예전처럼 사람들이 보면 두려워하는 '귀신'이 아니라, 부모들이 나의 행적을 가지고 말을 잘 듣지 않는 자녀를 훈계하게 되었다.

"여산걸도 아주 착한 사람으로 변했는데, 어찌 네가 변할 수 없 겠는가?"

나는 부모 말씀을 잘 듣지 않는 아이들이 본받을 모범이 되었으니, 여산걸도 인간세상에 헛되이 온 것이 아니었다. 이 몸이 저지르는 모든 선악은 자신의 마음이 일으킨 것으로서, 마음이 변하면 일체가 변하는 것이다. 내가 악인에서 착한 사람으로, 불제자로 변한 근본 원인은 바로 나 자신의 마음이 변한 것이며, 번뇌와 보리(菩提: 깨달음)는 모두가 마음이 짓는 것임을 알 수 있다. 나는 예전의 나처럼 행실이 나쁜 모든 사람들과 같이 조속히 바른 길로 돌아가서 함께 불도를 증득하기를 원한다.

나는 시를 쓸 줄 모르며 사(詞)도 지을 줄 모르지만, 몇 마디 구로써 나의 심지를 표명하고자 하니 비웃지 말기를 바란다.

부처님의 거룩한 명호 염불소리 투철해지면
모든 부처가 마음 가운데 내려앉네.
아침의 종소리, 저녁의 북소리에
꿈속의 손님을 깨우니 급히 마음을 돌려
달리는 말 위로 채찍을 휘두르네.
나무 아미타불! 나무 관세음보살!

참회로 당뇨병을 치료하다

나는 장입화라고 하며, 금년 65세로서 퇴직근로자이다. 나는 구(舊)사회에서 태어나 신(新)사회에서 자랐으니, 학교에서 배운 것은 모두 무신론(無神論)의 교육이었다. 반세기 동안의 이러한 환경 속에서 무신론자가 되었다고 말할 수 있다.

청년시기에 학습과 업무 외의 시간에는 많은 소설을 읽었다. 그 중에는 인과(因果)와 관계 있는 책도 있었으나, 책 속의 내용이 모두 몇 백년 혹은 천년 이전의 이야기로서 비록 도리는 있으나 고증할 길이 없어 나의 관심을 끌기에는 부족하였다.

금년에 나와 남편은 지금 살고 있는 이곳으로 와 거주하게 되었다. 이곳에 장 씨 성을 가진 할머니가 계시는데, 아파트 공원 그늘에서 휴식할 때 항상 인과에 관한 이야기를 들려주었다. 남편이 듣고 와서 나에게 들려주었지만 별로 주의하지 않았다.

금년 3월 우연히 나도 사람들의 무리에 끼어 장 할머니의 이야기를 듣게 되었는데, 모두가 지금 우리 주변에서 실제로 일어난 인과응보의 이야기였다. 장 할머니는 나의 병에 관해 듣고는 『오대산 노스님의 인과 이야기』한 권을 주었으며, 이 책은 나로 하여금 몇 십년 동안의 미망(迷妄)에서 깨어 나오게 하였다.

묘법 노스님의 법문은 정말로 불가사의하였다. 스님께서 책 속의 주인공들에게 설파하신 모든 병의 원인이 살생하고 게걸스럽게 고기를 먹어서 초래된 인과응보 아닌 것이 없었다. 노스님의 말씀처럼 지지고 찌고 볶고 삶는 것은 입의 즐거움을 위하나, 동물의 원한은 알지 못하는 것이다. 그리고 조만간 그 과보를 받아야 한다.

내가 당뇨병을 앓은 지는 벌써 17년이나 되었다. 손발이 마비되고 시각막 병변 등의 증상이 생기기 시작하였다. 병원에서 검사해보니 시력이 급격하게 떨어져 오른쪽 눈은 실명이 되었으며, 왼쪽 눈의 시력은 0.1이 나왔다.

나는 두려움이 앞서 마음이 크게 괴로웠다. 만약 왼쪽 눈도 실명하면 앞을 보지 못하는 맹인이 되는 게 아닌가! 과거에 고기를 먹는 것은 사람의 신체를 건강하게 해주는 것으로 여겼으나, 이러한 생각이 크게 잘못되었다는 것을 알게 되었다. 『오대산 노스님의 인과 이야기』에서 가르침을 받고, 다시는 살생하지 않고 고기를 먹지 않겠다고 맹세하였다. 아울러 내가 이전에 먹었던 동물을 위하여 참회하고 '아미타불'의 명호를 염불하였다.

장 할머니를 만난 이후 금년 3월부터 6월까지 줄곧 참회를 해왔다. 그리고 기적이 나타났다. 병원에서 진찰해보니 오른쪽 눈 백

내장 외에 왼쪽 눈의 시력이 돈 한 푼 안 들이고 정상으로 회복된 것이다. 만약 예전과 같이 지냈더라면 왼쪽 눈도 아마 눈이 멀게 되었을 것이다. 그러나 육식을 끊고 아미타불을 염불하니, 기적이 일어난 것이다. 부처님께서, 묘법 노스님께서 나에게 광명을 주신 것이다.

금년 6월경 아는 사람의 소개로 다행스럽게도 『오대산 노스님의 인과 이야기』를 엮은 과경 거사를 만날 수 있었다. 아울러 책 속에 나오는 주인공 세 분과도 만나 같이 과경 거사의 법문도 듣게 되었다.

지금 나는 이미 육식을 끊고 오계를 지니고 있으며, 남편은 손자를 돌보느라 한 달에 나흘간만 고기를 먹고 있으나 조만간 끊게 될 것이라 믿는다. 나는 남편과 함께 불문에 귀의하여, 남은 생 동안 불법을 배우면서 염불하는 수행제자가 되었으니 실로 우리들의 복이라고 생각된다.

'잘못 가르친 죄'의 뒷 이야기

『오대산 노스님의 인과 이야기』 전편에서 언급한 '잘못 가르친 죄'의 주인공은 남편이 29세, 부인은 32세인 부부이다. 그들의 딸은 올해 4세로서 약간의 뇌성마비 때문에 몸은 온전하지 못하나, 얼굴이 예쁘고 지능지수는 같은 또래에 비하여 훨씬 높다고 한다. 예를 들어 당신이 마술을 부려 무슨 물건을 감추면, 아이는 당신이 자기를 속인다는 것을 알 뿐만 아니라 곧바로 그 물건을 찾아낸다.

그녀는 걸을 때 평형을 유지하지 못하여 어른이 손으로 부축해야 걸을 수 있으며, 지금은 걷기 훈련을 강화하고 있다. 처음에는 앉기조차도 힘들어했는데 많이 나아진 것이다. 그리고 엄마, 아빠, 할아버지, 할머니 등 간단한 말은 할 수 있으며, 배가 고프면 부모를 불러 배를 치고 입을 가리키면서 배고픔을 표시할 줄도 안다. 또한 대소변이 급할 때 동작을 표시할 줄 알아서, 밤중에 잠을 자다가도 부모를 깨워 의사를 표현하니 침대에 실례를 한 적이 없다.

만약 문 밖에서 좋아하는 사람의 말소리만 들려도, 손발을 움직여 기쁜 마음을 드러낸다.

며칠 전 내가 아이의 엄마에게 전화를 했는데, 아이는 전화기를 달라고 하면서 '할아버지!'라고 반갑게 소리치기도 하였다. 나도 그 아이가 나날이 좋아졌으며, 점차 호전되는 모습에 기쁘고 안심이 됐다. 묘법 노스님은 아이에게 잘 어울리는 '혜흔(慧欣)'이라는 이름을 지어 주셨는데 과연 영험이 있었다.

스님께서 말씀하셨다.

"혜흔이의 변화는 내가 예상한 것보다 빠르며, 머지 않아 스스로 자기 일을 처리할 수 있을 뿐만 아니라 완전히 정상으로 될 수 있을 것이다. 아울러 스무 살 전에 지혜가 열릴 가능성이 있다."

그 말씀을 듣고 놀라워서 스님께 여쭤보았다.

"혜흔이는 돼지세계에서 몸을 바꿔 온 아이인데 어떻게 그렇게 빨리 지혜를 열 수가 있습니까?"

스님께서 말씀하셨다.

"혜흔이는 전생에 글 가르치는 훈장으로서, 불법을 배우려는 중생들을 잘못 인도하여 돼지세계에 떨어진 것이다. 훈장 이전의 전생은 당시 명망 있는 스님이었으나, 후에 음욕심(淫欲心)을 끊지 못해 죽은 후 다시 인간세상에 와서 글 가르치는 훈장이 되었다.

스님이었던 전생 당시의 두 제자도 정애(情愛)의 마음을 끊지 못해, 다음 세상에 그를 따라와서 다시 제자가 되었다. 훈장은 다른 사람의 불교수행을 잘못 인도하여 돼지 몸을 받았으나, 그의 두

제자는 죽은 후 다시 인간으로 태어나 부부가 되었다. 그들 부부는 전생에 돼지 머리고기를 좋아하였기 때문에, 금생에 혜흔이의 부모가 된 것이다.

　정리해보면 혜흔이의 전생은 돼지였으며, 그 돼지의 전생은 글 가르치는 훈장 선생, 그리고 훈장의 전생은 어느 정도 도행은 있었지만 음욕심을 끊지 못한 스님이었다. 돼지 머리고기를 좋아하였던 젊은 부부는 뇌성마비를 가진 아이를 얻게 되었다. 뇌성마비는 바로 우치(愚痴)를 말하며, 우치의 원인은 훈장이 다른 사람이 불법을 배우는 것을 막았기 때문이다. 그 전전생(前前生)을 추적해 보면 우치한 마음은 음욕심을 끊지 못하였기 때문이며, 음욕심은 남녀 간의 사랑의 마음과 행위를 말한다.

　결혼의 '혼(婚)' 자에 '여(女)' 변이 있는데, 옆에 여인이 있으면 정신이 어두워질 수 있다는 것을 뜻하며, 이것이 바로 우치의 원인이다. 이것은 『능엄경』에서 말씀하신, '너희들이 삼매(三昧)를 닦아 삼계 고해(苦海)를 벗어나려고 하면서 음욕심을 제거하지 못하면 삼계를 벗어날 수 없느니라.' 고 하신 것과 같다.

　혜흔이의 부모는 불법을 이해한 후 일심으로 불법승 삼보에 귀의하였으며, 모든 비린내 나는 음식과 음욕을 끊었다. 스스로 송경·염불하며, 또한 혜흔이에게 예불·염불을 가르치고 있다. 이로 인해 내 눈 앞에 금빛 찬란한 사원이 나타났으며, 그들 세 사람 모두 이미 출가상(出家相)이 나타났다. 전생에 스님이 되어 수행한 지혜가 혜흔이의 몸에 다시 나타날 날이 있을 것이다."

금년 여름 고향으로 돌아가 정착한 혜흔이와 그의 부모를 만날 기회가 있었다. 그들은 사제 과배(果培) 거사의 지도하에 수행 정진하고 있는 수많은 묘법 스님의 제자들과도 인연을 맺었으며, 스님의 말씀이 마침내 검증되었다.

혜흔이의 부친 유 거사는 문약한 서생의 모습이었다. 그의 부인 이 여사는 직물공장의 근로자이지만 교사처럼 아름답고 우아하였으며, 남편보다 나이가 많아 보이지 않았다.

유 거사의 팔을 보니 대각선의 불에 덴 흔적이 선명하였다. 내가 어떻게 된 것이냐고 물어보니, 유 거사가 말하였다.

"저희 부부는 혜흔이의 병 때문에 불법을 이해하게 되었으며, 금생에 반드시 삼계를 벗어나 극락세계에 왕생할 것을 발원하였습니다. 사랑하고 결혼하여 아이를 낳았으나, 이 때문에 갖가지 고통과 번뇌가 찾아온다는 것을 뼈저리게 알았습니다.

저희들은 『능엄경』의 가르침을 배우고, 『오대산 노스님의 인과 이야기』를 반복하여 읽은 후 음욕을 끊기로 결심하고, 불전에서 함께 팔에 연비를 하면서 발원하였습니다. 저희 부부는 비록 여전히 한 침대에 자지만 반년 넘게 아무런 일이 없습니다. 그러나 반년 전 어느 날 갑자기 어디에서 온 지 모르는 마(魔)의 힘이 나를 부추겨 부부관계를 하도록 유혹하였습니다.

저는 억제할 수 없어서 급히 침대에서 뛰쳐나와 불전에 꿇어앉아, 관세음보살님께 저에게 정력(定力)을 가질 수 있도록 가피를 구하였습니다. 아울러 두 개의 향을 양팔에 사르면서 마음속의 음마(淫魔)를 쫓아내기로 작심하고 부처님의 가피를 구했습니다.

저희 부부는 반드시 음욕심을 끊을 수 있을 것이며, 거사님은 묘법 노스님께 걱정하시지 마시라고 전해주십시오. 우리 둘은 혜흔이를 데리고 반드시 묘법 노스님의 좋은 제자가 될 것입니다."

나는 유 거사의 말에 감동하였다.

"한창 젊은 나이에 그러한 대장부의 기백을 가졌으니, 우리같이 나이 많은 사람을 부끄럽게 하는 것 같아 정말로 감탄할 뿐입니다. 『오대산 노스님의 인과 이야기』 속편에 당신들의 이야기를 넣어도 되겠습니까?"

부인이 바로 말하였다.

"음욕을 끊은 부부가 여기에 이미 서너 쌍은 됩니다. 과배 거사는 항상 능엄법회를 엽니다. 여기 있는 대부분의 사람들은 '능엄주'와 '사종청정명해'를 외울 줄 압니다. 위로는 60세의 아주머니, 아래로는 20세 전후의 젊은이들도 이를 외우지 못하면 부끄러워할 지경입니다. 무릇 발심하여 불법을 배우는 사람은 비린내 나는 음식을 끊었습니다. 홍빈 거사라는 분은 과배 거사를 만나고 『오대산 노스님의 인과 이야기』를 읽어 본 후, 자신은 물론 그의 아내와 두 딸도 육식을 끊게 이끌었습니다.

최근 우리 부부가 음욕을 끊었다는 말을 듣고 홍빈 거사 부부도 여러 거사들 앞에서 불전에서 음욕 끊기를 발원하겠다고 하였습니다. 그들도 모두 삼십대의 젊은이들입니다. 저희들은 단지 부처님의 말씀대로 행할 뿐, 스스로 대단하게 여기지는 않습니다.

저는 우리 혜흔이의 일을 인과 이야기 속편에 넣기를 원합니다. 혜흔이는 태어나면서부터 등과 복부에 어혈 같은 흔적이 있어 병원에 가서 진찰해보니, 이것은 '색소실금증'이며 가족에게 유전되는 것이라고 하였습니다. 혜흔이의 팔꿈치에는 횡으로 된 어혈이 있습니다. 그 원인은 다음과 같습니다.

어느 날 제가 좌선할 때 갑자기 돼지를 잡는 도살장에 들어갔는데, 한 마리의 돼지가 사지를 묶인 후 도살되었습니다. 그 후 뜨거운 물이 펄펄 끓는 큰 가마솥에 넣어 삶고는 건져서 털을 뽑았습니다. 칼로 돼지다리를 끊고는 막대기로 다리를 쿡쿡 찌르고 배와 등에도 구멍을 내었습니다. 그 다음 돼지 몸에 공기를 불어 넣으니 배가 마치 공처럼 부풀어 올랐으며, 가는 끈으로 돼지 다리를 입에 넣어 묶고는 공기가 빠져나가지 못하게 하였습니다. 이어서 쇠막대기로 돼지 몸을 두드리니 내부에서 피가 흘러 내렸으며(나중에 어느 노인에게 물어보고서, 이런 과정이 돼지고기의 내부 수분과 피육을 분리하기 위해서라는 것을 알았다고 하였다), 맞은 곳에는 여전히 희미한 피의 흔적이 남아있었습니다. 최후에 배를 가르고 살을 도려냈습니다.

이때 저는 갑자기 깨달았습니다. 혜흔이의 몸에 나타난 어혈 같은 흔적의 원인이 위와 같이 돼지가 도살될 때 남는 흔적임을 알았습니다. 이것은 묘법 노스님의 말씀이 정확하다는 것을 검증합니다.

사람이 윤회를 하는 것은 진실이며, 인과응보는 사실입니다. 저희들은 저희 집에서 일어난 일을 널리 알려, 계를 지키지 않는 많은 불제자들을 일깨우기를 희망합니다. 단지 계를 지키고 참회하면 죄업을 없앨 수 있으며, 계를 지키고 염불하면 극락정토에 왕생할 수 있을 것입니다."

혜흔이 어머니의 말에 크게 감동하였다. 그녀는 본래 혜흔이의 사진을 책에 싣기를 요청했지만 거절했다. 왜냐하면 혜흔이가 지금은 비록 어리지만 나중에 커서는 결코 그녀에게 좋은 일이 아니기 때문이다. 비록 내가 글재주가 없어 이야기를 쓰는 수준이 높지 않지만, 독자들이 글 속의 뜻은 명백히 이해할 수 있으리라 믿는다. 나는 결코 함부로 이야기를 꾸며 사람을 속이지는 않는다. 만약 그렇게 한다면 나도 인과를 거스르는 것이 되기 때문이다.

내가 그들이 있는 이곳에 와서 보니 말법시대가 말법이 아니라는 것을 느낄 수 있었다. 그곳에는 진정으로 수행하는 많은 불제자들이 있었다. 불가(佛家)에 이런 말이 있다. "작은 보살은 깊은 산에 숨고, 큰 보살은 번잡한 도시에 숨어있다."

다투지 않고(不爭), 탐하지 않고(不貪), 구하지 않고(不求), 사사롭지 않고(不自私), 이기적이지 않고(不自利), 거짓말하지 않는(不妄語) 것은 모든 수행인이 지켜야 할 종지(宗旨)이며, 재가에서 수행해도 반드시 도업(道業)을 성취할 수 있을 것이다. 간혹 여법하지 못한 현상이나, 삿된 스승이 법을 설하는 것도 우리들에 대한 시험이 아니던가? 삿됨이 없으면 어떻게 올바름을 드러낼 수 있으며, 마(魔)가 없으면 어찌 부처가 있을 수 있겠는가? 부처님도 시험하는 수많은 마로 인하여 성불하게 된 것이다.

고승대덕들께서는 우리들을 바른 길로 인도하시며, 마구니는 우리를 수도하도록 분발시킨다. 우리들이 마구니를 반면교사로 생각한다면 그게 바로 수행을 이루게 하는 동력이 되지 않겠는가?

규율을 지키지 않는 그들에 대하여 거들떠보지 않으면 될 것이다. 마구니들이 설하는 삿된 법은 우리들이 법을 가려낼 수 있는 눈을 가졌는지 시험하는 것이니, 그들에게 화를 내면 속임을 당하는 것이다.

묘법 스님께서 게송으로 설하셨다.

말세에 법을 설하는 사람 중에는
그름도 있고 바름도 있네.
버려야 할 것은 버리고, 취할 것은 취해야 하네.
인연 따라 교화하니 화를 내면 바름을 잃게 되네.

마지막으로 몇 마디 말로써 끝을 맺고자 한다.

여여부동(如如不動)하면 남들의 질투를 어찌 두려워할 것이며
일심불란(一心不亂)하면 남들이 다투는 것에 관여할 바 없네.
큰 파도가 모래를 이니 더럽고 혼탁한 물을 깨끗이 하네.
법륜(法輪)이 상전(常轉)하니 온 법계에 광명이 가득하구나.

신통은 어디에서 오는가

질문 『오대산 노스님의 인과 이야기』를 읽고 인과응보의 도리를 이해한 것 외에 묘법 노스님의 신통(神通)에 대하여 관심이 많아졌습니다. 신통은 수련을 통하여 나타나는 것인지, 아니면 수행하여 나타나는 것인지요?

만약 수련하여 나타나는 것이라면 많은 사람들이 한평생 수련한다 해도 신통이 나타나지 않으며, 만약 수행으로 나타난다고 한다면 대다수의 수행인은 그런 신통이 없습니다. 하지만 묘법 노스님처럼 신통을 가진 사람은 분명히 있으니, 의문이 듭니다. 이에 관하여 말씀해주십시오.

답변 『오대산 노스님의 인과 이야기』에서 말한 적이 있다. 신통은 수행으로 얻어지는 것이며, 구한다고 구해지는 것은 아니다. 그러면 왜 많은 사람들은 평생을 수행해도 신통이 오지 않는가?

"전생의 인(因)을 알고자 하면 금생에 받는 것이 그것이며, 미래의 과(果)를 알고 싶으면 금생에 짓는 것이 그것이다."라는 말이 있다. 금생에 어떤 사람에게 신통이 나타나는 것은 전생 혹은 여러 생 전부터 수행하여 얻은 것이며, 우리 자성(自性) 속에 이미 갖추어져 있는 것으로서 금생에 일단 기연(機緣)이 성숙하면 자연히 현현(顯現)하는 것이다.

좌선이나 기공수련 시 나타나기도 하며, 혹은 정좌 시 나타나며, 혹은 모종의 외적인 힘의 영향으로 계발되어 나타나기도 하는 등 한 가지로 논할 수는 없다. 당연히 금생에 수행하여 얻는 경우도 있으며, 전생에서는 오안육통의 능력이 없다가도 현생에서 '돈오(頓悟)'할 수 있는 까닭도 전생에서 '점수(漸修)'해 왔기 때문에 이생에서 증득(證得)할 수 있는 것이다.

『능엄경』에서 이르기를, "너희들이 삼매를 닦아 삼계를 벗어나고자 해도 음심(淫心)을 제거하지 못하면 벗어날 수 없다. 비록 지혜가 많고 선정(禪定)이 현전해도 음욕을 끊지 못하면 반드시 마도(魔道)에 떨어진다. … 비록 지혜가 많고 선정이 현전해도 살생(殺生)을 끊지 못하면 반드시 귀신세계에 떨어진다. … 비록 지혜가 많고 선정이 현전해도 훔치는 마음을 끊지 못하면 삿된 도에 떨어진다. … 비록 몸과 마음에 살생, 도둑질, 음욕이 없이 세 가지 행이 원만해도 큰 거짓말을 하면 삼마지에 청정(淸淨)을 얻을 수 없어 애견(愛見)의 마를 이루게 되며, 여래(如來)의 종자를 잃게 될 것이다."

이와 같이 수행하여 이미 많은 지혜와 선정이 현전하는 수행자라도 계율을 엄격히 지키지 못하면 바른 과를 이루지 못하고 마도, 귀신도, 사도에 빠지게 된다. 그들이 그 생을 지난 후 다시 인간 세상에 와서 계속 수행을 하고 기연을 만나게 되면 전생에 닦았던 지혜가 다시 나타나게 될 것이다.

만약 이생에서 자기를 파악하고 여법하게 수행하여 살생, 도둑질, 음욕, 거짓말을 끊으면 금생에서 도과를 성취하게 될 것이다. 그러나 그들이 재물과 색, 명예, 이익을 탐하고 심지어 다른 사람을 속이면 그들의 선정공부는 없어지게 될 것이다.

만약 수행의 달콤한 맛을 본 후 신통이 없으면서도 있는 체 꾸미며, 사람들을 속여 재물을 취하면 조만간 법의 제재를 받게 될 것이다. 이것은 사회의 많은 사기꾼 '대사'들의 말로가 어떻게 되었는가를 보면 잘 알 수 있을 것이다.

따라서 계를 지키고 덕을 함양하는 것이 수행인의 근본이다. 약간의 선정공부가 있다고 반드시 경을 강의하고 법을 설할 수 있는 것은 아니다. 이것은 당신이 경법을 설할 능력이 있는가, 그러한 사명이 있는가를 보아야 한다. 묘법 노스님과 같이 지혜가 높고 깊은 분들이 시중(市中)과 떨어진 깊은 산중에 숨어 신분을 드러내지 않으니, 보통의 백성과 구별할 수 없다. 그분들이 산을 나오지 않으면 그들의 실체를 전혀 알 수가 없는 것이다. 시기가 도래하면 그분들은 비로소 중생을 교화하기 위하여 산에서 내려오며, 그들의 사명을 완수한 후에는 입적하시든지 혹은 다시 은거한다.

만약 마왕(魔王)이 보낸 제자라면, 약간의 신통으로써 중생을 해롭게 할 것이다. 마(魔)의 제자는 마왕의 도움을 받으면 그 힘이 매우 강해진다는 것을 알아야 한다. 마는 투쟁심이 있으며, 부처님은 자비심이 있다. 마와 부처는 단지 누진통(漏盡通)의 차이가 있다. 마는 중생을 미혹할 수 있다. 그들이 인간 세상에 와서 간혹 '큰 귀를 늘어뜨리며 신체가 건강하고 대장부다운' 복상(福相)을 가지고 출현하는데, 그들이 전생에 수행할 때 복을 지은 적이 있으나 단지 욕망을 다 끊지 못하였기 때문에 마도(魔道)에 떨어진 것이다.

    선화 상인께서 말씀하셨다. "(그들에게) 지혜가 나타나면 큰 거짓이 있게 된다." 신통이 있는 사람이 부처님의 정법(正法) 제자인지 마왕이 보낸 제자인지 구별하는 간단한 표준은 그가 재물을 탐하는지 안 하는지에 달려 있다. 재물을 탐하면 그는 가짜이다.

    마왕의 제자는 과거생의 수행이 원만하지 못하였기 때문에 불법을 설하는 것도 원융무애하지 못하며, 간혹 허점이 드러나고 모순이 나타나 자기의 학설을 둘러맞출 수가 없게 된다. 아울러 자화자찬하기를 좋아하며 무상대도(無上大道)를 얻었다고 스스로 표방한다. 만약 그가 출가의 모습으로 나타나면 그가 계를 지키는지 안 지키는지, 행주좌와에 위의(威儀)가 있는지 없는지를 보면 된다. 만약 재가인으로 나타나면 허영(虛榮)을 탐하고 술, 담배, 고기를 끊지 못한다. 재물, 색, 먹는 것, 명예, 잠을 탐하면 진정한 불제자가 아니다. 그러나 다른 사람이 지적해 줄 때, 그것을 듣고 즉시 고치는 자는 제외한다.

어느 공장장의 갑작스런 신통

    1993년 어떤 분과 함께 묘법 노스님과 대화할 때, 갑자기 신통이 나타난 어느 공장의 손(孫) 씨라는 공장장을 보았다. 당시 그 자리에 있었던 사람은 나와 손 공장장, 그리고 전혀 알지 못했던 한 사람뿐이었다. 그 분도 노스님께 어떤 문제 때문에 가르침을 청하러 왔었다. 아마 노스님께서는 동시에 이 두 사람을 교화할 필요가 있기 때문이었으리라. 미소를 띠면서 손 공장장에게 물었다.

"공장장님은 저 사람의 집에 몇 개의 방이 있는지 아시죠?"

공장장이 답하였다.

"저는 이 분을 잘 모릅니다. 스님!"

노스님께서 말씀하셨다.

"잘 생각해보면 알 수 있습니다."

"어떻게 그럴 수가 있나요? 저는 신통이 없습니다. 어!"

공장장은 약간 놀라워하며 그 사람에게 물었다.

"당신 집은 연립주택이며, 모두 여섯 칸의 방이 있군요. 그렇습니까?"

그 사람이 놀라면서 답하였다. "맞습니다. 정말 그래요."

이 말을 들은 공장장은 약간 흥분되는 듯이 보였다. 노스님은 그 사람에게 말했다.

"나는 거사님에게 도리를 이해시키려고 하는 것이며, 남들이 알지 못하게 하려면 자기가 하지 않는 것밖에는 없습니다. 보아하니 거사님은 크게 믿지 않습니다. 손 공장장은 거사님을 알지 못하는데도, 거사님에 대하여 어떤 일도 말할 수 있습니다. 궁금하시면 무엇이든지 물어보십시오."

그 사람은 웃으면서 말했다.

"약간은 오묘하군요. 그러면 제 책상서랍 안에 무엇이 있는지 알아맞춰 보십시오. 그 안에 있는 물건은 저만 알고 있습니다."

공장장은 마치 두 눈으로 눈앞의 공간을 살피는가 싶더니 입을 열었다. "책상서랍 가운데는 열쇠가 딸린 서랍이며, 좌측 네 개의 서랍은 열쇠가 딸리지 않은 서랍이군요. 우측 위쪽의 한 개는 열쇠가 없고, 아래는 잠겨 있으며, 책상은 나무색입니다. 어떤 서랍을 볼까요?"

그 사람은 놀라는 기색이 역력하였다.

"중간의 서랍을 보십시오."

손 공장장은 바로 말하였다.

"서랍을 열면 몇 개의 공책이 있고, 기록해 놓은 것은 회계장부입니다. 공책 위에 계산기가 놓여 있는데, 일본 제품이군요. 안에 4개의 은행통장이 있으며, 3개는 당신 이름이 쓰여 있고, 하나는 당신 아들 이름이 쓰여 있군요."

여기까지 이르자, 그 사람은 얼굴이 붉어지면서 눈을 크게 뜨고 큰소리로 말하였다.

"정말 신기합니다. 당신들은 신선(神仙)이십니까?"

노스님은 웃으면서 말씀하셨다.

"아무도 신선이 아닙니다. 우리 모두 보통사람입니다. 그러나 보통사람 중에도 어느 정도의 지혜를 구비한 사람은 많이 있습니다. 사람은 양심을 속이는 일을 저지르면 안 됩니다. 아무도 몰래 나쁜 짓을 하더라도, 반드시 그것을 명확하게 아는 사람이 있습니다. 그러므로 악을 저지른 사람은 조만간 악한 과보를 받게 되는 것입니다. 왜냐하면 능력 있는 사람은 우리들 개개인의 행동과 생각 모두를 알 수 있는데, 하물며 불보살과 귀신은 어떻겠습니까? 거사님이 만약 흥미가 있으면, 나는 손 공장장으로 하여금 거사님에게 더욱 깊은 인상을 심어줄 수 있습니다."

공장장이 서랍 안 통장 속의 돈이 얼마이며 어디서 나온 돈인가를 상세하게 이야기해주자, 그 사람은 불가사의한 일이라며 입을 벌리고 말을 잇지 못하였다. 노스님께서 말씀하셨다.

"두려워하지 마십시오. 거사님 서랍 속을 뒤지러 갈 사람은 아무도 없으며, 이것은 무슨 신기한 일도 아닙니다. 돌아가시거든 육식을 끊고 오계(五戒)를 지니며, 십선(十善)을 열심히 행하십시오.

그리고 저녁에 잠자기 전 한 시간 정도 앉아서 '나무 아미타불'을 염불하십시오. 생각이 밖으로 달아나지 않게 하고, 생각이 도망가면 다시 마음을 염불로 당겨 오십시오. 낮에 한가할 때는 언제든지 묵념으로 염불할 것이며, 그렇게 지속하다 보면 언젠가는 깨닫게 될 것입니다. 내 말을 기억하시고 행한다면 거사님은 '거사님의 집'으로 돌아가게 될 것입니다."

그 사람은 "알겠습니다. 스님! 곧 집으로 돌아가겠습니다."라며 자리에서 일어나려고 하였다. 노스님은 그를 보고 웃으면서 말씀하셨다. "내가 말한 것은 거사님 본래의 '자성(自性)의 집'으로 돌아가라고 한 것입니다."

손 공장장의 신통은 묘법 노스님의 가지(加持)하에 갑자기 나타난 것이다. 만약 술과 고기를 끊지 못하면 잠시 나타났던 신통은 이내 사라져버린다. 그 후 공장장은 노스님의 간곡한 당부를 듣지 않고 결국 수행보다는 술과 고기 등 세속의 욕망을 선택하였다.

노스님께서 말씀하셨다.

"그는 몇 생 전에 수도인(修道人)으로서 선정(禪定) 공부의 힘이 있었으나, 여전히 욕심을 끊지 못하고 있다. 만약 금생에 다시 수행을 하지 않으면 내생에는 축생도(畜生道)에 떨어져 빚을 갚으러 가야 할 것이니, 실로 애석한 일이로구나."

나는 말하고자 한다. 당신이 만약 초인(超人)의 신통지혜를 얻고자 한다면, 먼저 범부의 욕망(財·色·食·名·睡)을 놓아야 할 것이다. 만약 그러한 욕망을 놓아버리고 수행을 지속할 수 있으면 지혜를 얻을 수 있을 것이며, 범부를 뛰어넘어 성인(聖人)의 세계로 들어갈 수 있을 것이다.

선화 상인께서 법문하시기를, "도를 닦으려면 거꾸로 가야 한다. 무슨 뜻인가? 좋은 일은 다른 사람에게 주고, 나쁜 일은 자기가 가져야 한다는 것이다. 소아(小我)를 버리면 대아(大我)를 완성하게 된다."

선화 상인께서 또 이르시기를, "수도(修道)의 주요 목적은 생사(生死)를 벗어나기 위해서이며, 어떤 감응(感應)을 구하기 위해서가 아니다."라고 하였다.

착실하게 수행을 해나가면서 다른 사람이 신통이 있든지 없든지 관여하지 말 것이며, 당신이 얻게 될 것은 어느 날 구하지 않아도 저절로 얻게 될 것이다. 만약 당신에게 그러한 사명이 없으면 구한다고 해도 얻지 못할 것이다. 신통은 삼계를 벗어나는 데 도움을 줄 수 없으며, 더욱 당신이 성불(成佛)하는 것을 도와줄 수 없다. 수행하여 아라한과 보살의 바른 과를 얻게 되면 자연히 신통자재하게 될 것이다.

부처님께서 이르시기를, 멸도 후에 모든 보살과 아라한을 말법 세상에 내보내신다고 하였다. 큰 신통을 가진 수행인이 살생, 도둑질, 사음, 거짓말을 끊고 재물을 탐하지 않으면, 그 분은 보살 또는 아라한이 환생하였을 가능성이 크다. 우리들 범부의 육안으로는 대면해도 알아보지 못한다.

묘법 노스님께서 일찍이 이렇게 말씀하신 적이 있다. "신통이 있으면 중생을 교화하는 데 효과가 빨리 나타날 수 있을 뿐이다. 신통이 없어도 지혜가 있으면 마찬가지로 중생을 교화할 수 있다."

지계(持戒)하며 염불(念佛)하고 송경(誦經)하는 데 마음을 가다듬는 것은 계(戒)이며, '사무사(思無邪: 생각에 삿됨이 없다)'는 바로 선정(禪定)에 있다. 선정이 오래 지속되면 자연히 지혜가 생길 뿐만 아니라 원융무애한 변재(辯才)가 생긴다. 그러면 당신의 한마디 한마디 말 모두가 듣는 사람의 근기에 맞아, 공경을 받고 이익을 얻게 된다. 이것은 당신이 바른 지견을 가지고 있으며 또한 부처님의 가피가 있기 때문이다. 당신이 진정으로 수행하면 반드시 불보살의 가피를 받게 된다. 그러면 어떠한 장소에서도 말하는 것이 원만하게 되며, 발원(發願)하는 모든 것이 이루어진다.

어떻게 지혜를 닦는가? 부처님은 『불유교경(佛遺敎經)』에서 다음과 같이 가르치셨다.

"너희들 비구는 만약 지혜가 있으면 탐착이 없게 되며, 항상 자신을 성찰하면 잃는 것이 없게 된다. 그러면 내 법 가운데서 해탈을 얻을 수 있다. 만약 그렇지 않으면 수도하는 사람이 아니며, 또한 비구가 아니다. 진실로 지혜가 있는 자는 생로병사의 바다를 건너는 견고한 배이며, 또한 무명의 암흑을 밝히는 큰 등불이며, 모든 병자를 치료하는 양약이며, 번뇌의 나무를 베는 날카로운 도끼다. 그러므로 너희들은 듣고 생각하고 지혜를 닦음으로써 스스로 이익이 증장하게 된다. 만약 사람이 지혜의 비춤이 있으면 비록 천안(天眼)이 없더라도 밝은 견해를 가진 사람이며, 이를 '지혜(智慧)로운 사람'이라고 이름한다."

소위 '밝은 견해를 가진 사람'이라고 하는 것은 바로 견지(見地)가 정확한 사람을 가리킨다. 지혜가 있는 사람은 어떤 사람과 사물을 볼 때, 모두 투철하게 막힘없이 분석하여 인과와 해탈의 방법을 명백하게 알 수 있다. 따라서 부처님께서 이러한 수행인을 '견고한 배', '큰 등불', '모든 병을 고치는 양약', '번뇌의 나무를 자르는 날카로운 도끼'라고 비유하신 것이다. 따라서 신통을 탐하지 않고 지혜를 닦는 것이 불제자의 본분이다.

> 만물은 도(道)로 인하여 생기며
> 도를 얻는 자 저절로 신령함이 통하네.
> 본체(本體)를 철저히 깨치면
> 하나를 통달하여 모든 것에 통달하네.
> – 선화 상인(宣化上人)의 게(偈) 중에서

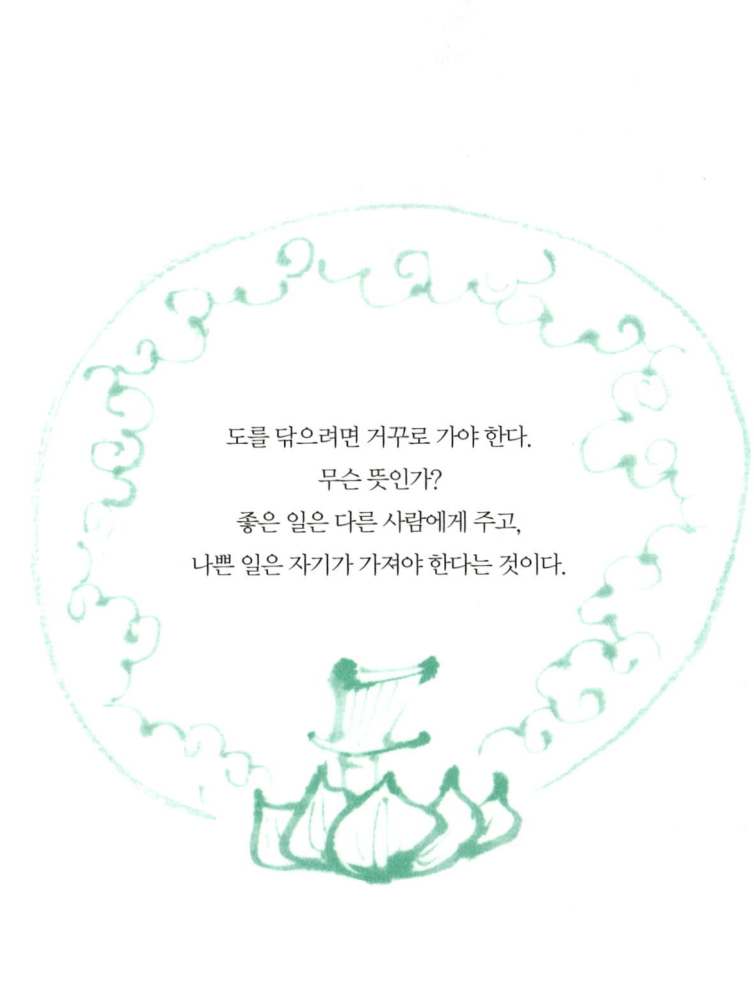

도를 닦으려면 거꾸로 가야 한다.
무슨 뜻인가?
좋은 일은 다른 사람에게 주고,
나쁜 일은 자기가 가져야 한다는 것이다.

# 3장

고모의 골절상

아기가 계속 우는 원인

부부의 연분

새 생명의 길

애욕은 윤회의 근본

치질의 원인

묘용 비구니 스님의 피로 쓴 사경

고모의 골절상

　동물을 보호하거나 상해를 입혀 과보를 받은 이야기가 갑자기 생각났다. 그 때는 내가 묘법 노스님을 스승으로 모신 지 2년째 되는 겨울이었으며, 당시 스님께서 우리 집에 머무르실 때였다. 어느 날 고모가 서안(西安)에서 전화를 걸어왔다.

　고모는 그 무렵 보름 전에 공장의 뜰을 걷다가 빙판에 미끄러져 넘어졌다. 오른쪽 무릎이 땅에 먼저 닿아서 골절상을 입고 병원에 입원하였다. 수술을 하고 병실에 와 보니, 일곱 명 중 한 명을 제외하고는 모두 무릎이 깨진 환자들이었다. 당시 의료기술이 좋지 않아 수술 후 장애가 생길 수 있다고 의사가 알려주었다.

　고모는 그 때문에 매우 고민하였으며, 3일 후 퇴원하여 집에서 요양하였다. 당시 사십여 세였던 고모는 만약 장애인이 된다면 정말로 견디기 어려운 일이었다. 고모는 내가 불법을 배우는 사실을 몰랐고 스님은 더욱 알지 못했으니, 단지 나에게 자기의 고뇌를 이야기할 뿐이었다. 전화로 통화할 때 마침 스님께서 옆에 계셨으므로 스님도 고모의 골절 상황을 아시게 되었다.

고모에게 나와 스님과의 인연에 대하여 간단하게 말해주었다. 그 당시 서안에는 기공수련의 열기가 대단했던 터라 고모도 기공수련에 적극 참여하고 있었다. 내가 불교적인 관점에서 말하니 선뜻 믿으면서 스님께 부탁을 하였다. 그래서 전화기를 스님께 건네주었다. 스님께서 고모에게 물었다. "4년 전 골절상을 입은 비둘기를 치료해준 적이 있습니까?" 고모는 흥분하여, 옆에 있는 내게 들릴 정도로 큰소리로 대답했다.

"예, 스님! 그런 일이 있습니다. 4년 전 어느 날 동료의 집에 갔는데, 정원에 여러 마리의 비둘기들이 한 마리의 비둘기를 둘러싸며 '구구구' 소리를 내고 있었습니다. 호기심에 가까이 가서 보니 비둘기 한 마리가 골절상을 입었더군요. 그래서 상처 입은 비둘기를 집안으로 데려와서 약을 바르고 나무판을 매어주었습니다. 나중에 그 비둘기의 다리는 정상으로 회복되었습니다. 4년 전의 일을 다 아시니, 대단하십니다. 그 일이 저의 다리 골절과 무슨 관계가 있는지요?"

스님께서 다시 물었다. "보살님은 닭튀김을 좋아하지요? 구운 닭다리를 비틀어 떼어내서 뜯어먹기를 좋아하는군요."

"네! 스님! 저는 닭다리를 아주 좋아합니다."

스님은 이어서 말씀하셨다. "보살님은 이미 죽은 닭을 시장에서 사와 주방에서 배를 가르고, 닭의 두 다리를 비틀어 꺾으며, 다시 칼로 끊어 기름에 튀깁니다. 이러한 원인으로 그와 같은 골절상을 입었으니, 이것을 일러 악에는 악한 과보가 있다고 하는 것입니다. 그러나 보살님이 이전에 비둘기를 치료해준 적이 있기 때문에, 당신의 다리는 장애가 될 정도의 후유증을 남기지는 않을 것입니다. 깁스를 떼어낸 후 단련하면 서서히 회복될 것입니다."

고모는 기뻐하면서도 근심에 찬 목소리로 여쭈었다.

"제가 닭의 다리를 끊어 이와 같은 골절의 과보가 있었다면, 닭의 가슴과 배를 가른 것은 장래 어떤 병으로 올 수 있습니까?"

스님은 웃으면서 말씀하셨다.

"보살님은 깨우침이 매우 빠릅니다. 보살님 조카에게 불교에 관한 몇 권의 책을 부쳐달라고 하여 공부해 보세요."

위 내용은 우리 고모에게 일어난 이야기이다. 고모의 다리는 그 후 묘법 노스님 말씀처럼 완전히 회복되었다. 그 뒤 고모는 경건한 불제자가 되었다. 이 이야기를 빌려 『오대산 노스님의 인과 이야기』의 '병은 입으로부터 들어온다'는 경구를 다시 적어본다.

병은 입으로부터 들어온다

삶은 고기, 구운 물고기로 식욕을 채우나
죽은 동물의 마음에 원한이 가득함을 모르네.
주방은 도살장으로 변하여

배를 가르고 머리를 잘라 칼산에 오르네.
지지고 볶고 튀기고 삶는 모든 형벌로
통째로 삼키고 산 채로 씹어 먹는 것을
맛있는 요리라고 하네.
신식(神識)이 그대 몸에 깃들면
조만간 그대는 목숨으로 되갚아야 하네.
선악(善惡)이 때가 되면
마침내 과보(果報)가 있으니
병은 입으로 들어옴을 등한시 말아야 하네.
시일이 오래지 않아 악이 가득 차면
질병이 몸에 달라붙어 병원신세 져야 하네.
수술 칼 아래 배를 째고 머리를 가르는 것이
모두 주방 모습의 재현이구나.
금일 지옥에 떨어질 것을 미리 알았더라면
처음부터 게걸스럽게 먹지 말았어야 하는 것인데.

 선화 상인의 법문

문: 집안의 불상을 개광(開光, 점안)하지 않고 예불해도 됩니까?

답: 불상을 개광하고, 개광하지 않는 것은 문제가 되지 않습니다. 당신 마음에 집착이 있는지 없는지를 봐야 합니다. 당신 마음속에 집착이 없으면 불상은 언제든지 개광을 한 것이며, 만약 마음속에 집착이 있으면 불상은 개광을 해도 하지 않은 것과 같습니다.

아기가 계속 우는 원인

어느 해 설날, 예전의 이웃인 설(薛) 씨가 갑자기 전화를 걸어와 도움을 구하였다. 그는 세배를 하기 위해 천진시 탕구(塘沽) 개발구의 사장 댁에 있었는데 사장 부부의 큰 걱정거리에 대해 말해 주었다. 사장 댁의 아기가 이틀 동안 울음을 그치지 않아 아무리 달래도 듣지 않고, 병원에 가서 진찰을 받아 봐도 아기가 우는 원인을 알 수가 없어, 나에게 전화를 걸어온 것이다. 전화기 속에서도 아기의 우는 소리가 들려왔다. 나는 전화기를 스님에게 넘기면서 도움을 요청하는 수밖에 없었다.

스님께서 사장에게 물었다. "당신 집에서는 항상 바다의 생선이며 새우, 게 등을 먹지요?"

사장은 그렇다고 대답하면서, 이곳의 해산물은 대만과 마찬가지로 먹기가 편리하다고 하였다.

스님께서 말씀하셨다. "만약 지금 당신이 그런 생선, 새우, 게 등을 먹지 않고 아울러 당신이 먹었던 고기들을 위하여 천도염불을 해줄 수 있다면, 당신의 아기는 곧 울음을 그칠 것입니다."

사장은 이해가 되지 않는 듯이 물었다. "저희들이 고기를 먹는 것이 아기가 우는 것과 무슨 관계가 있습니까?"

스님께서 말씀하셨다. "대만에서는 불교가 매우 흥왕하고 있는데, 당신은 불교에 대해서 아무 것도 모르시는군요."

그는 대만의 일관도(一貫道)를 신봉하고 있으며, 여기에서는 해산물을 먹지 못하게 하는 것은 없다고 대답하였다.

스님께서 말씀하셨다.

"당신이 먹었던 무수한 고기들의 신식(영혼)이 당신에게 보복할 기회를 엿보고 있습니다. 당신은 지금 복의 과보가 다하지 않았고 나이가 젊고 양기가 왕성하기 때문에 당신 아기에게 수작을 거는 것입니다. 그들은 각종 무섭고 독한 모습을 지어 아기를 놀라게 하고 있습니다. 아기를 계속 울게 하여 당신 부부를 걱정되게 하며, 설을 잘 쇠지 못하도록 함으로써 보복의 목적을 달성하려고 하는 것입니다. 3살 이내의 애들은 보통 육안통(肉眼通: 어른들이 보지 못하는 경계를 볼 수 있으며, 3세 뒤에는 세간의 욕망이 증가함에 따라 점점 물욕에 의하여 가리게 됨)을 가지고 있습니다.

그들의 행동을 멈추게 하려면, 당신과 부인은 지금 당장 고기를 먹지 않겠다고 맹세해야 합니다. 단지 몇 마디 말만 하면 됩니다. 그런 연후에 이전에 먹었던 고기, 새우, 게들을 위하여 '나무아미타불'을 염불해 주면, 아기는 곧바로 울음을 멈추게 될 것입니다. 나는 당신들이 내 말을 믿지 않는다는 것을 압니다. 그러나 아기를 위하여 한번 시험해볼 생각은 있겠지요?"

사장은 약간 머뭇거리다가 마지못하여 말하였다.

"우리 부부는 이후 다시는 해산물을 먹지 않겠습니다."

스님은 그들에게 '나무 아미타불' 염불을 가르쳐주면서 단지 두 번 되풀이하게 하였는데, 아기의 울음소리는 점점 줄어들다가 이내 그치게 되었다. 이것은 대만의 사장에게 뜻밖의 감동을 주었으며, 큰소리로 스님께 고마운 마음을 전했다. 그의 부인도 전화기에 대고 울먹이는 소리로 "감사합니다."를 연발하였다.

스님께서 사장에게 말씀하셨다.

"지금 아기가 울지 않는다고 안심해서는 안 됩니다. 오늘부터 매일 당신들이 먹었던 무수한 생명을 위하여 염불하며 천도해 주어야 합니다. 앞으로 방생을 많이 하면 죄업이 소멸될 것입니다. 시간을 내어 대비선원에 가서 불교서적을 사서 읽어보십시오."

사장은 반드시 읽겠다고 말하였다. 이틀 후 설 씨가 사장과 함께 묘법 노스님께 감사를 표시하기 위하여 찾아왔으나, 스님은 이미 전날 떠나고 안 계셨다. 나는 그들에게 가지고 온 선물을 대비선원에 보내 공양하게 하였다.

부부의 연분

2001년 가을 어느 날, 연세가 많으신 여신도 한 분이 서른 살 가량의 아가씨를 데리고 찾아왔다. 약간 초췌한 모습의 아가씨는 묘법 노스님 앞에 꿇어앉아, 방안에 20여 명의 손님이 있는 것도 잊은 채 자신의 불행한 삶을 하소연하였다.

"스님, 제 운명이 너무나 고통스럽습니다. 여기 할머니께서 말씀하시길 스님께서 제 인생의 살 길을 열어주실 것이라며 저를 데리고 왔습니다. 저는 어렸을 적부터 성격이 괴팍하여 번거로운 것을 싫어하고 항상 혼자 지내기를 좋아하였으나, 행실은 단정하였다고 말할 수 있습니다.

그러나 19세 때 나쁜 사람에게 성폭행을 당하게 되었으며, 그 당시 너무나 고통스러워 살고 싶지도 않았습니다. 그 때문에 학교를 1년간 휴학하였습니다. 그런데 2년 후에 또다시 나쁜 사람에게 성폭행을 당했습니다. 비록 그 사람이 법의 제재를 받았지만, 저는 혼이 빠지다시피 하여 학교에도 다닐 수가 없었습니다.

25세 되던 해 부모님은 저에게 남자친구를 사귀어 보라고 사방으로 소개를 부탁하였습니다. 그러나 맨 처음 만난 남자는 1년간 저의 감정을 기만하고는 떠나갔습니다. 1년 후 또 한 남자를 사귀었는데 같은 결과를 가져왔으며, 저는 거의 살아갈 희망을 잃고 눈물이 마를 날이 없습니다. 어째서 제 운명은 이렇게 불행합니까? 운명을 바꿀 수 있는 방책이라도 있는지요?"

스님께서 그녀에게 의자에 앉으라고 하였다. 잠시 침묵한 후 물었다. "아가씨는 오늘 어째서 화장을 하지 않았습니까?"

그녀는 고개를 숙이며 부끄러운 듯이 말하였다. "할머니께서 오늘은 스님을 만나러 가니 화장을 하지 말라고 하셨습니다."

스님께서 다소 엄하게 말씀하셨다.

"아가씨가 금생에 이렇게 불행한 처지를 만나게 된 까닭은 먼저 너무 화장을 진하게 하여 자기를 요염하게 치장하며, 몸에 꽉 끼고 노출이 심한 의복을 입는 것을 좋아하기 때문입니다. 비록 성격이 괴팍하고 혼자 있기를 좋아하나, 도리어 남들이 아가씨를 주목하고 부러워하는 것을 좋아합니다. 더욱이 남자들의 눈빛을 좋아하는군요. 맞습니까?"

그녀는 고개를 끄덕였다. 스님께서 이어서 말씀하셨다.

"남녀의 욕망은 사람마다 누구나 가지고 있으며 크게 비난할 것은 아닙니다. 그러나 여자는 약자이니 마땅히 자기를 잘 보호해야 합니다. 중국의 속담에 '물건을 잘 보관하지 않으면 도둑을 불러들이게 되고, 요염한 자태는 음욕을 불러일으킨다.'는 말이 있습니다. 이 말의 뜻은 재물을 잘 보관하지 않고 과시하게 되면 도둑의 표적이 되기 쉬우며, 사람이 너무 과하게 치장하고 꾸미게 되면 이성에게 음욕심을 불러일으키게 하고 나쁜 사람으로 하여금 잘못된 마음을 일으키게 한다는 것입니다.

따라서 요즘 시대에 행실이 단정한 아가씨는 마땅히 자기를 보호하는 것을 배워야 하며, 몸을 너무 드러내는 옷은 입지 말아야 합니다. 다른 사람의 음욕심을 불러일으켜 사랑을 얻게 되는 것은 진실한 사랑이 아닙니다.

부부는 모두 연분이 있기 때문에 만나게 된 것입니다. '천 리나 먼 인연도 한 줄 끈으로 이어져 있다.'고 하지 않습니까! 이 끈은 바로 전생에 심은 인(因)이며, 바로 '업력(業力)'입니다. 업력은 자기의 행위와 관계가 있다는 뜻이며, 전세(前世)에 누구에게 빚을 지게 되면 금생에 반드시 빚을 받으러 오게 되는 것입니다. 당신은 준수한 남자가 못생긴 여자와 결혼하는 경우라든지, 혹은 아름다운 미녀가 못생긴 남자에게 시집가는 경우를 보지 못했습니까?

모든 선량한 젊은 남녀는 절대로 영화나 연속극 속의 요염하게 꾸미는 자태를 배우지 말아야 합니다. 장래에 행복한 가정을 이루기 원한다면 항상 관세음보살을 염불해야 합니다. 그리하면 운명으로 정해진 악연의 부부도 좋은 인연으로 바뀌게 될 것입니다.

내 말의 뜻을 이해하고 그대로 실천한다면, 1년이 채 되지도 않아서 뜻이 맞는 남편을 만나게 될 것입니다. 아마 35세 정도로 부인을 잃고 5세의 남자애를 가진 선량한 남자입니다. 이후의 운명에 관해서는 전생에 지은 업에 달려 있습니다. 전생의 인(因)을 알고자 하면 금생에서 받는 것이 그것입니다. 이후 살생을 하지 말고 경서를 많이 읽으면 이해하게 될 것입니다."

그 여자는 기쁘게 노스님의 가르침을 받아들였다.

새 생명의 길

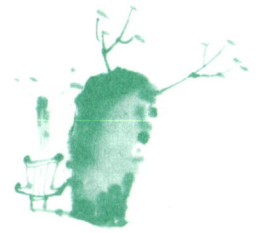

　　서랍을 정리하면서, 1994년 간암 말기 환자였던 어떤 분이 불교를 배우고 건강을 회복한 후 선화 상인에게 보낸 보은(報恩)의 편지 복사본을 발견하게 되었다. 다시 한 번 읽어보니 불교를 처음 배우면서 좌선을 하는 사람들에게 도움이 될 것 같아, 이 책을 쓸 때 삽입하게 되었다.

　　내 이름은 만신생(萬新生)이며[엮은이 주: 자기 스스로 가명을 지은 것으로 미국 만불성(萬佛城, 선화 상인이 미국에 세운 도량)에서 선화 상인의 가르침을 읽고 새로운 생명을 얻었다는 뜻으로 지음], 금년 58세로서 줄곧 병원에서 근무하였다. 나는 1989년 7월 당뇨병을 앓았다. 그리고 1990년 6월 간장병을 얻게 되었으며, 1991년 9월 간장질환이 중해져서 검사를 해보니 초기 간경화로서 복수(腹水)가 차 있다고 하였다.

1992년 6월경 당뇨병과 간장병이 매우 악화되어 제2차 복수가 출현하여 고열이 났다. 높게는 40도까지 올랐으며, 한 달여간 지속되었다.

일 년 넘게 입원한 후 병세는 비록 좋아졌으나 여전히 약물에 의지할 수밖에 없었다. 당시 친구들도 내 병에 관심을 가졌으며, 아내와 아들도 매우 초조하여 전국의 유명하다는 의사에게 진찰받게 하였다. 한약도 수백 첩을 달여 먹었으며, 수액도 수백 병을 주사 맞고, 약 백 병의 단백질을 보충하였다. 따라서 병원비며 약값으로 6만 위안을 넘게 지출했는데도, 큰 효과는 보지 못하고 단지 약간 좋아졌을 뿐이니 위급한 불만 끈 셈이었다.

1993년 초 왕씨 성을 가진 어떤 분이 기공에 관한 책을 보내왔다. 읽고 난 후 책에서 가르치는 대로 짧은 기간 연습을 해보다가 그만 두었다. 나중에 또 백 여사라는 분이 동북지방에서 오신 진 선생을 소개해 주었다. 그들은 나와 아내를 데리고 천진에 있는 대비선원에 가서 예불·독경하고 지장왕보살·관세음보살상을 청하여 개광(開光: 점안)까지 해주었다. 집으로 돌아온 후 이러한 도리를 분명히 알기 위하여 사전을 찾아가며 경서를 읽기 시작하였다. 처음에는 힘이 들었으며, 어디서부터 시작해야 할지를 몰랐다. 그러나 그만두지는 않고 지속하였다.

1994년 1월 어떤 사람의 소개로 묘법 노스님을 뵙게 되었다. 스님께서는 나의 성격과 사람됨을 말씀하시는데 탄복할 정도로 합당하였다. 한마디 한마디 말씀이 정곡을 찔렀으며, 불필요한 말씀이 없으셨다. 이어서 내 병에 대하여 말씀하시면서 나에게는 당뇨병과 간장병이 있으며, 신장도 좋지 않고 간에 두 개의 작은 혹이 있다고 하였다. 이것은 내가 자라, 물고기, 게, 새우, 비둘기와 뱀을 살생하여 먹었으며, 또한 총으로 작은 새를 쏘아 날개를 상하게 하고 죽인 과보라고 하였다. 그 당시 나는 내 병과 내가 저지른 살생, 심지어 총으로 쏘아서 해를 입힌 것에 대하여 아무런 영문도 몰랐으나, 스님은 너무나 상세히 알고 계시니 정말로 신통하였다.

내가 반신반의하고 있을 때, 스님은 『선화 상인 법문집』을 읽어보라고 하시면서 말씀하셨다. "선화 상인께서는 오계, 십선에 따라 제자를 가르치며 착한 일을 많이 하도록 하십니다. 매일 참회해야 합니다. 마음속 깊은 곳으로부터 자기의 잘못을 깨우쳐 다시는 오계를 범하지 말고, 개과천선할 것을 결심해야 합니다."

이 말씀은 나를 크게 일깨워주셨다. 나는 이러한 말씀들이 매우 실제적이며 깊은 도리가 있다는 것을 느꼈다. 당시 나는 생각하였다. '올바른 사람이 되려면 스님의 말씀대로 하면 될 것이다.'

스님은 나의 마음이 매우 진실하다는 것을 아시고는 어떻게 염불하고 참회해야 하는가를 가르쳐주셨으며, 아울러 내가 이전에 죽였던 동물의 영혼을 내 몸에서 내보내는 것을 도와주셨다. 갑자기 온 몸이 가벼워짐을 느꼈으며, 마치 나의 병이 전부 좋아진 것 같았다. 이어서 나의 온몸을 두드리니, 마치 입고 있던 여러 해 된 부풀고 무거운 솜옷을 위에서부터 아래로 벗어 내리는 느낌을 받았다. 당시 전신에서 열이 났으며, 몸이 너무나 가볍게 느껴지면서 정말로 손으로 병을 제거하는 감각을 느꼈다.

그 후 맹 거사가 나에게 『선화 상인의 사적』, 『수행자의 소식』, 『정좌입문』 등의 책을 보내왔으며, 손으로 베껴 쓴 『천수대비주』를 보게 하였다. 그 후 직접 대비선원에 가서 『천수대비주』, 『능엄주』, 『선화 상인 법문집』과 선화 상인께서 해설하신 『대불정수릉엄경천석』, 『지장보살본원경천석』을 사서 읽었다.

그때부터 나는 매일 좌선, 참회, 염불, 대비주염송을 지속하면서 여러 경서를 공부하였다. 처음 좌선할 때는 다리가 아프고 마비되어 단지 10여 분밖에 앉지 못하였으나, 점차적으로 시간이 늘어나 한 시간 정도는 좌선하게 되었다. 이 과정에서 피곤하고 잠이 오는 현상이 나타났으나 빨리 지나갔다. 약 3개월 동안 좌선하니 몸이 떨리는 현상이 나타났다가, 조금 지나자 온몸에서 열이 나며 땀이 특별히 많이 났다. 매번 좌선 시 마치 땀으로 목욕한 것 같았으며, 이러한 현상은 2개월 정도 지속되었다.

이렇게 지내던 어느 날 묘법 노스님께서 미국에 가신 지 얼마 지나지 않아, 아내가 "스님이 미국에 가시면 반드시 선화 상인께 당신의 정황에 대하여 이야기하실 거예요"라고 말하였다. 그런데 다음날 아침 좌선 시, 선화 상인이 면전에 나타나시어 나에게 불법을 잘 배우라고 하시는 게 아닌가. 이것은 좌선 시 처음 나타난 현상으로 나를 크게 고무시켰으며, 불법을 열심히 수행해야겠다는 신념을 견고히 심어주는 계기가 되었다.

그 후 좌선 시 나에게 살해되었던 생명들이 눈앞에 나타나는

데, 뱀, 자라, 개구리, 도마뱀, 뱀장어 등이 보였다. 그들은 모두 탁자 위에 엎드려 가려고 하지 않았다. 나는 그들에게 내 잘못을 인정하고 머리를 숙여 사과하면서 그들을 위하여 염불하였다. 그러자 그들은 만족한 듯이 떠나갔다. 이때 매우 기뻤다.

좌선할 때 절과 사람의 형상이 나타나기도 했다. 손에 불자(拂子)를 든 스님이 나를 데리고 어느 절에 들어가는데, 끝까지는 가지 않았다. 한번은 좌선할 때 스님의 대동 하에 미륵보살을 뵙게 되었는데, 미륵보살은 나를 데리고 큰 절에 들어가 관세음보살을 뵙게 하였다. 나는 즉시 큰절을 하였고, 미륵보살은 관세음보살 옆에 앉아 손으로 나의 어깨를 들어 올려 다리 위에 앉게 하였다.

내가 여쭈었다. "나는 어른인데 어찌 미륵보살님의 다리 위에 앉을 수 있습니까?" 미륵보살이 말씀하셨다. "내 앞에서는 그대가 아무리 어른이라도 어린아이에 불과하다."

그래서 나는 내 어린 시절로 돌아간 모습이 되었다. 그리고 어떤 때는 좌선 시 미륵보살을 따라 먼 곳으로 갔다. 그 곳에는 산과 절이 있었다. 매우 장엄한 절 안에는 수많은 부처님이 계셨다. 땅에 꿇어앉아 절을 하는데, 갑자기 눈앞이 밝아지면서 매우 밝은 불덩어리가 있었다. 그 후 내가 『선화 상인의 사적』을 배울 때 비로소 이것은 불광(佛光)이 널리 비치는 것임을 알게 되었다.

묘법 노스님이 미국에서 돌아오실 때 가지고 오신 만불성성(萬佛聖城)의 사진을 보고 마음속에서 말할 수 없는 환희가 솟아나왔다. 그날 내가 보았던 산, 절 등의 장엄한 장면은 바로 만불성성이었던 것이다. 이건 정말로 생각지도 않았던 것이다.

며칠 후 좌선할 때 내 몸에 바퀴벌레가 기어가는 것을 보았다. 한편으로 염불하면서 한편으로 털어내니, 어떤 것은 가고 어떤 것은 돌아왔다. 내가 어찌할 바를 모르고 있을 때, 미륵보살이 또 나타나 손으로 내 몸에 붙은 바퀴벌레를 떼어냈다. 그 뒤부터 내 몸의 붉은 반점은 없어졌으며, 피부도 가렵지 않게 되었다.

어떤 날은 좌선 시 미륵보살께서 손으로 가볍게 내 간장을 만지며, 간장 위의 더러운 것을 털어내면서 "천천히 좋아질 것이다."라고 말씀하셨다. 그 후 미륵보살께서 인슐린 기능을 검사하는데 인슐린 배출이 매우 적었다. 반나절에 한 방울씩 밖으로 흘러나왔다. 미륵보살이 말씀하시기를 "관이 잘 통하지 않으니 쓰기에 부족하구나." 하였다. 미륵보살께서 조그만 막대기로 관을 소통시키면서 손으로 두 차례 주무르니, 인슐린이 마치 굵은 바늘구멍처럼 많이 분출되어 나왔으며, 이것으로 충분하다고 말씀하셨다.

나중에 또 나를 데리고 연못에 가서 내 몸의 더러운 것과 병독을 씻어내고는, 나에게 옷을 갈아입으라고 하셨다. 그때부터 내 몸은 하루가 다르게 좋아졌다. 건강한 사람과 같이 서게 되었으며, 큰 병을 앓는 사람처럼 보이지 않게 되었다. 얼마 후 병원에 가서 검사를 받았는데, 의사들이 매우 놀라는 것이었다. 일반적으로 내 병세를 봐서는 갈수록 나빠져야 하며, 가장 좋은 상태라도 겨우 현상유지를 하는 것인데, 이미 정상인의 수준에까지 도달하였기 때문이다. 예를 들어 단백질의 지표로 말하자면 원래 단백질을 공급받아야 35~38의 수준을 유지했는데, 지금은 공급받지 않은 상황에서 이미 40~41의 수준에 도달한 것이다.

어떤 환자가 물었다. "당신은 무슨 방법으로 치료했습니까?" 내가 말했다. "내가 가는 길은 새 생명의 길입니다."

약 10개월간의 좌선, 참회, 경전공부를 통하여 불교에 대한 인식이 진일보하였다. 처음 얕은 도리를 깨달은 뒤부터 불교는 국가와 백성을 이롭게 하고 사회를 정화하는 것이라고 느꼈다. 만약 전 세계인이 모두 불교의 가르침대로 행한다면 전쟁, 강도, 도둑, 사기 등이 없어진 태평스러운 세상에서 행복이 가득한 생활을 할 수 있을 것이라 믿는다. 그리고 불교가 말하는 이러한 문제들은 결코 환상이거나 미신이 아니며, 매우 과학적이라는 느낌을 받았다.

만약 착실히 불교의 가르침대로 행한다면 몸의 병마를 제거할 수 있으며, 예상치 못한 효과를 볼 수 있을 것이다. 나의 건강회복 과정을 보면 검증할 수 있을 것이다.

 선화 상인의 법문

문: 얼마 전 우리 집안의 친척이 돌아가셨는데, 그를 위하여 천도하려면 어떻게 해야 되겠습니까?

답: 내가 최근에 뉴스를 보았는데 태국의 어느 군인 장교가 일찍이 세 번을 죽었다가 다시 살아났다고 합니다. 그의 경험에 의하면 불법승 삼보를 공양하는 공덕이 무량하며, 또한 육친권속을 천도할 수 있다고 하였습니다. 따라서 자기가 먼저 모든 악을 짓지 않고 선을 받들어 행한다면, 이것이 바로 육친권속을 천도하는 유일한 방법입니다.

애욕은 윤회의 근본

서른을 갓 넘긴 '김영'이라는 젊은 여인이 묘법 노스님께 눈물로 자기의 고통을 하소연하였다. 그녀의 사연은 다음과 같다.

그녀는 16세 때 우연히 석가모니부처님의 그림책을 보았는데, 갑자기 그녀의 마음을 사로잡아 그 책을 손에서 놓지 못하였다. 이후 계속하여 몇 권의 불교관련 책을 보고 불교성지 오대산(五台山)이 있다는 것을 알게 되었다. 줄곧 가보고 싶었으나, 이 소원은 직장생활을 시작한 후 28세가 되어서야 비로소 실현되었다.

오대산에 가보고는 더욱 마음에 들었다. 오대산이 고향 같았다. 또한 절의 객실에 들어가 비구니스님들과 함께 있게 되었을 때, 스님들이 친척같이 느껴져 집에 돌아가는 것도 잊어버렸다. 심지어는 휴가기간이 지난 것도 몰랐다가 한 스님이 그녀에게 "직장에 출근해야 되지 않느냐?"고 물었을 때, 비로소 생각이 나 급히 짐을 꾸려 산을 내려갔다.

집에 오니 마침 부모님은 오대산으로 그녀를 찾으러 사람을 보내려고 준비하고 있었다. 그녀가 집을 떠난 후 전화 한 통도 없고 휴가기간을 넘겨도 돌아오지 않자, 그녀의 어머니는 애타는 마음에 급성 심장병을 앓기도 하였다. 그녀의 어머니가 말하기를 "앞으로 너는 어디에도 가지 못한다. 내가 죽을 지경이란 말이다!"라고 하였다.

그러나 그녀는 이번의 오대산 여행을 한시도 잊지 못하였으며, 심지어 몇 차례 자기가 승복을 입고 있는 꿈을 꾸기도 하였다. 얼마 지나지 않아 출가하기로 마음을 먹었으나, 어머니가 결사적으로 반대했다. 그녀가 어머니에게 말했다.

"어머니는 불교신자입니다. 제가 출가하는 것은 좋은 일이잖아요. 하물며 집에 오빠와 언니도 있고 손자도 있으니, 저 하나 없다고 하여 안 될 것이 없지 않습니까! 어머니가 출가를 못하게 하면 제가 얼마나 고통스러운지 아십니까?"

그러나 어머니는 단호하게 말하였다. "다른 사람은 출가해도 되지만 내가 살아있는 한 너는 안 된다. 네가 출가하면 내가 제 명에 못 살 것 같다. 너는 내 마음을 아느냐?"

방법이 없었다. 그녀는 석가모니부처님이 집을 떠나 출가할 때 아무도 모르게 떠났다는 것이 생각나, 떠나기 전에 한 통의 편지를 남기고는 집을 나왔다. 그녀는 또다시 오대산에 와서 절에 묵으며 주지스님께 출가할 뜻을 피력하였다. 그러나 주지스님은 먼저 머리를 깎지 않은 채 절 생활을 하면서, 출가생활에 적응할 수 있는지를 보자고 하였다.

그런데 생각지도 않게 보름 후 오빠가 그녀를 찾으러 왔다. 그녀가 남긴 편지를 본 후, 어머니가 찾으러 보낸 것이다. 그러나 그녀가 어느 절에 있는지 몰랐기 때문에 찾는 데 보름이나 걸렸다. 오빠는 그녀에게 "어머니는 네가 집을 떠난 뒤 다시 심장병이 도져 병원에 입원하셨다. 지금은 살아나실 수 있을지 없을지 알 수 없단다."라고 말했다. 그녀는 할 수 없이 오빠를 따라 집으로 돌아왔다. 다행히 어머니는 집에 누워계셨다.

그 후 그녀는 답답한 마음을 억누르지 못해 노스님을 찾아왔다. "저는 정말로 출가할 수 없나 봅니다. 그러나 제 마음은 여전히 절에 남아 있습니다. 나이 서른이 넘었어도 마음대로 할 수 없고, 제 소망을 실현할 수 없으니 매일 시체가 걸어다니는 것 같고, 살아도 죽은 것만 못합니다. 스님 어떻게 해야 될지 가르침을 내려 주십시오."

김영은 줄곧 눈물을 닦으면서 이야기하다가 실성한 듯이 울었다. 노스님은 그녀가 평정되기를 기다렸다가 물었다.

"아직 육식과 오신채를 끊지 않았지?"

"예, 아직 끊지 못했습니다."

"그러면 내일부터 육식을 끊고 매일 아침저녁으로 예불하여라. 출퇴근할 때에는 마음속으로 염불이 끊어지지 않게 하든지,

'천수대비주'나 '반야심경', 『능엄경』을 외우거라. 저녁예불 후에는 40분에서 1시간 정도 좌선하면서 '염불하는 것은 누구인가?' 살펴보아라. 그리고 금생에 지은 '열 가지 악업'의 죄를 조용히 기억하면서 생각이 나면 참회하거라. 네가 이렇게 지속할 수 있으면 출가한 것과 다르지 않다.

그리고 경서를 많이 읽어라. 특히 『능엄경』은 여러 번 읽어야 한다. 그러면 지혜가 증장할 것이다. 재가에 있어도 출가와 마찬가지로 홍법이생(弘法利生: 불법을 널리 펴고 중생을 이롭게 하는 것)의 일을 할 수가 있다. 인연 따라 교화한다고 하지 않더냐! 너의 출가 인연은 아직 이르지 않았으니, 억지로 출가하려고 하지 마라.

불법을 배우는 것은 바로 중생을 이롭게 하는 것이거늘, 하물며 너의 모친이 아니더냐. 자신의 소망 때문에 모친을 해롭게 해서는 안 된다. 네가 출가할 수 있는 시간은 앞으로 대략 3년 정도 남았다. 만약 네가 정말로 현재의 집착을 놓을 수 있으면, 아마도 조금 앞당겨질 것이다."

김영은 노스님의 말씀을 듣고 그대로 따르겠다고 하였다. 그날 저녁 김영의 일이 생각나 왜 출가를 하려는지 전생의 인연을 여쭤보았다. 스님은 다음과 같이 말씀하셨다.

100여 년 전 오대산에서 수도하던 한 청년이 있었는데, 대가집 규수의 사랑과 존경을 받게 되었다. 어느 날 이 아가씨는 시녀를 거느리고 도관에 와서, 그 수도자에게 예를 올린 후 무언가를 싼 보자기를 건네주었다. 수도자가 열어보니 약간의 은전이 들어있었으며, 그 아가씨에 대하여 감격스러운 마음이 우러났다. 이럭저럭 하는 가운데 두 사람은 사랑의 감정이 생기게 되었으며, 수도자는 아름다운 여인에 대한 유혹을 떨쳐버리지 못하고 마침내 그 아가씨와 결혼을 하게 되었다.

그러나 아는 사람들의 수군거림이 싫어서, 그들은 시녀를 데리고 산 좋고 물 좋은 곳으로 이사를 가서 정착하여 살게 되었다. 결혼 후 두 사람은 서로를 극진히 사랑하고 공경하였다. 남편은 여전히 수행을 하고 아내는 남편을 여러 모로 돌보았으며, 남편은 아내에 대한 사랑의 정이 식지 않았다. 시녀도 평생 그들을 따르면서 시봉하였다.

금생에서 김영은 바로 전생의 수도자이며, 정에 집착하는 마음이 깊었기 때문에 여자의 몸을 받게 되었다. 그리고 그녀의 모친은 바로 전생의 대가집 규수로 수도자의 부인이다. 김영의 부친은 바로 그 시녀로서 전생에 사람됨이 단정하였기 때문에 금생에 남자의 몸으로 바꿔 태어났으며, 여전히 전생의 아가씨(즉 김영의 어머니)에 대하여 여러 모로 보살피는 마음이 많이 남아 있다.

스님의 법문은 나에게 큰 감명을 주었다. 수도하는 사람이 감정의 집착을 끊지 못하면 끝내 윤회에서 벗어나지 못한다는 것을 깊이 깨달았다.

수도하기 어렵구나, 걸어서 하늘에 오르는 것만큼이나.
교육하기 어렵구나, 불속에 연꽃을 심는 것만큼이나.
욕망 끊기 어렵구나, 모래를 쪄서 밥을 짓는 것만큼이나.

따라서 법을 듣고 믿으면서 애욕을 끊는 것이 바로 수행인의 근본이다.

치질의 원인

　2000년 가을 어느 날 오전, 묘법 노스님께서 어느 거사 댁에서 10여 명의 불자들을 위하여 불법을 강의하고 있었다. 갑자기 문 밖에서 중년남자가 급히 들어와서 스님 발 아래 꿇어앉아, 그의 아내를 구해달라고 간절히 청하였다. 스님은 그에게 서두르지 말고 차근히 이야기해 보라고 하였다.

　그의 아내는 한 달 전부터 대변이 시원스럽지 못하고 소변 보기도 힘이 들었다. 30분이 지나도 끝을 내지 못했으며, 그 후에는 2시간이 지나도 화장실에서 나오지 못하여 병원에 가서 진찰을 받아보았다. 항문에 치질이 있어 이미 만두처럼 크게 자라(조금도 과장이 아니다), 지금은 걷기조차도 곤란하며, 그 고통이 이루 말할 수 없단다.
　의사가 왜 이렇게 되도록 방치하였다가 오늘에야 왔느냐고 책망하였다. 그의 아내는 아프지도 않고 가렵지도 않아서 그냥 내버려두었는데, 생각지도 않게 이렇게 위중해졌다고 말하였다. 의사는 즉시 절제수술을 해야 하지만, 이런 상태에서의 수술은 위험이 따를 수 있다고 하였다. 이전에 여러 차례 이런 내치질 절제수술을 한 적이 있는데, 그 중 어떤 분은 이보다 크지도 않았는데 출혈이 심하여 죽은 분도 있으니 신중히 결정하라고 하였다.

그는 수술을 결정하는 것이 매우 난처하여 스님께 도움을 요청하기 위해 헐레벌떡 찾아온 것이다. 스님은 잠시 생각하시더니 말씀하셨다.

"거사님 아내의 수행은 훌륭하며, 매우 정진을 잘합니다. 거사님 부부는 이미 방을 따로 쓰고 있을 것입니다."

"그렇습니다, 스님! 우리 마을에는 여러 쌍의 부부가 『능엄경』의 가르침에 따라 수행하면서 음욕을 끊으려고 합니다. 이것은 살생, 육식을 끊고 이익을 탐하지 않고 거짓말을 하지 않는 것처럼 그렇게 간단하지가 않습니다. 아내는 의지를 가지고 잘 지키고 있습니다. 저는 비록 (방을 따로 사용하는 것을) 진심으로 원하는 것은 아니지만, 아내가 옳다는 것을 알기 때문에 아내의 뜻에 따르기로 하였습니다. 아내의 수행을 성취하게 하는 것이 바로 저 자신을 성취하는 것이 아니겠습니까? 그러나 아내가 그렇게 열심히 정진했는데도 어떻게 이러한 결과(치질)를 얻게 되었는지 모르겠습니다."

스님은 웃으면서 말씀하셨다. "이러한 결과가 좋지 않습니까? 보살은 원인을 두려워하고 범부는 결과를 두려워한다고 합니다.

여법하게 수행하는 사람은 반드시 마장(魔障)이 나타나며, 또한 이 것은 업력이 현전하는 것이라고 말할 수 있습니다. 이것은 바로 열심히 수행 정진함으로써 나쁜 업을 사전에 (앞당겨) 없애는 것이 기 때문에 결코 나쁜 일은 아닙니다. 그렇지 않다면 그토록 큰 치질을 앓으면서 어찌 아픔을 느끼지 못했겠습니까? 그녀는 지금 거동이 불편하니 내가 댁으로 가는 게 좋겠군요."

그의 집은 별로 멀지 않아서 그 자리에 있었던 10여 명도 같이 가게 되었다. 치질에 걸린 진 여사는 이전에 여러 해 동안 외도(外道)를 수련하다가 불법을 만난 후, 진씨 집안 형제자매와 자녀 등 삼십여 명이 전부 불문에 귀의하게 되었다. 위로는 육십이 넘은 노인으로부터 아래로는 십여 세의 아이들 모두 단번에 고기와 오신채를 끊게 되었으니, 그들의 말을 빌리면 일도양단(一刀兩斷, 한 칼에 나쁜 습을 끊은)한 셈이다.

아울러 그들 모두 능엄주를 외울 줄 안다. 글자를 모르는 진 여사의 언니 두 분조차도 능엄주를 한 구 한 구 외우며, 예불 시 목탁 소리에 맞춰 염송할 수 있다고 한다. 내가 직접 눈으로 그 모습을 보게 되었을 때, 정말 저절로 감탄의 소리가 나왔다. 그 밖에 천수대비주와 10개의 소주(小呪) 등도 유창하게 외운다. 진 여사는 이 대가족이 공인한 '중심'이며, 큰 공장의 공장장인 그녀의 큰오빠도 수행 방면에서는 모두 그녀의 말을 듣는다고 하였다.

그녀는 편안히 침대에 누워 있었으며, 얼굴 표정은 마치 죽음을 기다리고 있는 듯하였다. 노스님이 방으로 들어가자 감격하여 말하였다. "아이구! 스님께서 저를 구하러 오셨군요." 하면서 침대에서 일어나려고 하는 것을 스님이 제지하였다.

스님은 침대 옆 의자에 앉아 자상하게 물었다. "보살님은 이전에 포목상점을 하신 적이 있습니까?" 진여사가 대답하였다. "포목점을 연 적이 있습니다. 그러나 조금 하다가 그만두었습니다."

"고객과 싸우면서 욕을 한 적이 있습니까?" "장사를 하다보면 여러 부류의 고객을 만나게 되니 아마도 유별난 손님과 다툰 적이 있을 것입니다. 그러나 저는 아직까지 사람에게 욕을 한 적은 없습니다." 스님께서 또 물었다. "30여 세 된 여자인데 이미 사간 옷감을 물리려고 하자, 보살님과 싸움이 시작되었습니다. 보살님이 욕을 해서 그 사람의 마음을 상하게 하였군요. 생각해 보십시오."

스님의 말씀이 떨어지자 진 여사는 큰 소리로 말하였다.

"아, 생각이 났습니다. 그런 일이 있습니다. 요 몇 년간 저는 수시로 이전에 저지른 무슨 잘못이 생각나면 곧 참회하였는데, 어떻게 이 일은 잊고 있었는지….

대략 5년 전의 일입니다. 어느 여자 손님이 상점 문 밖에 걸어둔 여러 옷감 중 하나가 마음에 든다며 그와 같은 옷감을 요구하여 치수를 재어 끊어 주었습니다. 그런데 그 다음날인가 다시 찾아와서 그 옷감을 물리겠다고 하니, 제가 어찌 받아들일 수 있겠습니까? '당신이 마음에 들어 사간 것을 물리겠다고 하면 누구에게 그것을 다시 팔 수 있겠느냐'고 하자, 그녀는 생트집을 잡으면서 말하기를 '내가 사간 것과 밖에 걸어놓은 것의 색깔이 다르다'며, 문 밖으로 나가 비교해 보는 것이었습니다.

　그러나 문 밖에 걸어둔 제품은 여러 날 걸어놓은 것으로서 색이 바랬기 때문에 차이가 날 수밖에 없는데도, 그녀는 색깔이 다르다고 우기면서 물려달라고 하였습니다. 그 당시 저는 확실히 화가 나서 그녀에게 반박하였죠. '안에 있는 것과 밖에 있는 것이 어떻게 같을 수 있느냐? 그럼 네 얼굴과 엉덩이의 색이 같느냐?'고. 아마 제가 이렇게 비유한 것이 그녀를 욕한 게 아닌가 합니다."

　스님은 웃으면서 말씀하셨다. "당시 많은 사람들이 구경하고 있었죠?" "그렇습니다. 그곳은 번화한 거리라 그녀가 고함을 지르며 생트집을 잡을 때 당연히 많은 사람들이 몰려들어 구경하였으며, 모두 그녀의 주장이 일리가 없다고 하였지요."

　"보살님이 그런 비유를 말한 후 주위의 구경꾼들이 한바탕 크게 웃지 않았습니까? 그리고 어떤 사람이 그녀에게 바지를 벗어서 얼굴과 비교해 보라고 하기도 하였죠?" "아마 그랬습니다."

　"생각해보십시오. 보살님의 비유는 틀린 것은 아닙니다. 만약 보살님이 상대한 분이 남자였더라면 아마 문제는 그렇게 크지 않았을 것입니다. 그러나 여성이었기 때문에 그런 비유는 수치라고 느낄 수 있지 않겠습니까? 보살님은 지금 보살계(菩薩戒)를 받은 신자입니다. 이런 구업을 어찌 참회하지 않을 수 있습니까? 보살님은 결국 그녀에게 물건을 물려준 것 같은데, 그랬습니까?"

　"네, 어떤 분이 이렇게 싸우면 장사에 영향을 주니, 큰마음 써서 손해를 보더라도 물려주는 것이 좋다고 권해서 그렇게 했습니다. 하지만 스님께서는 제가 한 비유가 그녀에게 모욕을 주었다고 하셨는데, 그전에는 전혀 그렇게 생각하지 못했습니다. 스님께서 지적해주시니 그 말은 확실히 그녀에게 치욕을 주었다는 생각이 듭니다. 왜 이전에는 그렇게 생각하지 못했는지?"

스님께서 말씀하셨다. "큰마음을 발하고 불도(佛道)를 수행하는 사람은 모든 악(惡)을 끊고 모든 선(善)을 닦아야 하며, 금생에 지은 업은 반드시 생각해서 참회해야 비로소 업이 없어집니다. 왜냐하면 당신은 수행자이기 때문에 이전에 지은 업을 깨끗하게 해야만 비로소 이 악업의 과보는 열매를 맺게 되며, 악업의 열매가 빨리 성숙되면 빨리 땅에 떨어지게 됩니다. 오늘 깊이 잘 생각해서 내일 나를 만나러 오세요."

다음날 아침 진 여사는 자전거를 타고 스님을 뵈러왔다. 그리고는 다음과 같이 말하였다. "스님, 보십시오. 만두만한 치질이 온데간데없이 사라졌습니다. 묘하지 않습니까?"

이 일은 주변의 많은 불교수행자들을 일깨워주었다. 더욱이 진 여사의 여동생은 이전에 신발가게를 몇 년간 운영한 적이 있는데, 그때 그녀는 '여장부'로서 입으로는 누구한테도 지지 않는 사람이었다. 누가 그녀를 건드리면 두 시간을 욕해도 같은 욕을 되풀이하지 않을 정도였다. 불법을 배운 후 비록 참회한 적이 있지만, 이번의 이런 산교육은 여동생으로 하여금 다시 새롭게 진심으로 과거의 잘못을 일일이 찾아서 참회하게 하였다.

묘용 비구니스님의 피로 쓴 사경

2002년의 중원(中原) 여행은 나에게 자신의 피(血)로 몇 부의 경전을 사경한 묘용(妙容) 비구니스님을 만나는 행운을 가져왔다. 스님의 이러한 거룩한 행위는 중국불교사에서 흔치 않은 일이다.

묘용 스님은 금년 28세로서 출가한 지 3년밖에 안 되며, 자신의 피로 불경을 사경하는 것은 출가하기 전부터 시작하였다. 현재 사경하고 있는 것은 36만 자의 『대방광불화엄경』으로 이미 6만 자를 완성하였으며, 그 후에는 『묘법연화경』을 사경하려고 한다. 의학을 아는 거사가 말하기를, "이러한 경을 다 사경하려면 온몸의 혈액을 송두리째 써야 하며, 이것은 전신의 혈액이 한번 새롭게 바뀌는 것이다."라고 하였다.

묘용 스님은 따뜻한 가정에서 자상한 모친의 보살핌 속에 자랐다. 귀여운 용모에 명성 있는 군의(軍醫)대학의 졸업생이다. 중위로 군 전역 후 모 개발구에 근무하면서 후한 대우를 받고 생활하였다.

그러나 이러한 좋은 여건도 속세에 머물게 하지 못하고, 불교에 헌신하게 되었다.

스님은 평범하지 않은 모친의 격려 하에 의연히 남하하여 강서성(江西省) 청원산(靑原山) 정거사(淨居寺)에서 삭발하고, 현재 덕이 높고 명망이 있는 체광(體光) 대화상의 제자가 되었다. 운문사(云門寺)는 스님이 상주하며 수행한 도량인데, 화장실의 분뇨 푸는 일을 시작으로 고행(苦行)의 발걸음을 내디뎠다. 이러한 불문의 희유한 인재가 21세기 오늘날 출현한 것은 어느 누가 들어도 찬탄할 만하다.

나는 스님의 추천 하에 체광 대화상께 귀의한 몇 분의 신도와 함께 청원산으로 내려와 체광 대화상을 친견하게 되었다. 우리들은 십여 일을 같이 지내면서 친히 묘용 스님의 수행경계를 볼 수 있었다. 스님의 수행은 이 나이(60세)까지 십수년간 불교를 공부한 나를 부끄럽게 하였다. 나는 묘용 스님이 이야기하는 것을 들으면서 깊이 감동하여 눈물이 눈에 가득하였다.

어느 날 식사 후 모두 일어나려고 하는데, 스님은 어느 거사의 그릇에서 먹지 않은 깨끗한 음식을 발견하고는 즉시 자기의 앞으로 가져와, "거사님이 먹지 않은 것을 제가 대신 먹겠습니다. 함부로 낭비하면 안 됩니다."라고 말하면서 남긴 음식을 먹어치웠다.

묘리 거사가 감동하여 말하였다. "묘용 스님! 대단하십니다. 다른 사람이 먹다 남은 음식을 드시니, 저희들이 배워야겠습니다." 같은 식탁에서 식사하신 묘견 스님이 말하기를, "이것은 아무 것도 아닙니다. 다른 사람이 뱉어내 남긴 것도 먹습니다."

나는 감동되어 찬탄하였다. "스님은 미국에 계신 선화 상인께서 다른 사람이 씹었던 음식도 드시는 무아상(無我相)의 경계에 곧 도달할 것입니다."

묘용 스님이 말하였다. "아직도 갈 길이 멉니다. 티베트에 가본 적이 있는데, 그곳의 수행인들이 먹는 음식은 제가 먹는 '남은 음식'에 비하여 차이가 많았습니다. 그곳의 경험에 의하면 여기서 먹는 어떤 것도 못 먹을 게 없으며, 어떤 고생도 못할 고생이 없습니다."

묘용 스님은 우리에게 많은 이야기를 해주었다. 스님이 갓 출가하였을 때 화장실의 분뇨를 퍼 짊어지고 밭에 나가 뿌리는 일을 하였다. 그때 신발 밑에 똥이 묻는 것은 피할 수 없어, 불전에 오를 때 공경의 마음을 내어 신발은 전각 밖에 벗어두고 양말만 신고 들어갔다. 그러한 시간이 반복되자 발과 다리에 냉기가 들어, 두 다리와 무릎이 부어 걸을 수 없을 정도로 매우 아팠다고 한다.

스님은 이러한 고통은 자신의 업장이 현전(現前)한 것이라고 생각하며, 여전히 매일 이를 악물고 분뇨 푸는 작업을 계속하였다. 그러나 나중에는 병세가 갈수록 더욱 심해져 산속 절에서는 치료할 수가 없어 부득이 어머니가 계신 집으로 되돌아왔다.

의사가 진단하기를, 이 병은 풍습(風濕)으로서 불치의 병이며, 풍습이 점차 심장까지 전이되면 온 몸이 마비될 수 있다고 하였다. 스님은 의사의 말을 듣고도 두려워하지는 않았으나 마음속으로 다소 불안하였다고 한다. 자신은 아직 중생을 돕는 작은 일도

하지 못했는데, 반신불수가 되어 남의 보살핌을 받으면서 산다면 차라리 죽느니만 못하다고 생각하였다. 그래서 불보살께 지극정성으로 기도하였다.

"이 제자는 거짓 몸뚱이가 오래 살려고 기도하는 것이 아닙니다. 병이 나아 죄업의 목숨이 연장되면 제 피로 『화엄경』을 사경하겠습니다. 이를 법계의 모든 중생에게 회향하여 함께 불도 이루기를 빌며, 사경을 마치면 죽어도 여한이 없겠습니다."

그 후 생각지도 않게 기적이 출현하였다. 스님이 사경의 과정을 말씀해주셨다.

"저는 삼릉침으로 열 손가락을 찔러 피를 모았으며, 피가 모자라면 침으로 손등의 혈관에 꽂아 피를 뽑았습니다. 어머니는 안타까워서 피 뽑는 것을 보지 않으려고, 집안일을 해야 된다면서 일부러 피했습니다. 저는 보지 못했으나, 제가 사경을 할 때 어머니는 제 온몸에서 금빛 광명이 발하는 것을 보았다고 합니다. 이것은 아마도 부처님의 가피로 어머니에게 무엇을 느끼게 하신 것이 아닌가 생각됩니다.

제가 네 권의 경을 완성하였을 때 두 발과 다리의 부종은 완전히 없어져 정상대로 회복되었습니다. 정말로 불보살께서 가피를 내려 저에게 새 생명을 얻게 하였으니, 감격하여 눈물을 흘렸습니다. 보답할 길이 없어 단지 마음속으로 다음과 같이 발원하였습니다.

'저는 미래세가 다하는 날까지 불보살께 공양하기를 원하옵니다. 세세생생 신구의(身口意) 삼업을 청정하게 하여 불보살께 공양하겠습니다. 미래겁이 다하도록 중생을 위하여 살고 중생을 위하여 죽겠습니다.'

　　다음날 병원에 가서 검사해보니 의사도 놀랐으며, 제가 완전히 회복되었다는 것을 선언하지 않을 수 없었습니다."

　　스님은 이어서 말씀하셨다.

　　"어머니는 제가 회복된 것을 기뻐하는 동시에, 갑자기 태도를 바꾸어 엄하게 말하였습니다. '묘용 스님, 스님의 병은 이미 좋아졌으니 사원으로 돌아갈 준비를 하세요. 스님은 출가인이니 오랫동안 이곳에 머무는 것은 법도에 맞지 않습니다.'

　　갑자기 어머니의 이런 매정한 말을 들으니 받아들이기가 힘들어, 억지로 눈물을 참으면서 목이 메어 말했습니다. '지금 바로 가겠습니다.' 그래서 곧바로 행장을 간단하게 수습하여, 기차역에 가기 위해 택시를 불렀습니다. 차가 떠나려고 할 때 창문을 열고 어머니에게 '곽 보살님, 집 열쇠는 탁자에 놓아두었습니다.' 라고 말하고는 얼굴을 돌렸습니다. 택시가 출발할 때 저는 난생 처음으로 두 눈 가득한 어머니의 눈물을 보았습니다.

　　기차가 급히 달릴 때 저의 마음은 평정을 되찾았으나, 두 눈은 눈물로 흐려졌습니다. 아! 어머니! 이 딸은 당신의 마음을 알았습니다. 당신은 제가 세상이 그리워 돌아오면 수행을 그르칠까를 걱정하신 것입니다. 당신은 저를 불법의 길로 인도하였으며, 당신은 제 출가의 길을 지지하였으며, 당신은 제가 머리를 깎고 비구니가 되는 것을 보면서도 눈물 한 방울 흘리지 않았습니다. 그것이 이 딸의 견고한 도심(道心)이 되었습니다. 안심하세요, 어머니! 활을 쏘면 되돌아오는 화살은 없습니다. 저는 철저히 개과천선하여 죽을 때까지 불법을 널리 펴고 중생을 이롭게 할 것입니다."

　현재 묘용 스님은 많은 신도들의 요청에 의하여 이미 적합한 장소를 선택하여 중원지구에 퇴직자, 노년의 거사들이 상주하면서 염불, 법회, 거주, 의료 및 왕생할 수 있는 도량을 지으려고 준비하고 있다. 의사, 간호사와 종사인원은 완전히 자원봉사자로 모집하고, 상주하며 수행하는 거사들은 단지 최소한의 생활비만 낼 수 있도록 할 계획이다.
　따라서 의료 인원은 보수를 받지 않으며 의료비도 최저수준으로 받을 것이다. 이것은 당연히 묘용 스님의 개략적인 구상이며, 아직 많은 도반들의 협력이 있어야 일이 성사될 수 있을 것이다.
　묘용 스님은 이미 묘법 노스님과 나에게도 그곳에 와서 대중들과 함께 거주할 수 있도록 초청하였다. 만약 하루 빨리 이 일이 성사된다면 많은 재가의 수행인들이 함께 수행하는 도량이 될 것이다. (엮은이 주: 묘용 스님의 이야기를 쓴 것은 스님의 공덕을 칭송하기 위해서가 아니라 국내 대중들의 출가인에 대한 오해를 바꾸기 위해서이다.)
　묘용 스님이 출가인의 모범이 되기를 희망하며, 더욱 많은 지식인들이 불교의 홍법사업에 투신하여 사회의 풍습을 바로잡고,

덕으로 나라를 다스리며, 국가의 은혜에 보답하기 위하여 힘을 다하기를 바란다. 내가 쓰려는 것은 인과실록(因果實錄)이기 때문에 찬탄할 만한 스님들이 많이 있지만, 다 소개할 수 없는 것을 양해하기 바란다.

 선화 상인의 법문

문 : 어떻게 하여야 조상 또는 고혼을 천도할 수 있습니까?

답: 만약 수행이 높은 대덕 고승이 선정력을 가지고 있으면 고혼의 영혼을 고통에서 벗어나게 하고 천계로 오르게 할 수 있습니다. 마치 명대의 용고 선사(龍袴禪師)가 만력 황제의 어머니를 천도한 것과 같습니다. 그 분이 등단하여 이르시기를, "나는 본래 오지 않았으며, 당신은 기어코 사랑하려고 하네. 일념이 하나가 아니면, 삼계를 벗어나네."

이와 같이 네 구의 법어로 황제의 어머니를 천계로 오르게 하였습니다.

아! 어머니! 당신은 제가 세상이 그리워 돌아오면
수행을 그르칠까를 걱정하신 것입니다.
당신은 제가 머리를 깎고 비구니가 되는 것을 보면서도
눈물 한 방울 흘리지 않았습니다.
그것이 이 딸의 견고한 도심(道心)이 되었습니다.
안심하세요, 어머니! 활을 쏘면 되돌아오는 화살은 없습니다.
저는 철저히 개과천선하여 죽을 때까지 불법을 널리 펴고
중생을 이롭게 할 것입니다."

4장

육식의 해로움

채식을 하면서

기공의 채기(采氣)

해충을 쫓아내는 법

낙태의 죄

올바른 장례법

술과 고기를 먹으면 왕생하기 힘들다

육식의 해로움

어떤 사람이 물었다.

"어떤 사람은 말하기를 불교신자도 고기를 먹을 수 있다고 하면서 부처님의 계율에는 단지 살생을 하지 말라고 하셨지, 고기를 먹지 말라고 하신 적은 없다고 합니다. 거사님은 『오대산 노스님의 인과 이야기』 전편에서 말하기를 고기를 먹으면 장래 원한을 서로 갚게 될 것이며, 아울러 금생에 많은 질병을 가져올 수 있다고 하였습니다. 도대체 어떤 말이 맞습니까?"

『오대산 노스님의 인과 이야기』는 내가 친히 만났던 무수한 실제의 사례 중에서 아주 작은 일부분에 불과하다. 그리고 십수년을 지내오면서 거의 매일 내 눈앞에서 보아 온, 고기를 많이 먹어 나쁜 과보가 나타나 갖가지의 고통을 겪고 있는 사람들의 실례는 이루 다 이야기할 길이 없다.

소위 삼정육(三淨肉)을 먹을 수 있다고 하는 것은 부처님이 일시에 고기를 끊을 수 없는 초심자들을 위한 방편설법이며, 『입능가경(入楞伽經)』에서 말씀하시는 바와 같이 점차로 고기를 끊는다는 뜻이다. 사람들이 계속하여 염불, 독경하면서 이치를 터득함에 따라 자연히 전부 고기를 끊을 수 있는 것이다.

마치 매일 담배 두 갑을 피우던 사람이 하루아침에 담배를 끊기가 힘든 것과 같다. 그러나 결심이 굳고 의지가 강한 사람은 당장에 담배를 끊고, 술을 끊고, 고기를 끊는 사람들도 있다.

『대승입능가경(大乘入楞伽經)』에서 이르기를, "보살은 일체 중생을 자비로 생각하기를 마치 자기 몸과 같이 여기는데, 어찌 그를 보고 먹을 생각을 짓겠느냐?"라고 하였다.

중생의 고기를 먹을 수 없는 것은 일찍이 세존께서 긍정하신 것이며, 절대로 양무제(梁武帝)가 제창한 것은 아니다. 『능엄경』과 『입능가경』에서 '왜 중생의 고기를 먹으면 안 되는가'의 문제와 부처님 당시의 제자가 오정육(五淨肉: 죽이는 것을 보지 않고, 죽이는 것을 듣지 않고, 직접 죽이지 않으며, 스스로 죽은 것이며, 새의 잔해)을 먹을 수 있는 도리에 대하여 명백하게 말씀하셨다.

만약 오늘날 어떤 사람이 부처님은 고기를 먹지 못하게 하신 말씀이 없다고 한다면, 그는 아마도 불경의 뜻을 이해하지 못한 까닭일 것이다. 지금 독자들의 편의를 위하여 『능엄경』 가운데의 일부분을 적어본다.

"아난아, 모든 세계의 육도 중생이 그 마음으로부터 살생하지 않으면 생사의 윤회를 따르지 않는다. 네가 삼매를 닦아 생사에서 벗어나려고 하면서 살생의 마음을 없애지 못하면 생사에서 벗어날 수 없다.

비록 많은 지혜가 있고 선정이 현전하더라도 살생을 끊지 못하면 반드시 귀신의 세계에 떨어질 것이다. 상품의 사람은 대력귀신이 되며, 중품은 날아다니는 야차와 귀신의 우두머리가 되며, 하품은 땅에 다니는 나찰이 된다.

저 모든 귀신들은 또한 자기들의 무리가 있으며, 각각 무상도를 이루었다고 자칭한다. 내가 멸도 후 말법시대에 그러한 많은 귀신들이 세간에 치성할 것이며, 그들은 고기를 먹으면 보리(菩提)의 도를 얻는다고 말할 것이다.

아난아, 내가 비구들에게 오정육(五淨肉)을 먹게 하는 것은 그 고기 모두 내가 신력(神力)으로 화생(化生)하여 본래 명근(命根, 목숨의 뿌리)이 없느니라. 땅의 기후가 덥고 습하며, 더욱 모래와 돌들이 많아 초목이 자랄 수 없으니, 내가 대비(大悲)의 신통력으로 더하여 대자비로 고기라고 거짓 이름하였기 때문에 너희들은 그 맛을 얻게 될 것이다.

여래(如來)가 멸도(滅度)한 후 중생의 고기를 먹는 사람을 어찌 부처님의 제자라고 할 수 있겠느냐?

너희들은 마땅히 알아야 한다. 고기를 먹는 사람은 설령 마음이 열려 삼마지(三摩地, 삼매·선정)를 얻은 것 같아도 모두 큰 나찰이며, 목숨을 마치면 반드시 생사의 고해에 빠질 것이며, 결코 불제자가 아니니라. 이와 같은 사람은 서로 죽이며, 서로 삼키며, 서로 잡아먹기를 그치지 않을 것이니, 어찌 이런 사람이 삼계(三界)를 벗어날 수 있겠느냐?

네가 세상 사람에게 삼마지를 닦으면서 점차 살생을 하지 말 것을 가르쳐야 한다. 이것이 여래·불·세존의 두 번째의 청정명해를 결정하는 것이다.

그러므로 아난아, 만약 살생을 끊지 못하면서 선정을 닦는 자는 마치 스스로 귀를 막고 큰 소리로 고함치면서 남에게 들리지 않는다고 하는 것과 같은 것이다. 이러한 것을 '감추려고 할수록 더욱 드러나는' 것이라고 하는 것이다.

청정비구와 모든 보살은 길을 가면서도 자라나는 풀도 밟지 않는 법인데, 하물며 어찌 손으로 뽑을 수 있으며, 대비의 마음으로 어찌 중생의 피와 고기를 취하여 배를 채울 수 있겠는가?

만약 모든 비구가 동방의 비단 옷을 입지 않고, 가죽 털신을 신지 않고, 우유 제호를 먹지 않으면 이와 같은 비구는 세상에서 진정으로 벗어나 묵은 빚을 갚고 삼계에 노닐지 않을 것이다.

무엇 때문인가? 몸에 걸치는 것은 모두 그것의 인연이 되기 때문이다. 마치 사람이 땅의 곡식을 먹으면 발이 땅을 떠나지 못하는 것과 같다. 반드시 몸과 마음으로 하여금 모든 중생의 몸(즉 고기)과 몸의 부분(즉 털, 가죽 등)을 먹지 않고 입지 않으면, 나는 이런 사람은 진정한 해탈자(解脫者)라고 말한다. 나와 같이 이렇게 말하면 부처님의 말씀이며, 이와 같지 않으면 마왕(魔王) 파순(波旬)의 말이다."

부처님께서 신력으로 화현시킨 명근이 없는 '오정육'을 먹게 한 것은, 당시 인도(印度)의 기후가 매우 덥고 땅이 찌고 습하며 모래와 돌이 많아 풀과 채소가 자랄 수 없었기 때문이다. 화현한 동물은 명근이 없어도 거짓으로 고기라고 이름하였으나 진짜 고기는 아니다. 이것은 마치 『서유기』 속의 손오공이 털로써 화신을 변화시켜 낸 것과 같이 명근이 있는 육체가 아니다. 『법화경』 속의 화성(化城)은 단지 염하기만 하면 눈앞에 나타나며, 『아미타경』 속에 나오는 극락세계의 여러 새도 부처님께서 화현시킨 것이다.

따라서 먼 고대의 특수한 환경에서 그리고 부처님께서 재세한 때에 승단(僧團)이 출현하여 고기를 금할 수 없는 자연환경에서, 부처님은 부득이 신력으로 명근이 없는 동물을 화현시킨 것이다.

부처님께서 열반하신 후 불교는 전 세계에 널리 전파되었으며, 그 후 부처님의 신력으로 화현된 동물은 없는데, 어찌하여 부처님 재세 시 비구들의 걸식을 구실 삼아 백성이 무엇을 주면 주는 대로 먹어야 한다면서 불제자로 하여금 부처님의 계율을 파괴하려고 하는가?

부처님께서는 『범망경』에서 모든 불제자들에게 말씀하셨다.

"열 가지 중한 바라제목차(계율)가 있다. 그 중 첫 번째는 살생계(殺生戒)이다. 만약 불자(佛子)가 스스로 죽인다든지, 사람을 시켜 죽인다든지, 방편으로 죽인다든지, 죽이는 것을 찬탄한다든지, 보고 기뻐한다든지, 주문을 외워 죽인다든지, 살생의 인연, 살생의 법, 살생의 업으로 모든 생명이 있는 것을 고의로 죽이면 안 된다.

보살은 마땅히 자비심과 효순심에 주하여 모든 중생을 방편으로 구호해야 하며, 제멋대로 기뻐하며 살생하는 것은 보살의 바라이죄이다."

식육계(食肉戒)에 관하여 부처님은 다음과 같이 말씀하셨다.

"무릇 고기를 먹는 것은 대자비의 불성(佛性) 종자를 끊는 것이다. 모든 중생은 (고기를) 보면 버려야 한다. 그러므로 모든 보살은 중생의 고기를 먹으면 안 된다. 고기를 먹으면 무량의 죄를 얻게 된다."

또 『지장경』을 보면 광목녀(光目女)의 모친이 악취(惡趣)에 떨어진 원인을, "오직 물고기, 자라의 종류를 먹기 좋아하였으며, 특히 그들의 새끼를 많이 먹었다. 볶아서 혹은 쪄서 마음대로 먹었으며, 그 목숨의 수를 헤아리면 천만의 두 배나 된다."라고 하였다.

다시 예를 들어 설명할 필요도 없이 "부처님은 우리들에게 고기를 먹지 말라고 가르치지 않았다."는 설은 완전히 망설(妄說)이다. 역대의 대덕조사들 모두 우리들에게 경장의 길에 들어가 지혜가 바다와 같이 되기를 원하였다.

정토종의 13대 조사이신 인광(印光) 대사는 우리들에게 절대로 고기와 오신채를 끊어야 한다고 하였다. 오늘날 『능엄경』을 읽어야 하는 것은 시급한 일이다. 그 중에서 '사종청정명해(四種淸淨明海)'와 '오십종음마(五十種陰魔)' 부분은 더욱 중요하고도 중요한 부분이다. 『입능가경』의 '차식육품(遮食肉品)'과 『범망경』도 반드시 여러 번 읽어야 할 것이며, 깊이 이해가 되면 우리들은 진짜와 가짜를 식별할 수 있는 능력을 가지게 될 것이다.

    부처님과 그 제자들도 고기를 먹는 사람이라고 선양하는 일부의 사람을 위해서, 『입능가경』의 법문은 다음 장에서 소개하기로 한다.

채식을 하면서

어떤 사람은 채식의 종류가 적으며 맛이 단조로워 고기를 안 넣고 어떻게 요리를 해야 할지 모르겠다고 물었다. 그리고 각종 고기모양으로 만든 가짜고기요리(곡물이나 채소로 고기모양으로 만든 것)를 사서 먹는 것은 마치 채식인 양 꾸며서 가짜를 먹는 것으로, 대범하게 진짜 고기를 먹는 것보다 못하다고 하는데 일리가 있는 듯하다. 사실 채소는 수없이 많지만 단지 계절에 따라 차이가 있다. 요즘 계절에 관계없이 나오는 비닐하우스 채소는 날이 갈수록 많아지고 있다. 하지만 이런 채소는 가격이 비교적 비쌀 뿐 아니라 대자연(천연)의 산물이 아니다.

집에 손님이 올 때는 몇 가지 요리를 더 만드는데, 나는 절대로 비닐하우스 채소는 사지 않는다. 사실 자연에서 자란 채소는 최고의 영양식품으로서, 여기에 각종 콩 제품을 배합하면 필요한 영양분을 충분히 흡수할 수 있다.

나는 항상 계절에 따라 많이 나오는 채소를 햇볕에 말려 겨울철 식품으로 준비한다. 가지, 콩, 무, 버섯 등으로 만들면 상당히 맛이 좋다. 계율을 지니며 진심으로 불법을 공부하는 사람은 절대로 맛에 집착해서는 안 된다. 매일 염불, 독경하며 이치에 밝아짐에 따라 자연히 재물, 여색, 음식, 명예, 수면에 대하여 집착과 미련이 담박해지게 된다.

어느 날 당신은 자기가 만든 요리가 매우 맛이 있다는 것을 발견하게 될 것이다. 단지 배추를 삶고 감자를 볶았을 따름인데도 말이다. 절에 가서 먹게 되는 음식들은 고기가 하나도 들어가지 않았는데도 맛이 있으며, 고기를 먹는 사람들이 만든 채식요리는 그러한 맛이 왜 안 나오는 것일까? 그것은 염불하며 채식하는 사람은 음식을 만들 때 음식신(神)이 돕기 때문이며, 이것은 천인(天人)이 공양한다고도 말할 수 있다.

또한 당신이 채소를 살 때도 음식신이 도와 뜻에 맞는 채소를 살 수 있도록 인도할 것이다. 나는 항상 적은 돈으로 이미 이틀이나 지난 채소를 사게 되는데, 아마 이것은 내 생활의 검소함을 알았는지 가격도 몇 배나 싸며 맛도 신선한 채소와 같이 좋다. 이웃들이 그러한 채소를 사려고 하나 매번 그런 채소를 보지 못한다고 한다. 따라서 진심으로 수행하는 사람은 신이 돕는다. 당신이 수행하여 천안통을 얻게 되면 자연히 알 수 있을 것이다.

"고생을 하는 것은 나쁜 업장을 감소시키는 것이며, 복을 누리는 것은 과거의 복을 쓰는 것이다." 다른 사람이 좋아하지 않는 것을 받아들이며, 일체를 집착하지 않고 지속하면 자연히 성취함이 있게 된다.

그리고 고기와 똑같이 만든 가짜고기는 처음 불법을 배우면서 고기를 끊으려는 사람을 위하여 준비한 것이며, 이것은 과도기적인 식품이다. 마치 담배를 끊으려고 결심한 사람이 처음에는 담배 생각이 많이 날 때 사탕을 입안에 넣는 것과 같이 단지 일시적으로 마음의 갈증을 해결해 줄 뿐이다. 이미 다년간 계를 지닌 노수행자들은 그러한 종류의 가짜고기를 먹으면 안 될 것이다. 왜냐하면 그 형상을 먹을 때 이미 마음이 움직이기 때문이다. 이것은 선화 상인께서도 말씀하신 가르침이다.

기공의 채기(采氣)

어떤 사람이 물었다.

"나는 항상 '일주일 수련법회(打七)'에 참가한다. 예를 들면 '지장 7일 법회'와 같은 것으로서 즉 하루에 『지장경』을 아홉 번 독송하는 것인데, 비교적 힘들어 마치고 나면 기진맥진해진다. 그래서 밤에 잠자기 전 항상 30분 정도 좌선하면서, 이전에 기공(氣功)을 수련할 때 채기(采氣, 다른 외부로부터 기를 채취하는 법)의 방법으로 대자연 중에 있는 정화(精華)의 기(氣)를 의념(意念)으로 채취한다.

예를 들면 이전에 본 적이 있는 삼림, 해양, 공원, 화원 등으로부터 정화의 기를 채취하여 소모된 기를 보충하는데 어느 정도 효과가 있다. 그런데 어떤 사람이 이러한 채기는 기를 훔치는 것으로서 '훔치는 행위'에 속하기 때문에 삼계를 벗어나지 못한다고 한다. 이 말이 맞는지 궁금하다."

기공에서 하는 채기의 법은 불법을 배우는 사람으로서는 취할 수 없는 법이다. 『지장경』에서 이르기를, 주지 않는 것을 취하면 죄가 된다고 하였다. 1980년대 말 기공의 열기가 일어났을 때 나도 기공을 수련한 적이 있으며, 위에서 말한 방법으로 채기하여 기를 보충한 적이 있다.

처음에는 느끼는 감각이 매우 좋았다. 어느 날 저녁 기공수련 중 갑자기 우리집 정원의 무성한 꽃이 생각나 채기했는데, 전신에 시원한 기가 들어오는 감각을 느꼈다. 당시 마음속으로 매우 기뻤다. 그러나 누가 알았겠는가? 그 다음날 아침 정원에 있는 열 몇 개의 화분이 시들어 있는 것을 발견하였다. 그 중 큰 화분인 감귤나무, 고무나무, 활짝 핀 두견화 등이 시들었는데 마음이 매우 아파 눈물이 흘러내렸으며, 즉시 내가 행한 채기가 그들에게 이러한 치명적인 상처를 초래했다는 것을 알아차렸다. 그래서 즉시 기를 그들에게 돌려주어야겠다고 생각했다. 그들을 향하여 말하였다.

"미안하구나. 나는 채기가 너희들을 해칠 수 있다는 것을 몰랐다. 지금 너희들의 기를 전부 돌려줄 테니, 부디 나를 용서해주고 빨리 회복되기를 바란다."

나는 즉시 기를 돌려주기 위해 모든 꽃 주위를 돌았다. 눈물이 꽃잎에 떨어졌으며, 바로 기진맥진해짐을 느끼면서 그들이 반드시 회복될 것이라고 믿었다. 왜냐하면 그들에게 받은 기뿐만 아니라 '나의 기'도 전부 그들에게 주었기 때문이다. 그러나 다음 날은 더욱 심하게 시들어 있었다. 나는 다시 그들에게 기를 보내 그들을 살리고자 하였다. 마음속으로는 견디기 힘들어 눈물이 얼굴에 가득하였다. 3일째 되는 날 아침, 정원에서 짙은 꽃향기를 느꼈다. 이것은 내가 아직까지 맡아보지 못한 꽃향기였다. 당시 나의 머릿속에는 순간적으로 '꽃이 죽었구나. 그들이 나를 용서하고, 나에게 이별을 고하는구나.' 하는 것을 느꼈다.

급히 나가서 꽃을 살펴보았다. 갑자기 울음이 터져 나왔다. 아내와 두 아이가 울음소리를 듣고 급히 쫓아 나왔으나, 내가 꽃 앞에 꿇어앉아 얼굴 가득 눈물범벅이 된 것을 보고는 말을 건네지 못하였다. 갑자기 딸애가 나에게 말하였다.

"아빠, 이 꽃들 모두 아이들의 모습을 나타내며, 옛날 복장을 하고 있어요. 그들이 아빠에게 괴로워하지 말라고 알려주라고 하였어요. 조금도 아빠를 원망하지 않는다고요. 하지만 아빠, 그들이 어디로 갈 것인지 말해주세요."

나는 딸의 말을 이해하지 못하였다. 딸이 말하기를 "그들은 죽었으니 몸을 바꿔 전세(轉世)를 해야 하는데, 아빠는 그들이 어디로 가기를 희망하세요? 아빠의 말에 따라 꽃들이 갈 수 있대요."

그때 입에서 나오는 대로 대답하였다. "그럼 용궁(龍宮)으로 가지!" 이러한 말이 나온 것은 아마도 내가 얼마 전 연속극 '서유기'를 본 까닭이 아닌가 한다. 딸이 말하였다. "꽃들이 아빠에게 감사하다고 하면서 떠나갔어요."

그때 나는 아직 불교를 만나지 않았기 때문에 육도윤회(六道輪迴)의 도리에 대해서는 알지 못하였으며, 몇 년 후에야 알게 되었다. 그 후 나는 지속적으로 그 꽃들을 위하여 '천수대비주'를 독송하여 천도해 주었다. 이 일은 나를 깊이 교육시켰으며, 절대로 다시는 화초와 나무를 해치지 않겠다고 다짐하였다. 그들의 본신에 신식(神識)이 있든, 신식이 화초 수목에 붙어있든지를 불문하고 나는 그들도 생명이 있다는 것을 알게 되었다. 우리 사람들의 신식도 잠시 이 무상한 거짓의 몸에 의탁해 있는 것이 아니던가?

그 후 내가 불경을 읽어본 후에야 진허공 법계에 모두 불광(佛光)이 두루 비치며, 단지 우리 육안으로 볼 수 없어 느끼지 못할 뿐이다. 나는 아무리 피곤하더라도 정좌하여 관상(觀想)하면서 의념(意念)으로 연꽃 위에 앉아 전신의 모공을 열고, 부처님의 광명이 내 몸을 비추는 것을 받아들인다. 불보살의 우리들에 대한 자비는 우리들의 부모를 능가할 것이다. 우리들이 괴로움을 느낄 때 비로소 부처님을 생각해도, 부처님은 우리들을 탓하지 않을 뿐 아니라 무한한 자비로 감싸주신다. 부처님께서 방광하는 빛이 두루 비치는 것은 중생을 이롭게 하기 위한 것이다. 부처님의 광명으로 목욕하는 느낌은 당신 자신이 시험해보면 알 수 있을 것이다.

 선화 상인의 법문

문 : 수행인은 왜 정감(情感)을 가져서는 안 됩니까?

답: 왜냐하면 정감은 매우 이기적입니다. 만약 칠정(七情)이 주가 되면 이기적이 되어 큰 도를 떠나게 됩니다. 큰 도는 대공무사(大公無私)하기 때문입니다.

해충을 쫓아내는 법

　집안에 모기, 파리, 개미, 바퀴벌레 등이 있을 경우 그것을 죽이면 안 된다. 그러면 어떻게 대처해야 하는가? 부처님은 『범망경』에서 가르치시기를 "모든 생명이 있는 것은 고의로 죽이면 안 된다."라고 하였다. 그러므로 일체의 생명이 있는 것은 모두 죽이면 안 된다. 그러면 어떻게 해야 하느냐? 두 가지의 이야기를 들려주고자 한다.

　나는 12년 전 도시 중심부의 단독주택에 살았다. 그곳에는 개미가 많아 부엌에서는 막으려야 막을 수 없었으며, 나의 서재와 침실에서도 개미가 몸으로 기어 올라와 매우 귀찮았다. 각종 살충제를 뿌려 그들을 없애려고 했지만 효과가 없었다. 심지어 정원에 꿀과 설탕을 뿌려 개미가 모이면 뜨거운 물을 부어 그들을 죽였으며,

죽인 개미의 수는 말할 수도 없이 많았다. 그러나 집안의 개미는 감소되지 않고 오히려 더욱 많아졌다.

한번은 주방의 음식에 오르지 못하게 하기 위하여, 가는 철사를 천장에 매달아 식품광주리를 걸고는 음식을 그 속에 넣어두었다. 마음속으로 '이번에는 개미들이 찾지 못하겠지' 하고 생각했다. 그러나 다음날 광주리에서 음식을 꺼내 보니 안에 개미가 새까맣게 붙어있었다. 나는 화가 날 대로 나서 광주리를 정원에 놓고 종이를 가져와 불에 태워버렸다.

묘법 노스님을 만난 이후에야 비로소 불살생의 도리를 알게 되었다. 당시에 나는 비록 살아있는 닭과 물고기 등은 사지 않았지만, '삼정육(三淨肉)'의 고기는 먹었으며 개미를 결코 '생명'의 범주에 넣지 않았다.

그 후 또다시 해결해야 할 개미의 문제가 발생하였다. 나는 살충제를 모든 방의 창문턱에 뿌리고 나서, 갑자기 개미도 생명이 아닌가 하는 생각이 일어났다. 그들도 생각을 가진 생명이다. 그렇지 않으면 어떻게 그러한 조직과 규율이 있을 수 있겠는가?

나는 마음속으로 불안함을 느꼈다. 스님의 가르침을 생각하니 매우 부끄러웠을 뿐만 아니라, 갑자기 일종의 공포감이 일어났다. 요 몇 년간 내가 죽인 개미는 셀 수 없을 정도로 많은데, 그들이 조만간 나를 찾아와 생명의 빚을 독촉할 것이 아닌가! 지금 내가 또 살충제를 뿌려놓아 얼마나 많은 생명을 죽이게 될지 모른다. 그래서 급히 살충제를 제거하고 물로 한번 씻어내었다. 나는 마음 깊이 우러나 정원에서 기어오르는 개미들을 보고 말하였다.

"개미야, 개미들아! 내가 과거에는 불살생의 도리를 알지 못하여 수도 없이 많은 개미를 죽였구나. 나는 방금 또 살충제를 뿌렸다. 비록 물로 씻어냈지만 창문가에는 아직 독약이 남아있을 것이니 너희들은 절대로 그곳으로 오르지 마라.

나는 지금부터 다시는 개미 너희들을 죽이지 않겠다. 너희들도 나의 방과 부엌에 가지 말거라. 정원에서 너희들이 함부로 기어오르면 보지 못하고 너희들을 밟아 죽일 수도 있으니 나를 탓하지 마라. 연못에는 위험한 것이 없으니 그곳에서 활동하는 것이 가장 좋을 것이다. 너희들은 우리 집으로 와서 나를 귀찮게 하지 말거라. 나도 절대로 너희들을 해치지 않을 테니."

그 당시 나는 경서를 본 적은 없으나, 단지 마음 깊숙한 곳에서 개미에 대하여 이런 말이 우러나온 것이다. 내가 그들이 주방으로 들어오지 못하게 하면 그들은 어디에서 무엇을 먹고 살아갈 것인지에 대해서는 생각지도 않았다.

며칠 지난 후 아들이 나에게 말하였다. "아빠, 우리 집에 개미가 없어졌어요." 사실 나는 벌써 이 일을 잊고 있었다. 아들의 말을 통하여 나는 비로소 며칠 전 한 말이 생각이 났다. 그래서 정원에 가서 개미를 찾아보니 한 마리도 안 보였다. 나는 무슨 기후의 원인으로 개미들이 없어진 것이 아닌가 하고 생각하였다. 그런데 이웃집에 가서 찾아보니 놀랍게도 개미가 많이 보였다. 이것은 나를 매우 기쁘게 하였다. 이러한 기쁨은 개미가 없어졌기 때문이 아니라 다른 생명과 의사소통을 할 수 있었다는 것 때문이다.

당신이 진심으로 말을 하고 행하면 반드시 감응이 있을 것이다. 당시에 매일 연못가에 음식 부스러기를 뿌려주어 개미에게 살아갈 양식을 주었어야 했는데, 나는 그런 것까지는 생각하지 못하였다. 개미에게 주방에 가지 말라고만 하였으니, 그들은 할 수 없이 이사를 간 것이다.

그 뒤 그 집에서 6년을 더 살았는데, 한 마리의 개미도 본 적이 없었다. 불법에 귀의하기 전의 나는 살생하고 고기를 먹었으며 술도 마셨다. 이것은 "마음을 들춰 생각이 움직이면, 업 아닌 것이 없고 죄 아닌 것이 없다."라고 말할 수 있을 것이다. 그렇지 않다면 어떻게 이러한 감응이 있을 수 있겠는가?

이것은 바로 성심(誠心)의 감응과 불보살의 가피인 것이다. 부처님의 대자비로 일체 중생을 널리 제도한다. 어떤 사람이라도 단지 착한 생각을 가지기만 하면, 부처님께서는 선교방편으로 그를 제도하여 악(惡)을 버리고 선(善)으로 향하게 인도하신다.

옛날의 대덕께서 가르치시기를 "부처님의 지혜에 들어가려면, 먼저 억지로라도 애를 써야 한다."고 하였다. 나는 우매무지한 사람이라 가르침과 책에 의지해서는 믿음을 지닐 수 없다. 단지 눈앞의 보이는 사실이 있어야, 비로소 추구하여 실천할 수 있다. 개미를 통해 실제로 겪은 감응은 내가 이후에 경을 읽고 염불을 배워 중생에게 회향할 수 있도록 이끌었다.

다음 이야기는 나의 사제(師弟) 과배 거사가 겪은 일이다. 과배 거사는 고향 하남성(河南省)에서 왔는데, 그에게 내가 가르쳤던 위의 방법으로 많은 쥐를 처리했던 일을 소개하고자 한다.

그도 쥐에게 잘못을 사죄하고 절대로 다시는 그들을 죽이지 않겠다고 표명한 후, 매일 고정된 장소에 남는 음식물을 놓아주었다. 처음에는 쥐들이 그릇 안의 음식물을 먹을 뿐 아니라 여전히 다른 물건도 먹고 가구 등을 갉아먹었다.

그는 쥐에게 다음과 같이 말하였다.

"이전에 너희들 쥐를 너무 많이 죽였으니 너희들이 나에게 원한을 품는 것은 당연한 일이다. 지금부터 매일 '천수대비주' 30번을 독송하여 나에게 살해되었던 많은 쥐들에게 특별히 회향하여, 그들이 좋은 세계로 왕생할 수 있도록 천도해 주겠다."

그렇게 행한 지 약 3개월 후 쥐들은 단지 땅에 놓아둔 접시 안의 음식만 먹고, 다른 음식이나 물건은 상하게 하지 않았다.

어느 날 그의 여동생이 집에 와서 얼마 정도 머물게 되었다. 오빠가 매일 쥐에게 먹이를 주는 것을 보고는 어리석은 짓을 한다고 놀리면서 쥐들이 말을 들을 것이라고는 믿지 않았다. 그래서 그녀는 저녁식사 후 일부러 만두를 식탁 위에 놓아보았다. 그런데 다음날이 되어도 그대로 있었으며, 3일이 지나도 그대로였다. 쥐들은 단지 오빠가 준 음식만 먹었다고 한다.

믿기 어려운 일이었지만 그녀는 말할 도리가 없었다. 더욱 이상한 것은 그녀가 세탁한 자기 옷과 올케 언니의 옷을 옷장에 함께 놓아두었는데, 쥐들은 집중적으로 그녀의 옷만 물어 씹어 못 쓰게 만드는 것이었다. 쥐들이 어떻게 옷을 구분할 수 있었을까? 그녀는 오빠의 말에 따를 수밖에 없어 집으로 돌아가면 자기도 쥐를 죽이지 않겠다고 말하였다. 그 후 사제의 집에는 쥐들이 종적을 감추었다고 한다.

이상의 두 가지 실제 사례를 참조하여 독자들은 자기 집의 상황에 따라 처리하면 될 것이다. 결론적으로 말하자면 '해충'이라도 사람과 같이 대해야 한다는 것이다. 당신이 그들을 죽일수록 그들은 더욱 당신을 미워할 것이며, 큰 동물이든 작은 동물이든지를 막론하고 그들은 모두 사람들의 진심과 거짓마음을 분별해 낼 줄 안다는 것이다.

우리들은 이전에 수많은 동물을 죽였기 때문에, 몇 부의 경을 독송해준다고 하여 그들이 당장 자신을 미워하지 않을 것이라고 기대하지 말아야 한다. 그들의 당신에 대한 시험을 이겨내야 하며, 단지 진실한 마음만 있으면 그들은 감동할 것이다.

내가 다시는 모기를 죽이지 않은 뒤에도 모기는 여전히 집안으로 들어와 물었다. 나는 작은 유리잔 또는 캔으로 모기들을 잡아 모아, 다시는 사람을 물지 말고 염불 왕생할 것을 기원하면서 삼귀의(三歸依) 법문을 해준 후 창 밖에 방생하였다. 이렇게 2년가량을 지속하니 모기가 방에 들어오는 것이 매우 적어졌으며, 물려도 가렵지 않았다. 이후 10여 년을 지내오면서 모기에 물리는 경우가 극히 드물어졌다. 이 책을 통하여 다음 방법을 소개하니 참고하기 바란다.

농작물에 벌레가 발생하면 농약을 칠 것인가 안 칠 것인가도 같은 도리로서 판단하면 될 것이다. 어떤 농민 도반은 다른 사람이 농약을 치면, 그는 '천수대비주' 49번을 독송한 물을 살포한다고 하였다. 어떤 분은 3일 전에 통지하는 방법을 쓰며, 농약을 살포할 때 대비주를 많이 염송하여 그들을 천도한다고 하는데, 모두 서로 다른 효과가 있다고 한다.

결론적으로 말하면 정말로 잘못을 알고 참회하려는 마음을 가지면 될 것이다. 몇 부의 경을 읽고 진언을 몇 회 외운다고 해충이 당장 없어진다는 것은 불가능한 일이다. '일체유심조(一切唯心造)'라고 하는데 모든 것이 경이나 진언으로 다 해결되는 것은 아니다. 염불, 독경, 진언은 보조적인 수단인 것이다.

집안의 바퀴벌레 등과 같은 해충은 3일 전에 그들에게 약을 칠 테니 빨리 다른 곳으로 옮겨가라고 알려주는 것이 좋다. 3일 후에도 여전히 있으면 제거하면 될 것이다. 고의로 그들을 죽이지 말아야 하며, 제거하는 동시에 입으로 부처님 명호, 왕생주, 대비주를 외우면 모르고 죽인 작은 동물을 천도할 수 있을 것이다.

묘법 노스님께서는 이렇게 여법하게 하면 머지않아 해충들이 모두 없어진다고 하였다. 만약 당신이 고기와 오신채를 먹지 않고 음욕을 끊은 수행인으로서 그들에게 옮겨가라고 말한다면, 때가 되면 그들은 보이지 않을 것이다. 왜냐하면 당신의 공덕은 그들이 이고득락(離苦得樂)하는 데 충분하기 때문이다. 마치 국왕대신이 어떤 사람에게 돈을 벌게 하려면, 말 한마디만 하면 되는 것과 같은 것이다.

그리고 일반적인 선지식은 순서에 따라 순리대로 재물을 모으는 도를 가난한 사람에게 가르칠 필요가 있다. 따라서 참회, 지계, 독경, 덕의 함양은 수행인들이 어느 때라도 마음속에 명심해야 한다. 각 가정의 상황은 같지 않으니 스스로 참작하기 바란다.

낙태의 죄

　낙태(落胎)를 하는 것은 부부간의 살생죄(殺生罪)이다. 닭, 오리, 물고기, 돼지, 소, 양을 죽이는 죄와 비교하면 훨씬 더 중하다. 묘법 노스님께서 만난, 이러한 낙태로 말미암아 초래된 질병의 사례는 너무도 많았다. 심장병이 가장 많았으며 환자의 대부분은 여자들이었다.

　왜냐하면 낙태는 당사자뿐 아니라 의사, 국가정책 등 여러 가지 원인과 연관되어 있기 때문에 이 방면의 이야기를 쓰는 것은 여러 가지로 불편하다. 현재 이러한 문제에 봉착하는 것이 비교적 많기 때문에 간단하게 쓰려고 한다.

　국가(중국)의 인구 억제정책은 올바른 것이다. 모든 기혼 남녀는 가족계획을 엄격히 실행해야 한다. 정책이 허락하지 않는 임신에 낙태를 하는 것은 그 잘못이 본인에게 있다. 따라서 부부는 마땅히 적절하게 피임을 할 필요가 있는 것이다. 낙태는 살생이므로 그에 따른 과보는 반드시 자기 스스로 받게 된다.

왜냐하면 "한번 사람 몸을 잃으면 만겁에 회복하기 어렵다."고 하기 때문이다. 당신의 뱃속에 든 신식(영혼)은 사람이 되기 위하여 얼마나 많은 세월을 기다려왔는지 모른다. 당신들과 인연이 있어 비로소 태에 든 것인데, 결과적으로 당신에 의해 낙태되면 이 생명(아기)의 원한심은 소멸되기가 쉽지 않은 것이다.

당신은 국가정책이 허락하지 않는다는 구실로 그 책임을 남에게 전가할 수 없다. 임신은 부부의 음욕심이 중하기 때문에 생긴 것이다. 또한 부주의하여 임신이 된 것인데, 도리어 국가정책을 앞에 놓으려 한다.

불법을 믿으면서 낙태를 한 적이 있는 부부는 부처님전에 죄업을 참회해야 한다. 아울러 생명을 잃은 아기에게 죄를 인정하면서, 불법을 이해하지 못하여 잘못을 저질렀으니 간절히 용서를 구해야 한다. 그리고 아기에게 인간의 괴로움을 말해주면서 다시는 인간세상에 오지 않도록 말해야 할 것이다.

또한 그에게 '나무 아미타불'을 많이 염하도록 하고 그를 위하여 『지장경』 혹은 『불설장수멸죄호제동자다라니경』을 3회 혹은 7회 독송해주어야 한다(매 아기마다). 꿇어앉아 독송할 수 있으면 그렇게 하는 것이 가장 좋다. 당신이 정말로 성심으로 참회한다면 낙태 때문에 조성된 각종 질병은 모두 좋아질 것이다.

낙태에 참여한 의사, 간호사들은 자비심을 가져야 하며, 수술과정에서 태아를 위하여 묵념으로 '나무 아미타불'을 염해야 한다. 만약 매일 아침 또는 저녁에 자기가 수술한 태아를 위하여 『지장경』, 『천수대비주』, 『관세음보살보문품』 등의 경을 한 번씩 독송하여 천도해주면, 당신은 바로 보살의 마음을 가진 분이다. 수술한 의사 등은 비록 주요 책임은 없을지라도 결국 낙태에 참여하였기 때문에, 위의 방법으로 참회하면 죄를 소멸할 뿐 아니라 또한 공덕이 있을 것이다. 『불설장수멸죄호제동자다라니경』을 깊이 열독하면 무량한 이익을 얻게 될 것이다.

올바른 장례법

요즘 신문지상에 가끔 '호화장례'의 소식을 볼 수 있다. 돈이 있는 사람 중 어떤 사람은 호화스럽게 장례를 치러야 효를 다하는 것으로 생각한다. 상대적으로 기독교와 이슬람교를 신봉하는 국가에서는 호화장례의 모습을 보기 힘든 것 같다. 불교의 도리에 따른다면 어떻게 장례를 치러야 효도를 다하는 것인가?

비록 많은 사람들이 불교의 '육도윤회' 이론을 믿지는 않을지라도 자기 가족이 돌아가셨을 때 장례의식은 불교식과 통하는 점이 많이 있다. 예를 들면 사람이 죽으면 영혼이 있으며, 사후 49일까지 저승에서 지낸다고 하는 것이다. 이것은 불교의 『지장보살본원경』에서 전래되어 온 것이다.

그러나 민간에 전해지는 것들 중에는 잘못된 관념이 많이 있다. 예를 들면 사람이 죽으면 귀신이 되며, 종이돈, 종이 사람, 말, 소 등을 태우고, 닭, 오리, 생선 등으로 귀신에게 제사를 지내는 것

등은 잘못된 것이다.

어떻게 장례를 지내는 것이 망자(亡者)를 이익되게 하는 것인가? 『지장보살본원경』을 보면 다음과 같은 법문이 있다.

"미래, 현재의 중생이 임종일을 맞이하여 한 부처님, 한 보살, 한 벽지불의 명호를 들으면, 죄가 있든지 없든지를 불문하고 모두 해탈을 얻을 수 있다.

만약 어떤 사람이 살아서 착한 일을 짓지 못하고 많은 죄를 저질렀을 때 임종 후 가족들이 복을 짓기 위하여 모든 성스러운 일을 지으면, 그 중 칠분(七分)의 일(一)의 공덕을 얻게 되며 육분(六分)의 공덕은 살아있는 가족에게 돌아간다. 이러한 까닭으로 미래, 현재의 선남자, 선여인들이 불법을 듣고 스스로 수행하면 모두 자기가 (그 공덕을) 얻게 되며, 무상대귀(즉 죽음)가 예기치 않게 찾아오면 저승세계를 떠돌면서 죄와 복을 알지 못한다.

49일 이내에는 마치 바보와 같고 귀머거리와 같으며, 생전의 업을 조사받고 심판을 받은 후 업에 따라 생을 받는다. 예측할 수 없는 사이에 천만 가지의 고통을 받으며, 하물며 악도(惡道)에 떨어지면 더 말할 나위도 없다.

이렇게 목숨을 마친 사람은 아직 다른 생을 받기 전 49일 이내에는 생각 생각에 가족들이 자기를 구제할 수 있도록 복을 지어주기를 바라며, 이 기간이 지난 후에는 업에 따라 과보를 받게 된다.

만약 죄를 많이 지은 사람이면 백천 세를 지나도 해탈할 기약이 없으며, 만약 오무간죄(五無間罪, 아버지를 죽이는 것, 어머니를 죽이는 것, 아라한을 죽이는 것, 부처의 몸에 피를 내는 것, 교단의 화합을 깨는 것)를 지었으면 큰 지옥에 떨어져 천겁, 만겁 동안 온갖 고통을 받게 될 것이다.

만약 임종을 맞이한 사람의 가족이 그 사람을 위하여 큰소리로 부처님의 명호(名號)를 염불하면, 이 사람은 오무간죄와 그 밖의 죄업도 모두 소멸된다. 비록 오무간죄가 지중하여 억겁을 지나도 벗어날 수가 없을지라도, 임종 시 다른 사람이 그를 위하여 부처님 명호를 염불한 공덕을 타서 그 죄가 점점 소멸될 것이다. 하물며 중생이 스스로 칭명염불하면 얻는 복이 무량하며, 무량한 죄업을 소멸하게 될 것이다."

아직 『지장보살본원경』을 읽어보지 못한 분은 반드시 자세히 읽어보시기를 권하며, 만약 선화 상인의 『지장보살본원경천석』을 보면 더욱 쉽게 이해가 될 것이다. 임종을 맞이한 사람을 위하여 경을 읽고 염불하기만 하면, 그가 좋은 세계에 왕생할 수 있게 도와줄 수 있다.

중생의 고기로 귀신에게 제사지내거나 혹은 장례기간에 중생의 고기를 먹으면, 오히려 망자에게 죄업을 가중시키는 것이 된다. 49일 이내에는 고기와 술을 끊는 것이 가장 좋으며, 최소한 장례

며칠간이라도 술, 고기, 오신채를 끊어야 할 것이다. 가족 모두 망자를 위하여 서로 분담하여 『지장보살본원경』을 염송해야 한다. 매일 적어도 한 번씩은 독경해 주고, 남는 시간은 '나무 아미타불' 염불을 끊어지지 않게 해주어야 한다.

염불테이프를 틀어놓고 따라서 염불해도 되며, 염불하는 사람이 많을수록 좋다. 독경 염불 시 자기의 심력을 경문과 부처님의 명호에 집중해야 하며, 반드시 망자가 극락세계에 왕생하도록 간절한 마음을 가져야 할 것이다. 만약 입으로는 염불하면서 마음이 산란하면, 망자는 큰 이익을 얻을 수 없다. 이후 매 7일마다 집안의 불상 앞에 망자의 위패 혹은 사진을 불상 옆에 세우고 『지장보살본원경』을 세 번 내지 일곱 번을 독송할 것이며, 한 사람이 독송해도 되고 여러 사람이 읽어도 된다.

만약 망자의 집에서 독송하기가 불편하다면 자기 집에서 망자를 위하여 경을 읽어주면 될 것이다. 독경이나 염불, 『천수대비주』 독송을 하기 전에 먼저 "누구를 위하여 독송한다"는 것을 말할 것이며, 부처님의 가피로 극락세계에 왕생하도록 간절히 발원해야 한다.

이와 같이 하면 망자가 비록 생전에 계를 지니고 염불한 사람이 아니더라도, 반드시 천상 혹은 인간세계에는 태어날 것이다. 만약 송경 염불하는 사람이 계를 지니지 않으면 망자가 큰 이익을 얻을 수는 없으나 절대로 삼악도에는 떨어지지 않을 것이다.

천상·아수라·인간세계는 삼선도이며, 축생·아귀·지옥은 삼악도이다. 49일 내에 살생하고 고기를 먹으면 망자의 죄업을 증가시키게 될 것이다. 종이돈을 비롯하여 많은 꽃바구니 등을 태우면서 재물을 헛되이 쓰는 것은 망자에게는 조금도 도움이 되지 않을 뿐 아니라, 도리어 망자의 복을 없애는 것이다. 그러므로 노인을 공경하고 효도하려면 마땅히 살아계실 때 해야 할 것이며, 죽고 나서 하는 것은 아니다.

『지장보살본원경』에서 이르셨다.

"임종 시에 부모 권속은 자기의 힘에 맞게 복을 베풀어 (망자의) 가는 길을 도와주어야 한다. 번개(幡蓋)를 걸고 등을 켜며, 불경을 독송하고 불보살상에 공양하며, 내지 불·보살·벽지불의 명호를 염한다. 이것이 임종하려는 사람의 이근(耳根)을 스치든지 혹은 본식(本識)에서 듣게 되면, 악업을 지은 중생은 (그 죄가 비록) 악취(惡趣)에 떨어질 죄라도 권속들이 임종인을 위하여 짓는 성스러운 인연으로 말미암아 여러 가지 죄업이 모두 소멸될 것이다.

만약 사망 후 49일 이내에 널리 착한 일을 지으면, 그 사람은 영원히 악취에서 벗어나 인간과 천상에 태어나 묘한 즐거움을 누리게 될 것이며 현재의 권속도 받는 이익이 무량할 것이다."

돌아가신 분은 49일 이내에는 생각 생각이 가족 친척이 복을 지어 자기를 구해줄 것을 바라며, 이 기간이 지난 후 업에 따라 과보를 받게 된다. 따라서 망자의 가족은 마땅히 49일 내에는 염불 독경을 많이 해주는 것이 망자에 대한 최대한의 도움이 될 것이다.

잘못된 장례의식으로 말미암아 망자의 신식(영혼)은 매우 괴로

위하며 분노하게 된다. 그는 가족들이 말하는 것을 보고 들을 수 있으며 아울러 사람들이 생각하는 것을 알 수 있으나, 저승과 이승이 가로막혀 있어 안타깝게도 이승의 가족들은 망자와 소통할 방법이 없는 것이다.

만약 망자의 생전에 당신과 무슨 갈등이 있거나 사죄할 점이 있다면, 당신은 단지 그를 위하여 성심으로 염불, 독경해 주어야 한다. 그렇게 함으로써 서로간의 원한이 풀어질 수 있으며, 망자가 당신을 크게 고마워할 것이다.

따라서 모든 효자, 효녀들은 마땅히 『지장보살본원경』을 배워서 잘못된 장례풍속을 개혁해야 한다. 그래야 망자도 이익을 얻고 자기도 이익을 얻게 될 뿐만 아니라, 좋은 풍속이 널리 보급되면 모든 사람들에게 그 공덕이 두루 미칠 것이다.

 선화 상인의 법문

문 : 과거에 구더기, 지렁이 등을 죽인 것이 수만을 넘습니다. 왕생주를 얼마나 송주하여야 이와 같이 많은 살생의 업을 소멸할 수 있습니까?

답: 당신이 만약 욕심을 끊으면 한 구를 염송해도 영험하며, 그렇지 않고 욕심을 끊지 못하면 일만 구를 지송해도 효험이 없습니다.

술과 고기를 먹으면 왕생하기 힘들다

　　나와 같은 동네에 사는 몇 분의 거사들은 돌아가신 분을 위하여, 자주 조념(助念) 염불하러 가거나 천도법회에 참석한다. 그들 중 많은 사람은 모두 고기와 오신채를 먹는데, 조념 염불하는 것이 효과가 있느냐고 물어왔다. 죽은 분을 이익되게 하는 불사(佛事)의 문제에 관해서는 이미 장례의 문제를 언급하면서 『지장경』의 내용을 소개하였기 때문에 여기서는 생략한다. 고기를 먹고 술을 마시는 사람이 송경 천도하는 문제에 관하여 부처님께서는 『입능가경』에서 다음과 같이 말씀하셨다.

　　"나는 모든 중생을 자식과 같이 보며, 고기 먹는 것을 들으면 기뻐하지 않는데, 하물며 어찌 스스로 먹겠느냐?
　　대혜여! 이와 같은 일체의 파, 마늘, 부추, 달래, 흥거 등은 냄새가 나고 부정하여 성스러운 도를 장애할 수 있으며, 또한 세간의 인간, 천상의 깨끗한 곳을 장애하는데, 하물며 제불정토의 과보에는 어떻겠느냐? 술도 이와 같이 성도(聖道)를 장애하고 선업(善業)을 손상시켜서 모든 허물을 생기게 한다.

그러므로 대혜여, 성스러운 도를 닦는 자는 술, 고기, 오신채 등 냄새나는 것은 먹지 말아야 한다."

이 경에서 수행인은 술과 고기, 오신채를 먹는 것에 대하여 명확하게 지적하였다. 그런 것을 먹으면 인간, 천상의 착한 과보를 성취하기가 매우 어려우며, 다른 사람을 천도하여 생사를 해탈하게 하고 정토에 왕생하게 하는 것은 더욱 어렵고도 어려운 일이다. 단지 임종하는 사람이 지장보살의 이름을 듣고 이근(耳根)을 스치면 영원히 삼악도의 고통을 겪지 않는다.

그러므로 다른 사람이 정토에 왕생하도록 천도하려고 하면 먼저 자기의 심신을 청정하게 해야 할 것이다. 만약 당신이 다른 사람을 위하여 송경하여 천도하는 것이 먹고 마시고 혹은 돈을 벌기 위해서라면 그것은 더욱 지옥의 종자를 심는 것이다. 낭떠러지에 이르러 말고삐를 잡아채는 것은 아직 늦은 것은 아니다. 이미 지은 죄는 하루빨리 불전에서 참회하고 절대로 다시는 짓지 말아야 한다. 부처님께서 말씀하시기를, 하늘에 가득한 큰 죄도 참회하면 소멸한다고 하셨으니, 당신이 이치에 밝지 못하였을 때 지은 죄업이야 더욱 쉽게 소멸시킬 수 있을 것이다.

『관무량수불경』에서 정업(淨業)의 세 가지 복 중 두 번째 복에서 부처님께서는 우리들에게 "모든 계를 구족하라"고 하셨다. 그리고 고기를 끊는 것은 대승보살계에서 아주 중요한 내용인데, 고기를 끊지 않고 어찌 '구족중계(具足重戒)'를 논할 수 있겠는가?

정토경론에서 부처님께서 이르시기를, 정토(淨土)법문은 소승(小乘)이 아니라 대승(大乘)불법이라고 하셨는데, 대승의 불제자가 어찌 대승의 계율을 지키지 않을 수 있겠는가? 『무량수경』의 삼배왕생(三輩往生)의 조건은 모두 '보리심을 발해야 한다'고 하셨다. 어찌 보리심을 발한 보살이 중생의 고기를 먹을 수 있겠는가?

또 부처님께서는 '법사의(法四依)'에서 지적하시기를 "우리들은 마땅히 요의(了義)의 법에 의지해야지 불요의(不了義)의 법에 의지하면 안 된다."고 하였다. 그러므로 진정한 수행인은 마땅히 고기를 끊게 하는 요의의 경전에 의거해야 하며, 불요의의 경에서 이야기하는 '삼정육'을 고기를 먹는 구실로 삼아서는 안 될 것이다. 만약 출가인이 술을 마시고 고기를 먹으면 신구의(身口意) 삼업이 청정하지 못하며, 죄와 허물이 더욱 크다. 선화 상인께서 말씀하시기를 "법을 알고 범하면 죄가 삼분(三分)이나 증가된다."고 하였다.

『능엄경』에서 부처님께서 말씀하시기를, "어찌하여 도적이라고 하느냐? 나의 의복을 빌려 입고 여래를 팔아 갖가지 업을 저지른다."고 하였다. 부처님은 이러한 불문(佛門)의 옷을 걸치고 수행을 하지 않으면서 도리어 불법을 이용하여 장사하는 이들을 '도적'이라고 비유하였으니, 그 죄의 막대함을 상상할 수 있을 것이다.

부처님께서는 『입능가경』에서 다음과 같이 말씀하셨다.

"내가 열반에 든 후 미래세에 불법이 멸하려 할 때, 내 법 가운데에 출가하여 머리를 깎고 자칭 '나는 사문(沙門)으로 석가의 제자'라고 하면서 내 가사를 걸치고, 어리석기가 어린애 같으면서 자칭 율사라고 칭하면서 단견(斷見)과 상견(常見)에 떨어져 갖가지 허망한 각관(覺觀)을 지으며, 어지러운 마음으로 고기 맛을 탐하면서 자기의 견해에 따라 율장(律藏)에는 고기를 먹을 수 있다는 말이 있다고 할 것이다.

또한 나를 비방하여 말하기를 제불여래는 사람이 고기 먹는 것을 듣고 관습에 따라 고기를 먹을 수 있다고 말할 것이며, 또한 나를 비방하여 말하기를, 여래 세존도 스스로 고기를 먹는다고 할 것이다. (중략) 나는 율장 가운데서 다음과 같이 말하였다. '모든 고기는 일체의 불제자에게는 모두 깨끗하지 못한 음식으로서 청정한 목숨을 더럽히며, 성도를 장애하며, (다른) 방편이 없으면 먹을 수 있다.' (중략)

만약 저 어리석은 사람이 스스로 율사(律師)라고 말하면서 율장 가운데서 사람이 고기 먹는 것을 듣고 여래도 스스로 고기를 먹는다고 비방하면, 저 어리석은 사람은 큰 죄장을 이루고 오랫동안 이익이 없는 곳, 성인이 없는 곳, 불법을 들을 수 없는 곳에 떨어져 현재, 미래의 어질고 성스러운 제자를 만나지 못할 것인데, 하물며 어찌 제불여래를 만날 수 있겠는가?"

부처님의 위와 같은 명백한 법문이 있으니 우리들 말법중생은 정(正)과 사(邪)를 판명할 수 있을 것이다.

선화 상인께서 다음과 같이 말씀하신 적이 있다. "도와 덕이 있는 사람이 천도를 구하는 사람을 만나 '왕생하거라!' 라는 한마디 말로써 천도될 영혼은 즉시 착한 세계로 왕생 할 수 있다."고 하였다. 묘법 노스님께서도 "덕(德)이 있는 사람이 길을 가다가 장례를 치르는 사람을 만나, 성심성의껏 망령(亡靈)을 위하여 부처님 명호를 염하든지 혹은 왕생주(往生呪)를 한번 염하면 모두 좋은 곳으로 왕생할 수 있다."고 말씀하셨다.

이러한 도리는 시장에서 도살된 동물, 가금류 내지 도로상에서 밟혀 죽은 동물에도 적용할 수 있다. 여기서 말하는 덕이 있는 사람이란 오계를 지니며 십선을 닦는 사람을 가리킨다. 이미 음욕, 살생, 도둑질, 거짓말을 끊은 거사가 왕생주를 염해주면 반드시 (좋은) 과보가 있게 될 것이다. 이것이 길을 가는 도중에 망령을 천도하여 좋은 곳으로 왕생하게 하는 방편법이다.

진정으로 망령을 천도하여 그들로 하여금 큰 이익을 얻게 하려는 효순 남녀 중에 만약 아직도 고기를 끊지 못한 분이 있다면 장례나 천도하는 기간만이라도 반드시 재계를 지켜야 할 것이다. 가장 좋은 방법은 49일간 재계를 지키며, 고기와 오신채를 먹지 않고 지성으로 불법승에 대한 공경을 표하면서, 자기가 노력하여 번 돈으로 향과 꽃 등 공양품을 사서 집에 장엄한 도량을 설치하고 『지장경』과 같은 대승경전을 독송하면 된다. 적게는 7편, 21편, 49편을, 많게는 제한이 없다.

송경지주(誦經持呪)하며 여법하게 공양하는 데 가장 중요한 것은 성심으로 망자를 대신하여 죄를 참회하고 복을 구하는 것이다. 이러한 천도는 망자를 천상에 태어나게 할 수 있다. 만약 다시 인간에 태어나면 복이 있는 사람이 될 것이다. 망자가 만약 본래 계를 지키고 염불한 유덕자라면 반드시 감응하여 서방극락세계의 세 분 성인(아미타불, 관세음보살, 대세지보살)의 접인을 받아 극락세계에 왕생할 것이다.

나는 여러 번 돌아가신 신도들의 천도법회에 참가한 적이 있는데, 경을 읽는 도중 이상한 향기가 홀연히 방안에 가득하고, 많은 사람들이 공중에서 울려나오는 부처님 음악을 들었다. 혹은 친히 관세음보살을 보고, 서방 삼성(三聖)께서 강림하는 수승한 경계를 보았다. 여기서는 상세하게 이야기하지 않겠다.

> 불법은 듣기 어려운데 금생에 이미 들었으며
> 유명한 스승은 찾기 어려우나 경 속에서 찾았네.
> 이 몸을 금생에 제도하지 못하면
> 다시 어느 생에서 제도할 것인가!

묘법 노스님께서도
"덕(德)이 있는 사람이 길을 가다가 장례를 치르는 사람을 만나,
성심성의껏 망령(亡靈)을 위하여 부처님 명호를 염하든지
왕생주를 염하면 모두 좋은 곳으로 왕생할 수 있다."고 말씀하셨다.
여기서 덕이 있는 사람이란 오계를 지니며 십선을 닦는 사람을 가리킨다.
이미 음욕, 살생, 도둑질, 거짓말을 끊은 거사가 염불을 해주면
반드시 (좋은) 과보가 있게 될 것이다. 이것이 길을 가는 도중에 망령을 천도하여
좋은 곳으로 왕생하게 하는 방편법이다.

5장

염불과 참선

천수대비주

어느 거사의 천도

보살의 화현

묘법은 어디에 있는가?

염불과 참선

　참선하는 뜻은 매우 높고 깊으나, 염불수행이 가장 빠르고 알맞은 방법이며 대업왕생(帶業往生, 여러 가지 업장이 남아있으면서도 염불을 하여 불보살님의 인도로 극락왕생하는 것)할 수 있다고 한다. 선종(禪宗)의 참선은 상상(上上)의 근기가 수행할 수 있다고 하는데, 어떤 법으로 수행하는 것이 좋을지를 물어왔다.
　내 생각에는 만약 엄격히 계율을 지키지 않고 금생에 지은 죄업을 참회하지 않는다면, 당신이 매일 염불독경을 많이 하더라도 그것은 단지 부처님과 인연을 맺을 수는 있어도 삼계를 벗어날 수는 없으며, 장래 다시 인간 몸을 받았을 때 불법을 가까이 할 수 있을 뿐이다.
　'대업(帶業)'은 숙세의 업을 가리키며, 단지 금생의 죄업을 참회하고 다시는 짓지 않으면 숙세의 업을 가진 채 왕생할 수 있다는 것이다.

『능엄경』에서 이르기를, "몸에 한 등을 켜거나 한 지절을 태우거나 한 주의 향(香)을 태우면서, 자신이 지은 무시 이래의 묵은 빚을 일시에 갚을 수 있다."라고 하였다. 여기에서 지적하는 것은 숙세 업의 빚은 결코 등을 켜고 지절을 태우고 향을 사른 후 다시 업을 지어도 대업왕생을 할 수 있다는 것이 아니다.

한번 생각해봅시다. 금생에 단지 염불은 할 줄 알되 오계를 지키지도 못하고 십선(十善)을 닦지도 못한다면, 이 사람은 금생의 업이 없어지지 않았는데 어떻게 대업왕생할 수 있겠는가?

선종을 수행하는 사람도 염불하는 사람과 같은 것이다. 근세 선종의 태두이신 허운 노스님을 포함하여 역대 선종 조사들의 사진이나 화상을 보면, 모두 손에 염주를 들고 두 눈을 내리고 부처님의 명호를 생각 생각에 떠나지 않았다.

가부좌를 틀고 참선을 하는 것은 일종의 정심(淨心)의 방법이다. '선(禪)'은 정려(靜慮)의 뜻이다. 고요히 자기가 지은 십악(十惡)을 생각하면서 성심으로 참회하고 마음속으로 염불하면서 자기가 상해를 입힌 중생을 위하여 회향하면, 죄업을 참회할 뿐 아니라 잡념도 없애기 때문에 일종의 참선을 잃지 않는 좋은 방법이다.

단지 마음을 전일하게 하고 산란하지 않게 하면서 극점에 다다르게 되면 저절로 천지를 감동시키게 될 것이며, '막다른 곳에서 길이 열리는(柳暗花明又一村)' 때를 만나게 될 것이다.

'염불하는 것이 누구인가(念佛是誰)?'라고 참구하다 보면 무념처(無念處)에 다다르게 될 것이며, 그것이 무한대로 연장될 것이다.

유념(有念)에서 무념(無念)이 되면 깨달음의 시기가 가까이 온 것이며, 당신 스스로 그 가운데의 묘미를 맛볼 것이다. "자기가 먹은 밥이 자기의 배를 부르게 한다"는 경계는 말로는 표현할 수 없는 것이다. 이러한 정력(定力)이 있게 되면 깨달음은 바로 눈앞에 있게 된다.

염불도 마음을 깨끗이 하는 하나의 방법이다. 염불의 일념으로 망념(妄念)을 대체하면서, 잡념이 일어나면 다시 염불 일념으로 다 잡는다. 이렇게 염불이 타성일편(打成一片)이 되어 구슬로 꿴 듯이 일념이 이어져 무아(無我)의 경지에 다다르면, 바로 염불삼매(念佛三昧)에 들어가게 되며 지혜가 현전하게 된다. 따라서 『대집경(大集經)』에서 이르기를, "염불은 무상심묘선(無上深妙禪)이다"라고 한 것이다. 참선, 염불 모두 자기의 심지(心地)를 밝히는 방편으로서 모두 마음을 깨끗이 하는 법문이며, 같지만 같지 않고 다르지만 또 다른 것이 아니다.

도를 증득하는 방법은 같지 않지만 목적은 다른 것이 아니다. 어떤 방법이 자기에게 적합한지, 어떤 방법으로 득력(得力)할 것인지는 깊이 생각하여 선택해야 할 것이다. 일단 하나의 방법을 선택하였으면 꾸준히 밀고 나가는 것이 중요하다.

조금 해보다가 경계가 나타나지 않는다고 다른 방법으로 바꾸면, 그것은 마치 십자로에서 어느 길이 서울로 통하는지 몰라 동으로 갔다 서로 갔다 하면서 영원히 서울에는 도달할 수 없을 것과 같다. 법에는 높고 낮음이 없다. 당신에게 적합한 것이 바로 가장 좋은 법문이다.

'수행(修行)한다'고 하는데, 닦는 것은 우리의 잘못된 언행이다. 참선을 하든 염불을 하든, 모두 지혜를 열어 성불하는 것을 도와줄 수 있는 방법이다. 조연(助緣)은 매우 중요한 것으로 십악을 금하고 십선을 닦는 것이다.

정말로 결심하고 행하면서 지속하면 득도(得道)할 수 있으며, 제불보살께서 기뻐하고 천룡팔부 등 호법신장(護法神將)이 공경하므로 도를 얻는 데 많이 도와준다. 어느 날 당신은 일념지간에 지혜가 현전할 것이며, 그것은 불보살이 당신을 가지(加持)하신다는 것을 알아야 한다.

나는 묘법 노스님과 십여 년 동안 전국으로 다니면서, 진심으로 계를 지니고 선을 닦는 사람을 수십 명 만난 적이 있다. 그들은 노스님의 교화를 받아 일념 간에 오안육통(五眼六通)이 열리고 각자의 특색을 갖추게 되었다. 그들은 결코 참선을 한 것도 아니고 염불을 한 것도 아니다. 지속적으로 계를 지니며 선을 닦아오다가, 시기가 도래하니 자연히 스님의 교화(혹은 불보살의 몽중교화)를 받게 된 것이다.

일단 지혜가 현전하니 무명(無明)이 저절로 타파되어, 삼계를 벗어나고 과(果)를 증득하는 것은 자연스러운 일이다. 만약 계를 지키지 않고 십악을 끊지 못하면서 단지 좌선하며 삿된 지혜가 나타난 사람에게 의지하면, 도를 잃을뿐더러 도움을 받을 수 없다. 얼마 지나지 않아 복이 다하면 지혜가 없게 되고, 죽으면 반드시 지옥에 떨어지게 된다.

　불법을 듣고 믿으며 계를 지닐 수 있는 사람은 근기가 매우 높은 사람이다. 다른 사람의 권유로 불법을 배워 정도로 돌아온 사람은 상근의 사람으로서, 단지 힘써 노력하면서 물러나지만 않으면 반드시 금생에 도를 성취할 수 있다.

　『능엄경』에서 말씀하신 바와 같이 음녀, 과부, 도둑, 백정이라도 보살, 나한이 다시 인간 세상에 왔을 가능성이 있다. 단지 미혹하여 깨닫지 못한 까닭이며, 일단 머리를 돌리면 반드시 성취가 있을 것이다.

　깨달음을 열고 지혜가 열리는 것은 단련하여 얻는 것이 아니라, 수행하여 얻는 것이다. 열심히 계정혜(戒定慧)를 닦으면 반드시 탐진치(貪瞋癡)가 소멸된다. 어느 종파를 막론하고 수행을 떠나면 불도를 이룰 수 없다. 수행은 바로 서방극락세계로 가는 입장권이다.

　지혜를 여는 게(開慧偈)

　　법에 정해진 것은 없지만 계(戒)를 근본으로 삼고
　　죄업을 참회하는 마음이 진실하며
　　행주좌와 모두 부처님을 염하면서
　　오래오래 지속하여 마음이 움직이지 않으며
　　마음 밖에서 구하지 않으면 스승은 저절로 오며
　　수양버들 우거지고 꽃이 필 때 또 하나의 마을이 나타나네.

천수대비주

『천수천안대비참법(千手千眼大悲懺法)』에서 이르기를, "관세음보살은 바로 아주 먼 과거의 정법명여래(正法明如來)이며, 묘한 공덕을 이루고 큰 자비를 갖추셨다. 천수천안을 드러내 법계중생을 호지(護持)하며, 우리들로 하여금 넓고 큰 도심(道心)을 발하게 한다. 그리고 우리들에게 광대원만대비신주(廣大圓滿大悲神呪)를 수지하게 하여 영원히 악도(惡道)를 떠나 불국정토에 왕생하게 하신다. 우리들이 무간지옥에 떨어질 중한 죄를 저지르거나 악질이 온몸을 괴롭혀도 모두 소멸하게 하신다."라고 하였다.

항상 대비주를 염송하면 지혜가 현전하고 삼매변재를 얻을 수 있으며, 현생에서 구하는 모든 것이 이루어짐을 결정코 의심할 필요가 없다. 우리를 속히 삼승(성문, 연각, 보살)의 과를 얻게 하며, 빨리 불지(佛地)에 오르게 한다. 대비신주의 위신력은 아무리 찬탄하여도 다하지 못한다.

관세음보살께서 부처님께 말씀하셨다.

"만약 모든 중생이 대비신주를 염송하여 삼악도에 떨어진다면 저는 정각(正覺)을 이루지 않겠습니다. 대비신주를 염송하여 만약 불국정토에 왕생하지 못한다면 저는 정각을 이루지 않겠습니다. 대비신주를 염송하여 만약 무량의 삼매변재를 얻지 못한다면 저는 정각을 이루지 않겠습니다. 대비신주를 염송하여 현재생 중에서 소망하는 모든 것이 이루어지지 않는다면 대비심다라니가 될 수 없습니다."

이상은 관세음보살의 대원(大願)이다. 따라서 우리들이 만약 대비신주 염송을 매일의 수행으로 삼는다면, 금생에서 반드시 모든 일이 마음먹은 대로 이루어질 것이며, 장래에 반드시 극락세계에 왕생할 것이다.

염송의 방법은 만약 집에서 한다면 불상 앞에서 향을 올리고 절을 한 후 21회 또는 49회, 108회를 외울 것이며, 스스로 정하면 된다. 출퇴근 시나 기타 모든 여가시간에도 염송할 수 있으며, 외운 횟수는 기억할 필요가 없다. 대비주는 염송이 숙달되면 1분 안에 한 번을 외울 수 있으며, 만약 마음이 분산되는 장소라면 '나무 관세음보살'의 명호로 대체할 수 있다.

어떤 법문을 수행하든지 반드시 청정하게 계율을 지켜야 한다. 오계를 지니고 십선을 닦으면 바야흐로 진정한 불제자이다. 지속적으로 수행하면 반드시 불가사의한 성취가 있을 것이다.

어느 거사의 천도

　　사업상 크게 성공한 캐나다에 거주하는 어느 거사는 절에 보시하고 경서(經書)를 인쇄한 돈만 해도 수십만 달러나 된다. 그러나 얼마 전 갑자기 교통사고로 중상을 입었다. 중상을 입은 후 그는 끊이지 않고 염불하였으나, 안타깝게도 50이 채 안 되어 세상을 떠나게 되었다. 그래서 많은 사람들이 불법에 대하여 의심을 품게 되었다. 그 중 묘법 노스님을 아는 임 여사가 그 일 때문에 특별히 중국으로 와서 스님께 가르침을 청하였다. 노스님이 그녀에게 물었다.

　　"보살님은 그 거사님의 사생활에 대하여 아십니까?"

　　잘 모른다고 대답하자, 스님께서 말씀하셨다.

　　"그는 불문에 귀의하기 전에 많은 여자들과 관계를 하였으며, 귀의한 후 비록 많이 정리하였지만 미처 깨끗이 다 정리하지 못하였습니다. 그리고 이러한 삿된 음행에 대하여 진심으로 참회하지 못했습니다.

그러나 그는 사고를 당한 후 죽을 때까지 줄곧 염불하여 많은 죄업을 소멸하였으며, 또한 절에서 그를 위하여 송경하며 천도해 주고, 이전에 그가 불경 유포를 많이 한 공덕 덕분에 지금 이미 도리천(忉利天)에 태어났습니다.

만약 그가 불법승 삼보(三寶)에 공양하지 않고 임종 때 염불하지 않았더라면 그는 결함이 있는 영혼으로 변했을 것입니다. 만약 당신이 혼외정사가 있다면 죽은 후 신식(영혼)은 반으로 나누어져 상대방 영혼의 반과 결합하여 같이 있게 되며, 두 사람의 혼외정사가 있다면 다시 반으로 나누어져 상대방과 결합하게 되며, 세 사람과의 혼외정사가 있다면 세 개로 나누어지게 됩니다.

이와 같이 본다면 혼외정사가 많을수록 나누어지는 것도 많아져서, 자신의 주체정신에 결함이 있는 영혼으로 변하게 됩니다. 다시 돌아오려고 하여도 백천만겁이 지나도록 어렵고 어려운 일입니다. 상대방의 반과 결합한 영혼은 지옥에서 과보를 받은 후 다시 인간이 되어도 양성인(兩性人)이 되든지 지능이 낮게 되어, 스스로 고통스러울 뿐 아니라 남들의 멸시를 받게 됩니다.

따라서 불문에 귀의한 제자는 반드시 악을 끊고 선을 닦으며, 자신이 불법승 삼보에 공양을 했다든지 경을 인쇄하여 배포하였다는 것은 생각하지 말아야 합니다. 그러면 반드시 극락세계에 왕생하여 아무런 근심걱정이 없어질 것입니다.

선(善)에는 좋은 과보가 있고, 악(惡)에는 나쁜 과보가 있다는 것은 허공법계의 불변의 규율입니다. 계율을 지키지 못하고 타락한 제자에 대해서는 부처님께서도 도와주려고 해도 도와줄 수 없는 것입니다. 어찌 몇 개의 향을 사르고 혹은 몇 부의 경을 읽었다고 모든 것이 뜻대로 되기를 기대할 수 있겠습니까?

부처님께서 제정하신 계율은 제자를 관리하기 위해서가 아니라, 만약 계율을 엄격하게 지키지 않으면 나쁜 세계로 떨어지며 자연히 징벌을 받게 될 것을 제자들에게 경고하는 것입니다. 국가의 수많은 법률을 비유하면, 백성이든 국가의 영도자이든 누구라도 법을 어기면 법률의 제재를 받게 되는 것과 같은 것입니다.

그러므로 죽은 후 지옥에 떨어지거나 감옥에 들어가기를 원하지 않는 모든 사람은 자각하여 계율을 지키고 국가의 법률을 지켜야 할 것입니다. 그렇지 않으면 그러한 일에 직면하여 후회해도 이미 늦을 것입니다."

임 여사가 물었다. "그가 죽은 지 이미 30여 일이 되었습니다. 캐나다의 절에서 그를 위하여 천도를 해주었으나, 지금이라도 그를 도와줄 수 있는 방법은 없습니까? 그리고 아직 극락세계에 갈 수는 없는지요?"

노스님께서 말씀하셨다. "그는 이미 내가 당신과 대화하는 것을 들었으며, 도리를 이해하고는 마음으로 이미 큰 참회심을 내었습니다. 이와 동시에 그는 이미 광음천(光音天)으로 올라갔습니다. 아니, 복애천(福愛天)입니다. 아직 광과천(廣果天)까지 올라갈 수 있습니다. 나는 이미 광과천이 빛나고 있음을 보았습니다."

임 여사가 물었다. "어떻게 아직도 밝아질 수 있습니까?"

스님께서 답하셨다. "마치 엘리베이트가 올라가는 것과 같이 몇 층으로 올라가면, 그 곳에 지시등이 먼저 깜박이는 것과 같습니다."

"극락세계까지 갈 수 있겠습니까?"

"꼭 그렇지는 않습니다. 덕행이 있는 청정한 사람이 『지장보살본원경』 49회, 『묘법연화경』 3회를 독경해야 극락세계 왕생이 가능합니다."

임여사가 물었다.

"어떤 사람이 청정한 사람입니까?"

"청정한 사람은 바로 살생, 도둑질, 사음, 거짓말이 없는 수행인을 말합니다. 출가든 재가든 관계없습니다."

"캐나다 절의 스님을 청하여 천도하면 안 되겠습니까?"

"모르겠습니다."

"그럼 저는 스님께서 천도해주시기를 청합니다. 되겠습니까?"

"나는 기력이 부족합니다. 그렇게 많은 경을 염송할 수 없습니다."

"스님께서 방금 법문하시니 그는 바로 상승하였습니다. 그에게 극락세계로 가라는 몇 마디 말씀을 해주시면 효과가 있을 것 같습니다."

"만약 정말로 몇 마디 말로 그렇게 될 수 있다면, 아미타불께서 벌써 중생들에게 극락세계로 가라고 말씀하셨을 것입니다. 덕행이 있는 청정한 불제자가 경을 읽고 염불하면, 허공 중에서 법을 들으려고 오는 중생이 많아지며 그에 따라 이익을 받는 자도 많아집니다. 그 공덕이 망자(亡者)의 현재의 믿음과 원에 더해지면 극락세계로 갈 가능성이 있게 됩니다. 하지만 연꽃 속에서 일정한 기간 머물게 될 것이며, 바로 즉시 꽃이 피어 부처님을 볼 수는 없을 것입니다. 그가 있는 캐나다 도반들 중에는 덕행이 있는 청정한 분이 있습니다. 당신은 생각해 낼 수 있을 것입니다."

"그럼 저는 전화를 걸어서 모두에게 생각해보라고 해야겠습니다. 하지만 49일까지는 며칠 안 남았습니다. 그렇게 많은 독경횟수를 다 채우지 못하면 어떻게 합니까?"

"그는 지금 이미 광과천으로 올라갔으니, 중음신(中陰身)이 아닙니다. 그러니 49일의 제한을 받지 않습니다. 언제든지 독송해도 됩니다."

"그럼 좋습니다. 저는 청정한 분을 청하여 독송하게 한 후, 스님께 전화를 걸어 물어봐도 되겠습니까?"

스님은 고개를 끄덕이며 괜찮다고 말씀하셨다.

보살의 화현

　　대덕고승이 왜 나쁜 질환을 앓고 죽는지에 대하여 이야기하자면, 석가모니부처님과 역대 대덕고승들 모두 범부의 모습을 나투어 이 세상에 오신 것이며, 그들의 색신(色身)도 지수화풍(地水火風)으로 자양되는 것이다.

　　생로병사(生老病死)는 법칙이며, 중생과 밀접하게 결합되는 수행자일수록 그들이 세상에서 사명을 완수한 후 대부분 병의 모습을 보이면서 떠나간다. 하지만 일반적으로 비록 병자의 모습이지만 고통이 없다. 고통이 없기 때문에 진통제 등의 약물도 필요없는 것이다.

　　이것은 중생들에게 염불 독송과 불보살의 가피를 보여주어, 제자나 수행자들에게 열심히 염불 독경하여 죽음의 도래를 잘 맞이할 것을 격려하는 것이다. 앉아서 돌아가시는 분, 누워서 돌아가시는 분, 병 없이 임종을 맞이하는 분 등도 상서로운 모습을 보여 사람들에게 정진 수행할 것을 가르친다.

　티베트 불교에서는 허공에 무지개 빛으로 화하시면서 입적하시는 분들도 있는데, 이것은 확실히 사람들의 마음을 진동시키는 작용을 일으켜 둔근의 사람을 맹렬히 일깨워 주는 것이다.

　묘법 노스님에게 들은 바에 의하면, 선화 상인(宣化上人)께서 병이 들어 어떤 때에는 제자들 앞에서도 고통스러운 모습을 보이셨는데, 제자가 우는 소리를 듣고 즉시 웃는 얼굴로 말씀하시기를, "너는 그렇게 재주가 크구나."라고 하신 후 웃기 시작하였다. 그 후 제자들은 비로소 스승께서 사람을 시험하신 것을 알게 되었다. 1995년 묘법 노스님이 병중의 선화 상인과 함께 있을 때 한 수의 게송을 읊으셨다.

노승(老僧)이 아무 일 없이 쓸데없이 와서
숨바꼭질하면서 병상에 누웠네.
가슴속에 항상 허공처럼 넓은 뜻을 품고
미간을 조여 신령스런 빛을 모으네.
시방세계 굽어보니 중생의 고통 감당하기 어려우나
만물을 이롭게 하고 중생을 구제할 마음 끝내 잊지 못하네.
중생들이 백천 겁 동안 그를 찾으나
대면해도 알지 못하니 그리움을 참을 수밖에 없네.
유(有)를 보고 공(空)을 관하니 공(空)은 공(空)이 아니며
병의 근원 진단해보니 근원은 근원이 아니네.

인연 따라 응대해도 오르내림이 없으니
수고스럽지만 미혹에 빠진 중생을 자비의 배로 건네주게.

묘법 노스님에게서 다음과 같은 이야기를 들었다. 스님이 미국 만불성(萬佛城)에 가서 선화 상인을 만난 기간, 마침 공교롭게도 그곳에 상주하고 있던 한 분의 호법거사가 교통사고로 사망한 사건이 발생하였다.

이 거사는 몇 년 동안 만나지 못했던 아내와 아들을 맞이하러 직접 차를 몰고 공항에 갔다가 만불성으로 돌아오던 도중, 거의 다 도착했을 무렵 무슨 이유 때문인지는 모르지만 도로변 나무를 들이받고 그 자리에서 사망했다. 그러나 그의 아내와 아들은 약간의 상처만 입었을 뿐 무사하였다.

어떤 사람이 묘법 노스님께 물었다. "이 거사는 대만에 있는 가족들을 내버려두고 혼자 미국의 만불성으로 와서 절을 돕는 일을 하였습니다. 만불성 학생들을 가르치는 지도교사 활동을 포함하여 마음이 매우 경건하였는데, 어떻게 이러한 횡액을 당할 수 있는지요?"

노스님께서 말씀하셨다. "이 거사는 등각(等覺)보살이 환생해 와서 선화 상인의 홍법사업을 도왔습니다. 이것은 그의 원력입니다. 동시에 여러 생 이전에 두 마리 큰 새를 해친 것에 대한 묵은 빚을 갚은 것으로서, 사람의 목숨이 무상함을 보여줌으로써 열심히 수행 정진할 것을 일깨우는 작용을 일으킨 것입니다. 그가 차를 몰고 돌아올 때 두 마리의 큰 새가 날개를 펼치고 자동차 앞 유리를 막아 사고가 일어난 것입니다."

노스님은 특별히 그의 아내를 위로하면서 말씀하셨다. "거사님이 특별히 가족들을 미국으로 오라고 불렀지요?"

그의 아내가 말하였다. "그렇습니다. 남편은 이전에도 몇 차례 전화상으로 저와 아들에게 자신이 없어도 열심히 수행할 것을 당부하였습니다. 그 당시 저는 쓸데없는 말을 한다고 싫어했는데, 지금 보니 그는 이미 일찍부터 준비를 했나 봅니다."

스님께서 말씀하셨다. "그는 특별히 당신들을 불러 마지막으로 한번 보게 하고, 아울러 (저승으로) 송별하게 한 것입니다."

스님의 말씀은 가족을 잃은 두 사람에게 매우 큰 위로가 되었으며, 동시에 불법에 대한 신심을 고무시켰다. 노스님은 특별히 그분 '등각보살'에게 예를 올렸다. 현장에 있던 많은 사람들은 노스님의 말을 믿기 때문에 함께 절을 하며 예를 올렸다.

그러나 노스님의 말을 믿지 못하는 이야기도 들렸다. "묘법 노스님은 허황된 말을 하시는 것이다. 그 거사는 보통사람이었으며, 만불성을 위하여 무슨 큰 공헌을 한 적도 없는데, 어떻게 등각보살의 환생이라 할 수 있겠는가? 만약 그가 등각보살이라면 나는 부처님이 다시 온 것일 게야!"

부처님께서는 『능엄경』에서 분명하게 말씀하셨다. "음녀, 과부, 간신, 도적, 백정 이러한 사람도 보살, 나한이 환생해 올 가능성이 있는데, 하물며 거사, 사문이겠는가! 이들은 불법에 귀의하여 깨달은 후 끝까지 내가 진짜 보살, 아라한이라고 스스로 말하지 않으며, 오직 목숨을 마칠 때 은밀히 부촉하는 경우는 있다."

그는 왜 자신의 입으로 진실한 신분을 말하지 않았는가? 왜냐하면 그는 초학(初學)들은 믿지 않기 때문에 그를 비방할 수 있으며, 보살, 나한을 비방하면 지옥에 떨어질 것을 알기 때문이다. 또 이것은 부처님의 당부로서 함부로 비밀을 누설할 수 없기 때문이다.

그러나 어떤 사람은 임종 전에 알릴 수 있으며, 게송으로 신변에 있는 사람에게 이야기할 수도 있다. 또 어떤 사람은 임종 후 눈 밝은 사람이 와서 이야기해 줄 수 있다.

그리고 어떤 사람은 소리 소문 없이 왔다가 가는데, 이 모두 중생을 교화하는 데 필요한 것이다. 이는 생명의 무상한 도리를 시현하는 것으로서 모두 부처님께서 안배하시는 것이며, 우리들이 깨닫게 되면 자연히 알게 될 것이다.

한산(寒山) 대사와 습득(拾得) 대사의 이야기를 들어 알고 있으나, 우리 범부들은 이해하지 못하면 무량한 죄업을 짓지 않기 위해서라도 절대 함부로 이야기하면 안 된다. 관운장은 많은 사람을 살리기 위하여, 비로소 한 사람을 죽이고 최후로 피살되는 모습을 시현하였다. 정토종의 제11대 조사이신 성암(省庵) 대사는 49세에 원적(圓寂)하였는데, 우리들 범부의 눈으로 보면서 그는 수행을 잘 하지 못하여 단명하였다고 말해서는 안 된다.

눈앞의 모든 경계는 수행인에 대한 시험이다. 진정한 수도인은 세간의 허물을 보지 않는다고 하였다. 세간의 허물을 보지 않는다고 하는 것은 다른 사람이 나쁜 일, 악한 일을 할 때 그를 제지하고 비판하지 않는 것이 아니라 불교의 관점에서 직면하는 것이다. 따라서 선화 상인께서 다음과 같이 말씀하셨다. "모든 것은 시험이며, 너희들이 어떻게 하느냐를 보는 것이다. 만약 알지 못한다면 다시 처음부터 수련해야 한다."

선화 상인께서 병을 앓은 까닭은 바로 출가 후 중생을 위하여 병을 치료하고 고통을 뽑아주기 위해서이다. 선화 상인께서 지팡이로 때리고 손으로 때리면 당신의 병이 가벼워지고 혹은 병이 다 나은 것을 느끼게 된다.

그것은 사실 당신의 업을 선화 상인께서 짊어지신 것이며, '천하 중생의 병고를 나 한 사람이 대신 받기를 원합니다' 라는 발원이 나타난 것이다. 선화 상인께서 말년에 앓은 병은 바로 중생을 대신하여 '감부(減負, 짐을 가볍게 함)' 혹은 '전부(全負, 짐을 대신 다 짊어짐)'로써 생을 마감하신 것이다. 이것은 부처님과 대보살의 경계이며 시현(示現)이다.

부처님은 몸을 버려 호랑이에게 먹이고 살을 베어 독수리에게 먹이면서 중생을 대신하여 고통을 받았으며 이것은 부처님의 원(願)이다. 아울러 단지 지옥이 비지 않으면 불보살들은 다시 오실 것이며, 고승들과 대덕거사들도 이와 같다. 따라서 그분들이 간혹 병고 속에서 생을 마감하는 것은 사실 그들의 원력인 것이다.

우리들같이 지혜가 없는 사람들이 함부로 성인의 장단점을 말할 수 없으며, 불보살과 아라한을 비방하면 어떤 죄를 받게 되는지는 『지장보살본원경』을 보면 알 수 있다.

 선화 상인의 법문

문: 어떻게 수행을 해야 비로소 도업(道業)을 성취할 수 있습니까?

답: 자기의 습기(習氣)를 바꾸지 않으면 도업을 이룰 수 없습니다.

문: 초발심은 쉬운 것 같은데 어떻게 하면 장원심(長遠心)을 유지할 수 있습니까?

답: 항상 눈썹 위에 생사문제를 걸어두면 장원심을 가질 수 있습니다. 만약 마음이 물러나는 것은 즉 초발심을 잊었기 때문입니다.

묘법은 어디에 있는가?

　　어느 날 저녁 묘법 노스님께서 하남성(河南省) 어느 시에서 거사들을 위하여 『지장보살본원경』을 강의하고 있었다. "재물, 곡식, 음식, 의복 등 절의 상주재산 중 만약 한 물건이라도 주지 않은 것을 취하는 자는 무간지옥에 떨어져 천만억겁을 지내도 빠져나올 기약이 없을 것이다."라는 대목에 이르러 노스님께서 말씀하셨다.

　　"무엇을 '한 물건이라도 주지 않은 것'이라고 하는가? 바로 절의 동의없이 사사로이 가져가는 절 안의 모든 물건, 즉 풀, 나무를 포함한다. 만약 절의 물건을 사사로이 가져간 사람은 무간지옥에 떨어질 것이다."

　　이때 40여 세 된 어느 여신도가 갑자기 긴장하며 물었다. "저는 어느 절의 비구니 주지스님과 상당히 관계가 좋으며, 그 스님을 공양한 지도 수십년이 되어 서로 허물없이 지내는 사이입니다. 어떤 때는 주지스님 방에 가서 안 계시면, 우리 집처럼 생각하고 내가 좋아하는 염주며 작은 불상 등을 가져오곤 합니다. 그것들은 어쨌든 다른 사람이 공양한 것으로서 주지스님이 조만간 다른 사람에게 보낸 인연을 맺을 수 있는 것입니다. 주지스님과 사이가 좋으니 제가 먼저 가져가게 됩니다. 이것도 훔친 것이 됩니까?"

묘법 노스님께서 말씀하셨다.

"당신 마음에는 훔치려는 의도는 없었습니다. 하지만 이들 물건은 결코 주지스님이 당신에게 가져가라고 허락한 것은 아닙니다. 주지 않은 것을 가져가는 것은 무슨 행위이겠습니까?"

그 여신도는 다소 긴장하면서 말했다.

"작년에 절의 연못에 몇 송이의 아름다운 꽃이 피었는데, 저는 일찍부터 꽃이 열매를 맺으면 몇 개를 집으로 가져가 심으려고 생각했습니다. 그러나 제가 열매를 찾으러 갔을 때는 이미 다른 사람들이 가져가고 한 개만 남아있었습니다. 저는 이것을 주머니에 넣으면서 내년에는 이 연못에 이 꽃이 피지 않겠구나 하고 생각했습니다. 이 꽃 열매를 가져가는 것도 훔치는 것입니까?"

노스님은 미소를 지으면서 그녀에게 물었다.

"그럼 당신 생각은 어떻습니까? 하지만 긴장하고 겁낼 필요가 없습니다. 당신은 『지장보살본원경』을 여러 번 읽었어도 그 뜻을 이해하지 못하고, 지혜가 없으니 도리어 죄업을 지었습니다. 하지만 당신은 경을 읽었기 때문에 오늘 비로소 도리를 이해하게 되었습니다. '하늘 가득한 큰 죄도 참회하면 소멸된다'고 하였습니다. 불전(佛殿)에서 참회해야 하며, 절대로 다시는 범하지 말아야 합니다. 가져간 물건이 아직 집에 있으면 주지스님께 돌려주고, 스님 앞에서 잘못을 인정해야 합니다. 꽃 열매에 관해서는 다시 열매를 맺게 되었을 때 절에 주어 심어야 할 것이며, 더욱 절을 위하여 다른 좋은 꽃을 공양하면 모든 죄업이 소멸될 것입니다. 만약 이러한 도리를 도반들에게 이야기해 주면 공덕은 더욱 많을 것입니다."

노스님의 법문은 여사의 마음을 안정시켰다. 노스님은 이어서 말씀하셨다.

"우리들이 경을 읽는 것은 먼저 도리를 이해하기 위해서입니다. 도리를 이해하면 지혜가 생기게 되며, 자기가 겪었던 여러 가지의 고통이 과거 어떤 원인으로 인하여 초래된 것인지를 알게 됩니다. 따라서 조만간 악의 원인을 끊게 되고, 다시는 새로운 악의 종자를 심지 않게 될 것입니다. 남은 악업은 자신의 염불, 독경 및 참회정진에 달려 있습니다. 아울러 독경, 염불의 공덕을 법계의 중생에게 회향하면, 과거 자기가 지었으나 아직 발아하지(나타나지) 않은 악업의 종자는 시들게 되고 결국에는 소멸될 것입니다.

이러한 목적에 도달하기 위해서는 반드시 오계(五戒)를 지니고 십선(十善)을 닦는 선남자, 선여인이 되어야 할 것입니다. 선남자, 선여인이 경을 읽고 염불하여 중생에게 회향하면 큰 공덕이 있을 것입니다.

어째서 그런가? 왜냐하면 여러분이 청정한 몸과 입과 뜻으로 '나무 아미타불' 혹은 '나무 관세음보살'을 염하는 것은 자신이 성심성의로 불보살에게 귀의한다는 것을 표시하는 것이며, 중생들로

하여금 더욱 불보살에게 귀의하도록 감화시킬 수 있기 때문입니다. 당신의 성심은 불보살과 감응도교(感應道交)할 수 있으며, 부처님의 광명이 당신에게 비치게 됩니다."

노스님은 계속하여 법문하셨다.

"많은 염불수행자들이 나에게 묻기를, '염불할 때 머리에서부터 발끝까지 저릿저릿하고 열이 나는 감각이 일어나는 것은 어찌된 일인가' 하고 묻습니다. 그것은 부처님의 감응(感應)이 염불하고 있는 그대에게 오는 것이며, 부처님의 빛으로 가피를 내리는 것으로서 과거 업장을 소멸하는 것입니다.

이때 주위에는 그대가 보지 못하는 하늘선인, 지신, 아귀, 떠도는 고혼(孤魂)들이 모여 당신이 얻는 염불의 수승한 감응을 보게 되며, 그들도 염불하고자 하는 마음이 일어나 함께 염불하게 됩니다. 그들이 염불하게 되면 그들도 즉시 부처님의 가피를 얻게 되어 승화되고 해탈하게 됩니다.

예를 들면 총이나 칼에 맞아 죽은 사람, 사지(四肢)가 완전하지 못한 떠도는 고혼, 물에 빠져 죽거나 목을 매어 죽었거나 독약을 먹어 죽었거나 교통사고로 죽은 귀신, 그리고 태(胎)에 들지 못하거나 혹은 1년을 기다려 같은 업으로 대신 죽을 자를 찾아야 태에 들 수 있는 망혼(亡魂) 등은 단지 부처님 명호를 한 번 염하기만 하면, 사지가 즉시 완전하게 회복되며 즉시 태에 들게 되어 생을 바꿀 수 있습니다. 염불하는 시간이 길면 길수록 얻는 이익도 커집니다.

염불, 독경을 하면 이익을 받는 자가 적게는 백, 천, 많게는 천, 만이 될 것입니다. 그 중에는 당신 주위의 화초, 수목, 동물을 포함하여 무량한 중생들이 이익을 받을 수 있으며, 이익을 받는 중생이 얼마나 되는가는 당신 수행의 깊고 얕음에 달려 있습니다.

1994년 내가 보타산(普陀山) 보제사(普濟寺)에 갔을 때였습니다. 앞뜰의 큰 용수(榕樹) 나무가 갑자기 사람의 모습으로 변화하여 호궤합장하면서, 나에게 『반야심경』의 '무고집멸도(無苦集滅道)'가 무슨 뜻이냐고 설명해 달라고 하였습니다. 내가 그에게 물었습니다. "당신은 어디서 『반야심경』을 들었습니까?"

그 수신이 말했습니다. "미국 만불성성(萬佛聖城)의 선화 상인께서 방금 『반야심경』 강의를 끝마치셨는데, 저는 '무고집멸도' 이 구절에서 이해가 되지 않으니 노스님께서 법문해주십시오."

"선화 상인은 미국에서 경을 강의하시는데, 당신은 보타산(普陀山)에서 어떻게 들을 수 있습니까?"

"선화 상인의 불경 강의는 진허공 모든 법계 중생들이 들을 수 있습니다."

우리들은 선화 상인과 같이 그러한 공덕과 법력이 없습니다. 하지만 당신 주위에서 혹은 당신이 거주하는 도시, 시골에서 천상과 지하의 중생들이 당신의 독경, 염불 소리에 따라 이익을 받지 않는 중생이 없습니다.

따라서 염불인은 반드시 계를 지켜서 자신의 몸과 입과 마음을 청정하게 해야 합니다. 그렇게 하면 당신 자신도 무궁한 이익을 받을 뿐만 아니라 다른 중생들도 이익을 받을 수 있습니다. 당신의 공덕은 자연히 커지게 되며, 무시 이래로 지어온 당신의 죄업은 점점 소멸됩니다. 매일 염불, 독경하면 무량한 복을 얻으며 무량한 죄업을 없앨 수 있습니다.

『지장보살본원경』에서 견뢰지신(堅牢地神)이 세존께 말씀드렸습니다.

"제가 현재와 미래의 중생을 살펴보니, 거주하는 곳 남쪽의 깨끗한 곳에 흙, 돌, 나무로 감실(불단)을 만들어 그 가운데 그림을 그리든지 혹은 금은동철로 지장보살의 형상을 만들어서 안치하여 향을 올려 공양하고 우러러 예배 찬탄하면 이 사람이 거주하는 곳은 열 가지의 이익을 얻습니다. 그 열 가지 이익은 다음과 같습니다.

1. 토지가 풍성하며 2. 가택이 평안하며 3. 돌아가신 망자가 천상에 태어나며 4. 현생에서 장수하며 5. 구하는 것을 뜻에 따라 얻게 되며 6. 수재·화재가 없으며 7. 삿된 귀신을 물리치며 8. 악몽을 없애고 9. 출입 시 천신이 보호하며 10. 성스러운 인연을 많이 만나게 됩니다."

그리고 다시 부처님께 말씀드렸다.

"세존이시여! 미래 세상에 만약 선남자, 선여인이 있어 거주하는 곳에 이 경전과 지장보살상을 모시면서, 경전을 독송하고 지장보살께 공양하면 저는 항상 주야로 저의 신력(神力)으로 이 사람을 호위할 것입니다. 물, 불, 도적으로 인한 피해는 물론 큰 재난, 작은 재난 등 일체의 나쁜 일들이 모두 소멸될 것입니다."

경에서 분명하게 설하고 있습니다. 불상(佛像)을 공양하면 열 가지의 이익을 얻을 수 있습니다. 한번 생각해 보십시오. 만약 이와 같이 불상에 공양하고 찬탄하며 예불하는 사람이더라도 부모에게 불효하고 살생과 육식을 끊지 못하고, 매일 입으로는 욕하고 이간질한다면, 그 사람은 '평안(平安)', '장수(長壽)', '수의(隨意)', '천신(天神)의 가호(加護)'를 얻을 수 있겠습니까? 그러나 '좋은 인연을 많이 만나게 된다'는 것은 가능합니다.

왜냐하면 당신이 비록 불보살상에 공양하지만 이치를 이해하지 못하면, 불보살은 당신에게 바로 오늘과 같이 정법을 들을 수 있게 인도할 것입니다. 여러분 중에서 몇 분이나 고기와 오신채를 끊었는지 손을 들어보십시오. (수십 명 중에서 세 사람만 손을 들었다. 그 중에서 단 한 사람만이 불교를 믿은 후 고기를 끊었으며, 다른 한 사람은 단지 돼지, 소, 양고기는 먹지 않지만 해물은 먹고 있으며, 나머지 한 사람은 어릴 적부터 고기를 먹지 않은 사람으로서 오신채를 먹으면 안 된다는 것은 모르고 있었다.)

앞에서 이야기한 수계(受戒), 염불, 『지장보살본원경』 독송을 오래 지속하면, 부처님께 구할 필요도 없이 당신의 병이 점점 가벼워지고 회복되는지, 혹은 당신의 소원이 실현되는지 안 되는지를 살펴보십시오. 하지만 당신의 소망은 반드시 국가의 이익과 타인의 이익을 해치지 않는 것이어야 합니다.

경에서 이르기를, "만약 미래세에 선남자, 선여인이 있어 현재, 미래의 백천만억의 소원과 백천만억의 일을 구하려면, 지장보살께 귀의하고 예배하며 공양, 찬탄하면, 이와 같은 소원과 소망은 모두 성취될 것이다."라고 하였습니다.

　부처님은 진어자(眞語者)며, 실어자(實語者)며, 불망어자(不妄語者) 이므로 진실만을 말씀하십니다. 여러분 수행자들이 『지장보살본원경』을 자세히 연구하기를 바라며, 실천하는 가운데 모두 법의 이익을 함께 받기를 원합니다.

　스님께서 마지막으로 한 수의 게송을 설하면서 마무리하였다.

　부처님은 마음을 떠나지 않았으며
　묘법(妙法)은 경(經) 가운데서 구해야 하네.
　자구(字句) 하나 행간(行間)이 모두 양약(良藥)이므로
　팔만사천 가지 근심 걱정을 치료하네.

 선화 상인의 법문

문: 무엇이 보리심(菩提心)을 견고하게 하는 것입니까?

답: 바로 발원하여 도를 닦는 것입니다. 어떤 장애를 만나더라도 반드시 도를 닦으려고 하는 것이며, 어떤 곤란함이 있더라도 반드시 수도하려고 하며, 절대로 처음 발한 원을 바꾸지 않으며, 색다른 것을 보고 마음이 변하지 않고 사상이 변하지 않는 것입니다.

　순(順)의 경계든 역(逆)의 경계든 막론하고 반드시 인연 따라 변하지 않으며, 변하지 않으면서 인연을 따르면 보리심에 굳건히 머물게 됩니다.

경을 읽는 것은 도리를 이해하기 위해서입니다.
도리를 이해하면 지혜가 생기고,
자기가 겪었던 고통의 원인을 알게 됩니다.
따라서 악의 원인을 끊게 되고,
다시는 새로운 악의 종자를 심지 않게 될 것입니다.
남은 악업은 염불, 독경 및 참회정진에 달려 있습니다.
아울러 그 공덕을 법계의 중생에게 회향하면,
과거에 지었으나 아직 발아하지 않은 악업의 종자는 시들게 되고
결국에는 소멸될 것입니다.

부록

선화 상인의 일화

선화 상인의 법문

선화 상인의 행장

지공 선사의 인과법문

양무제와 양황보참(梁皇寶懺)

방생공덕 감로묘법/쇼다지캄포

선화 상인의 일화

어떤 사람이 물었다. "묘법 노스님을 이야기하는 책 전면과 뒷면에 미국 만불성성(萬佛聖城)을 창건하신 선화 상인의 법문을 실은 이유는 무엇입니까?"

내가 답하였다.

"선화 상인은 오늘날 세계불교계의 영수(領袖)이며, 묘법 노스님이 가장 존경하는 스님 중의 한 분입니다. 노스님은 일찍이 십수 년 전 선화 상인을 뵙기 위하여 특별히 미국으로 건너가, 그 분의 덕행과 소박한 음식 및 기거하시는 곳을 직접 보았습니다.

예를 들어 식사하실 때 휴지를 사용하는 것을 보면, 선화 상인은 먼저 가장자리부터 사용한 후 사용한 부분을 접어두었다가 다음에 사용할 때는 접은 부분을 사용합니다. 그런 연후에 다시 접어두고 이후 사용할 때도 여전히 이와 같이 사용합니다. 어떤 때는 한 장의 종이로 이틀간 사용할 때도 있습니다. 노스님이 선화 상인께 왜 그렇게 절약하시느냐고 묻자, 그분은 자기는 그렇게 큰 복이 없어서 감히 낭비할 수 없다고 하셨습니다.

또 한 번은 노스님이 병중(病中)의 선화 상인께서 제자의 권유에 따라 유리잔의 보리죽을 반쯤 마신 후, 두 차례나 따뜻한 물로 잔을 씻은 후 마시고는 마지막으로 또 물을 조금 부어 잔을 씻고 입을 헹구어 마시는 것을 보았습니다. 선화 상인께 왜 입을 헹군 물을 마시느냐고 묻자 선화 상인은 잇속에도 음식이 남아있을 가능성이 있으니 낭비할 수 없으며, 자신의 입도 또한 더럽지 않다고 하였습니다."

노스님은 일찍이 선화 상인의 몇몇 제자가 이야기하는 것을 들었다. 여기서 한 가지 일화를 소개하면 다음과 같다.

세 사람의 대만에서 온 젊은 비구스님이 만불성에 와서 방부를 올렸다. 만불성의 큰 식당에서 사용하는 채소는 거의가 슈퍼마켓에서 안 팔려 처리한 이미 변질되기 시작한 채소인데, 썩진 않았지만 누렇게 뜬 채소 잎과 겉대도 버리지 않고 먹는다고 하였다. 선화 상인이 말하기를 만불성의 종지(宗旨)는 "사람이 취하려고 하는 것은 주고, 사람들이 버리는 것은 가진다."라고 하셨다.

어느 날 정오 식사 후 대중들이 떠나려고 하자, 세 분의 대만 비구스님은 선화 상인이 가까이 오시는 것을 보자 급히 합장의 예를 올렸다. 선화 상인은 만면에 미소를 머금은 채 눈은 그들이 식사한 식탁 위의 씹었다가 뱉은 음식 부스러기를 보고 물었다.

"이 음식 맛이 안 좋더냐?"

그 중의 한 분 스님이 대답하였다.

"채소의 잎이 조금 딱딱하여 씹을 수가 없었습니다."

상인이 듣고는 만면에 웃음을 띠면서 손으로 집어 자기 입으로 넣어 씹어 삼키고는 웃으면서 말씀하셨다.

"먹어보니 괜찮은데!"

세 분의 스님과 주위의 제자들은 모두 놀라 눈을 동그랗게 뜨고 상인을 쳐다보았다. 상인은 또 나머지 두 접시 가운데 남았던 음식도 드시고는 "먹을 수 있는 것은 낭비하면 안 된다."라고 하셨다. 상인이 식당을 나가실 때 몸 뒤에서는 대중들이 무릎을 꿇었다.

묘법 노스님께서 말씀하셨다.

"선화 상인은 관세음보살께서 다시 이 세상에 오신 분이다. 중국 역사상 당(唐) 현장(玄奘) 법사가 천신만고 끝에 인도에서 불경을 가지고 중국으로 왔으며, 또 고승 감진(鑒眞) 대화상이 뜻을 굳건히 세워 마침내 불법을 일본에 전하였다. 그리고 선화 상인은 서방세계에 처음으로 불법(佛法)을 널리 펴신 분이며, 불경(佛經)을 각국의 문자로 번역하여 서방세계에 불법이 빛을 발하게 하셨다.

선화 상인이 해설하신 경전과 법문은 통속적이어서 이해하기 쉬울 뿐만 아니라 말씀마다 모두 주옥 같으며 한 마디로 정곡을 찔러 사람들로 하여금 법의 즐거움이 충만하게 하였다. 그분은 자상하나 위엄을 잃지 않고, 사대 위의를 한 몸에 모아 사랑과 위엄을 겸하신 분이다. 내가 배운 불교의 이론은 선화 상인의 반야어록(般若語錄) 중에서 얻은 것이다. 또한 선화 상인은 나의 스승이라고 말할 수 있다."

내가 인과를 깊이 믿고 아울러 수지봉행(受持奉行)할 수 있는 것은 묘법 노스님의 '묘법'의 방(棒)과 할(喝)에서 이익을 얻은 것이다. 따라서 선화 상인의 법문을 인용하는 것은 당연한 이치이며, 이는 또한 묘법 노스님께서도 수긍하신 것이다.

 선화 상인의 법문

문: 어떻게 하면 비로소 업장을 소멸할 수 있습니까?

답: 사람이 만약 화를 내지 않을 수 있으면 무슨 업장이든 모두 씻어버릴 수 있습니다. 당신은 화가 날 때 먼저 잠깐이라도 참으십시오.

문: 현대에 왜 재난이 이렇게 많으며, 예를 들어 비행기 사고는 작년보다 훨씬 많아졌습니다. 이것은 무슨 과보입니까?

답: 사람들의 화(성미)가 매우 크며, 살생을 너무 많이 하기 때문입니다.

문: 최근에 왜 지진이 그렇게 많이 발생합니까?

답: 사람들의 성미가 매우 급하기 때문입니다.

선화 상인의 법문

염불에 네 종류의 방법이 있다.

첫째, 지명염불(持名念佛, 부처님의 명호를 집지하는 염불)

둘째, 관상염불(觀像念佛, 부처님의 상호를 관하는 염불)

셋째, 관상염불(觀想念佛, 부처님의 공덕 일체를 관하는 염불)

넷째, 실상염불(實相念佛, 법계실상을 관하는 염불)

실상염불은 염해도 염함이 없으며, 염하지 않아도 염해지는(念而無念, 無念而念) 염불이다. 이러한 경계에 이르면 염불이 바로 참선이다. 따라서 진정으로 염불을 이해하는 사람은 참선을 반대할 수 없으며, 진정으로 참선을 이해하는 사람도 염불을 반대할 수 없다. 또한 교종, 밀종, 율종을 반대할 수도 없다.

크게 나누면 선종(禪宗), 교종(敎宗), 율종(律宗), 밀종(密宗), 정토종(淨土宗)으로 다섯 가지 종(宗)이지만, 합하면 한 종도 세울 수 없으며 한 종도 없어서는 안 된다. 모두 서로 돕는 것이며 어느 종이든 모두 다른 종과 밀접한 관련이 있으니, 우리들 중생은 스스로 분별하지 말아야 한다. 분별하며 말하기를 "선종은 선종이며, 밀종은 밀종으로 각각 아무 상관이 없다."라고 하는데, 결코 그렇지 않다.

본래 모두 하나이며, 본래 그렇게 많은 분파가 없었던 것이다. 우리 중생들은 아무런 일도 없는데 일을 찾기를 좋아한다. 그것을 나누어 이런 종, 저런 종으로 구분하면서 너는 무슨 종, 나는 무슨 종이라고 구별한다. 따라서 미국에서 사람들은 항상 나에게 이렇게 묻는다. "당신은 무슨 종입니까?"

나는 이렇게 대답한다. "나는 종이 없습니다. 만약 무슨 종이 있으면 그것은 하나의 한계를 짓는 것입니다. 나에게는 아무런 종이 없으니 진허공 온 법계가 바로 나의 종이며, 모두 이곳에 포함되어 있습니다. 내가 왜 자기 자신을 하나의 작은 범위 안에 넣으며, 작은 경계를 세우면서 무슨 종이라고 해야 합니까? 나는 전체의 불교이며, 무슨 종, 무슨 파(派), 무슨 문(門)이 없으며, 나에게는 어떤 종파도 모두 하나입니다."

나는 항상 다음과 같이 말한다.

진정으로 자기의 잘못을 인정하고
다른 사람의 잘못을 논하지 말라.
그가 그르면 내가 그른 것이며
동체(同體)를 대비(大悲)라 이름하네.

선화 상인의 행장

선화 노스님의 법명은 안자(安慈), 자는 도륜(度輪)이다. 허운(虛雲) 노스님의 법맥을 이어 중국 위앙종(潙仰宗)의 제9대 법손(法孫)이 되었으며, 사호(賜號)는 선화(宣化)이다. 노스님은 일생 동안 명예와 이익를 구하지 않고, 더욱이 다른 사람과 승부 다투기를 원하지 않았다.

노스님은 중국 길림성 쌍성현(雙城縣, 후에 흑룡강성으로 편입됨) 출생으로 민국(民國) 7년(1918년) 음력 3월 16일 태어나셨다. 부친의 성은 백(白) 씨이고 모친은 호(胡) 씨이다. 부친은 근검하고 성실한 사람으로 농사를 지었으며, 모친은 일생 채식하며 염불하였다. 사남삼녀(四男三女)를 낳은 후 밤에 아미타부처님이 큰 광명을 놓고 천지를 비추는 꿈을 꾸고 아들을 낳았다.

스님은 어릴 때부터 어머니를 따라 채식하며 염불하였다. 나이 11세가 되었을 때 우연히 황야에서 죽은 아기를 보고, 생사(生死)의 무상함을 느껴 출가 수행의 뜻을 가지게 되었다. 스님은 부모에 대한 효가 지극하여 인근에 널리 알려져 사람들은 '백효자(白孝子)'라고 칭하였다.

15세 때 스님은 부모를 떠나 사방으로 선지식을 찾다가, 마침내 하얼빈시 교외의 삼연사(三緣寺) 상지(常智) 노스님께 귀의하고 삼보의 제자가 되어 선정(禪定)을 닦았다.

19세 때 모친이 왕생하자 모든 인연을 놓아버리고 사월초파일 불탄일에 삼연사 상지 노스님께 청하여 삭발 출가하였다. 사미계를 받은 후 초막을 짓고 3년간 효를 지켰다. 하루 한 끼만 먹고 저녁에는 눕지 않았다. 『화엄경』에 절하고 정토참법(淨土懺法)으로 참회하였으며, 날로 선정의 공부가 순일해지고 자비의 마음이 깊어졌다.

19세 되던 해 6월 19일 관세음보살 성도일(成道日)을 맞이하여 불전에서 18대원(大願)을 발하였으며, 원에 따라 독실하게 행하고 일체 중생의 질병고난을 구제하시고자 하였다. 중생의 무명, 번뇌 등 모든 업장을 자신이 떠맡고 짊어지고자 발원하였다. 그리고 수많은 용과 뱀, 여우, 귀신들을 감화시켜 삼보에 귀의하게 하고, 계를 받게 하여 악을 고치고 선을 닦게 하였다.

28세 때인 1946년 스님은 남하하여 행각하면서 선지식을 참방하였다. 1947년 보타산에서 구족계를 받았으며, 1948년 만리길을 걸어 광동성 남화사(南花寺)에 도착하여 당시의 선종의 태두이신 허운 노스님을 참례하였다. 허운 노스님과 만날 때 일찍이 마음으로 마음을 전한 일화가 있다. 스님은 그에 따라 게송을 지었다.

> 허운 노스님이 나를 보고 이와 같다고 하시니
> 나는 노스님을 뵙고 이와 같음을 증하였네.
> 노스님과 내가 모두 이와 같으며
> 중생도 모두 이와 같기를 두루 원하네.
> 虛公見我云如是　我見云公證如是
> 云公與我皆如是　普願衆生亦如是

당시 109세의 허운 노스님은 선화 스님이 용상의 법기임을 아시고 율학원의 감학을 맡겼다. 아울러 삼단대계의 증명아사리로 삼았다. 허운 노스님께서는 선화 스님을 "이와 같다! 이와 같다!(如是! 如是!)"라고 인가하였다.

1949년 봄철수계를 원만히 마치고 허운 노스님과 작별하여, 홍콩으로 가서 널리 교화하였다. 스님은 평등하게 불교의 다섯 종파를 선양하면서 문호 파벌을 타파하였다.

1956년 4월 9일 허운 노스님께서 특별히 운거산(云居山)에서 오셔서 위앙종 조사맥의 원류를 선화 스님께 맡기고, 석가모니부처님께서 전승하신 법의 제46대, 중국 위앙종 제9대의 사법인(賜法人)으로 임명하고 '선화(宣化)'라는 이름을 내렸다.

1962년 인연이 성숙하여 불자들의 요청에 의해 미국으로 갔으며, 후에 삼번시(三藩市)에서 불교학당을 설립하여 정법을 계속하여 서방세계에 전하였다.

　1968년 시애틀 워싱턴대학 학생의 요청에 응하여 '능엄경 하계연수반'을 만들었다. 96일간의 연수 후 스님의 감화를 받고 많은 사람들이 귀의하여 수계를 받았으며, 그 중 5명의 미국인이 발심 출가하여 미국불교사상 처음으로 스님이 되는 기록을 세웠다.

　1976년 선화 스님은 미국 캘리포니아주 유키아 탤마지에 만불성성(萬佛聖城)을 건립하였다. 만불성성이란 이곳에서 만 분의 생불(生佛)을 기른다는 뜻이 담겨 있다. 그 후 계속하여 미국 각지에 절을 세워 27개의 도량이 건립되었으며, 북미불교의 깊고 두터운 기초를 다지게 되었다.

　스님은 일생 동안 계율을 엄정하게 지키고 부처님의 제도를 준수하였다. 만불성성에 출가한 제자는 "하루 한 끼만 먹고 가사가 몸을 떠나지 않게 한다."는 스승의 가르침을 이어받아 수행에 정진하면서 수행가풍을 지켜나갔다.

　제자들은 스님이 세운 육대종지 즉, "다투지 않고(不爭), 탐하지 않고(不貪), 구하지 않으며(不求), 사사롭지 않고(不自私), 이기적이지 않으며(不自利), 거짓말을 하지 않는다(不妄語)."를 수행의 지표로 삼고, 쉬지 않고 정진하여 정법이 세상에 상주하게 하였다.

　스님은 말씀하시길, 역경은 천추만세에 썩지 않는 성스러운 사업이라고 하면서 1973년 국제역경원을 설립하여 역경의 인재를 배양하였다. 지금까지 백여 종의 영역본을 출판하였으며, 서반아어, 베트남어로 불경을 번역하여 출판하였다.

스님은 평생을 홍법에 노력하였으며 수십 년을 하루같이 하였다. 미국을 위시한 영국, 폴란드, 프랑스 등 서방세계뿐만 아니라 대만, 홍콩, 인도, 싱가포르, 베트남, 말레이시아, 태국 등지를 다니면서 홍법하였으며, 귀의한 자가 수만 명이나 되었다.

스님은 일생 동안 위법망구하고 힘든 괴로움도 사양하지 않았다. 부지런히 국내외로 다니면서 보살의 자비원력으로 중생을 구제하시다가, 1995년 6월 7일 세수(世壽) 78세로 미국 로스앤젤레스에서 원적(圓寂)하였다.

― 독자들의 이해를 돕기 위하여 『선화노화상약전』(宣化老和尙略傳, 北京 靈光寺 발간)에서 발췌 수록하였다. 옮긴이 각산.

지공 선사의 인과법문

양(梁)나라 무제(武帝)의 이름은 소연(蕭衍)이며, 성품이 착하고 불법을 믿어 당시의 고승 지공(志公) 스님을 국사로 모셨다.

황후 치(郗)씨는 불법을 믿지 않고 타고난 성격이 질투가 심하여, 왕궁 안의 사람을 학대하고 여러 가지 악을 지어 죽은 후 구렁이가 되었다.

어느 날 밤, 무제는 잠이 오지 않아 서늘한 누각에서 더위를 식히고 있는데, 갑자기 전각 아래에서 '스스스' 하는 소리가 들려, 보니 한 마리의 구렁이가 배회하고 있었다. 무제가 크게 놀라워하자 구렁이가 사람의 말을 하였다. "주상! 놀라지 마세요. 신첩은 황후이옵니다. 궁인을 괴롭혀 뱀의 몸으로 떨어졌습니다."

뱀의 몸은 엄청나게 커서 몸을 숨길 구멍이 없었다. 배는 고프고 온 몸의 비늘마다 독충이 빨아먹으니 고통이 이루 말할 수 없다며, 무제에게 은혜를 베풀어 구제해 달라고 간청하였다. 무제는 뱀의 말을 듣고 혼비백산하여 쓰러졌다가 한참 후에야 깨어나서 탄식하며 말하였다. "사람이 선을 행하지 않으면 악한 과보를 면하기 어렵구나. 급히 지공 스님을 모셔와야겠다."

무제가 지공 스님께 물었다.

"황후는 어찌하여 뱀의 몸을 받았습니까?"

스님이 말씀하셨다.

"황후는 부처님을 공경하지 않고 선을 행하지 않았습니다. 또한 인과를 믿지 않고 육궁의 궁녀들을 괴롭혔으며, 악독한 마음을 품고 나쁜 업을 한량없이 지었습니다. 다 인과응보이며 스스로 지어 스스로 받는 것〔自作自受〕이니, 추호도 어긋남이 없습니다. 천지(天地)가 벌을 내리는 것은 사실은 스스로가 초래하는 것입니다. 만약 죄를 범하지 않으면 염라대왕이 어떻게 벌을 내릴 수 있겠습니까?"

무제는 스님께 구제해주실 것을 청하였다.

스님께서 말씀하셨다.

"그렇게 하려면 반드시 대왕은 성심으로 왕비들과 함께 재계를 지니고, 고승을 청하여 도량을 지어(법석을 만들어) 친히 예배하면서 참회를 해야 비로소 구제될 희망이 있습니다."

무제는 즉시 진실한 마음을 내어 여러 왕비들과 함께 재계하면서 오백 명의 고승(高僧)을 청하여 참회의 법을 닦았다(후에 이것을 양황보참(梁皇寶懺)이라고 칭하였다). 무제는 친히 부처님께 예배하면서 황후의 천도를 간절히 빌었다. 스님들이 예배 송경할 때 단 아래의 구렁이가 몇 번 몸을 선회하더니, 황후는 이미 천도되어 구름 속에서 천인(天人)의 몸을 나타내면서 감사의 예를 올리고 떠나갔다.

부처님의 가피력(加被力)은 불가사의하며, 무제는 그 후로 수행에 정진하고 경전을 연구하면서 불법의 오묘한 이치를 이해하였다. 무제가 지공 스님께 여쭈었다.

"부인은 이미 제도되어 고통에서 벗어났으니, 선악의 업보는 과연 어둡지 않습니다. 짐(朕)은 금생에 한 나라의 주인이 되었는데 무슨 공덕으로 이렇게 되었는지 모르겠습니다."

스님께서 답하셨다.

"대왕의 전세(前世) 인연은 대왕께서 듣고 부끄러워할까봐 말씀 드리기 곤란합니다."

무제는 다시 간절히 청하면서 "제자는 과거의 인연을 매우 알고 싶습니다."고 하였다.

지공 스님께서 말씀하셨다.

"대왕은 전세에 나무꾼이었습니다. 산에 올라가 나무를 벨 때 오래된 절이 있어 보니, 낡고 허물어져 산문(절)이 몰락한 것이었습니다. 지붕도 다 허물어져 절 안에 오래된 불상이 비바람에 젖어 있었으며 공양하는 사람도 없었습니다.

당시 나무꾼은 착한 마음을 발하여 자기의 대나무 삿갓을 벗어 불상의 머리에 덮어주었습니다. 가난한 사람이 보시하는 것은 매우 어려운 일입니다. 나무꾼이 자신의 삿갓을 부처님께 공양한 것은 어렵고도 고귀한 행위입니다. 그 덕분에 인간이 되고, 왕의 몸을 얻게 된 것입니다. 대왕께서 전세에 이렇듯 착한 일을 지었기 때문에 금생에 이러한 복을 받게 되었습니다."

무제는 과거 생에 매우 작은 일을 했는데 오히려 임금이 되었으니, 마음이 매우 기뻤다. 무제는 금생에 다시 큰 복을 짓는 것은 어렵지 않다고 생각하고, 성지를 내려 나라 안 5리(五里)마다 하나의 암자를 짓게 하고 10리마다 절을 짓게 하였다. 날이 갈수록 짓는 절이 매우 많아졌다.

얼마 지나지 않아 무제는 중병을 얻게 되었으며, 지공 스님께 가서 여쭈었다. "저는 이 즈음 크게 착한 일을 하고 나라 안에 많은 절을 지었는데, 어째서 큰 병에 걸리게 되었습니까?"

지공 스님께서 말씀하셨다. "대왕께서는 큰 선을 지었다고 생각하는데, 저는 대왕께서 큰 악을 지었다고 말하렵니다."

무제가 말하였다. "저는 과거생에 삿갓을 부처님께 덮어주고 임금의 자리를 얻게 되어, 금생에 착한 마음을 크게 내어 나라 안에 절을 많이 짓게 하였는데 어찌하여 악이라고 말씀하십니까?"

스님께서 말씀하셨다. "왕은 전세에 부처님께 삿갓을 드린 것은 지성심에서 우러나온 것이었기 때문에 큰 복을 얻게 되었습니다. 하지만 금생에는 아래에 하달하여 널리 절을 짓게 하였으며, 또 자기는 돈을 보내지도 않고 힘을 보태지도 않으면서 천하의 백성들에게 절을 지으라고 하였습니다. 백성의 신음소리는 하늘에까지 닿았는데 당신은 오히려 복을 얻기를 생각하십니다. 세상 사람을 괴롭혀 천하 사람들의 원성이 자자합니다. 당신이 비록 천자일지라도 만백성의 원성을 막기는 어렵습니다. 이것이 악업을 지은 게 아니고 무엇입니까?"

무제는 듣고 보니 매우 부끄러웠다. 또 묻기를 "태자가 최근 온몸에 부스럼이 나서 밤낮으로 고통스러워하는데 무슨 까닭인지 모르겠습니다."

스님께서 말씀하셨다. "이것은 대왕께서 지은 악업(惡業)이 태자에게까지 연루된 것입니다."

무제가 놀라서 말하였다. "어떻게 하면 이러한 액난(厄難)을 소멸시킬 수 있는지 자비로써 가르쳐 주십시오."

스님께서 말씀하셨다.

"어느 곳에서 넘어졌으면 그 자리에서 일어나야 합니다. 이전에 절을 지을 때 주지 않은 노임을 하루 빨리 내려 보내 보상해 주어서, 백성이 빈손으로 일하지 않게 하면 자연히 평안하게 될 것입니다. 마땅히 고아, 장애인 등을 불쌍히 여겨 도울 것이며, 노인을 사랑하고 어린이를 귀여워하며, 스님들이 와서 시주를 청하면 성심으로 보시하여야 할 것입니다. 수행하는 스님은 중생의 복전(福田)인데 (복을) 심지 않으니 정말 애석합니다."

무제가 또 물었다. "사람이 보시하지 않고 복을 닦지 않으면 선망(先亡) 조상들이 어찌하여 괴로워합니까?"

스님께서 말씀하셨다. "선망 조상들이 살아생전에 선을 닦지 않아 죽은 후 저승에서 고통을 받고 있으니, 자손들이 복을 지어 그 공덕으로 인해 죄를 가볍게 하기를 바라고 있습니다. 집안을 지키는 신, 조왕신(竈王神), 지신(地神) 등도 세상 사람들이 선을 지어 함께 착한 힘을 받게 되기를 희망합니다."

무제가 물었다. "스님들의 수행은 좋은 일인데 어찌하여 밖으로 가서 시주를 받습니까?"

스님께서 말씀하셨다.

"부처님께서 세상에 오셔서 대자대비로 중생을 아들과 같이 불쌍히 여기기 때문에, 절을 나와 빈부를 가리지 않고 순서에 따라 걸식하였습니다. 부처님은 부처의 눈으로 세간을 봅니다. 비록 사람이 되어 단지 은애만 알고 연연해하면서 복을 지으려 하지 않으며, 업을 지을 줄만 알지 참회할 줄을 모릅니다.

목숨이 다하여 죽으면 저승세계로 들어가는데 큰 고뇌를 받게 됩니다. 따라서 부처님께서 도솔천(兜奉天)에서 인간세상으로 하생하여 제왕가에 태어났으나, 출가하여 도를 닦아 정각(正覺)을 이루었습니다. 44년 동안 300여 회의 설법을 하였으며, 중생을 교화하여 악을 떠나 선으로 향하게 하고, 허망한 번뇌를 끊어 본래 구족한 불성(佛性)을 회복하게 하였습니다.

만약 출가한 스님이 불경(佛經)을 연구하지 않고, 좌선 참선을 하지 않으며 염불수행을 하지 않고, 나무하고 물을 긷지 않고(즉 일을 하지 않고) 절을 돌보지 않으면, 신도들의 보시를 헛되이 소비하는 것이며, 네 가지 은혜를 저버리는 것이니 그 죄가 가볍지 않습니다. 좋은 스님은 마땅히 열심히 배우고 참선에 노력합니다. 만약 도심(道心)이 있는 스님이라면 용맹정진의 마음을 발해야 할 것이며, 만약 절의 당우와 불상이 허물어진 것을 보면 마땅히 시주를 모금하여 수리해야 할 것이며, 시주받은 물건은 사사로이 써서는 안 됩니다. 시주가 보시한 것은 모두 절의 소유로 귀속되며 시주의 복과 지혜가 증장됩니다.

이와 같으면 바야흐로 출가한 불제자, 도를 배우는 좋은 사람이 될 수 있습니다. 천하에 착한 남자, 여자는 매우 많습니다. 만약 출가한 스님이 (그들을) 교화하지 않으면, 그들이 비록 많은 재물을 가지고 있을지라도 복을 심을 곳이 없어지게 됩니다. 이것은 스님들의 책임입니다.

스님들이 와서 시주를 모으는데 제왕께서 만약 인색하여 보시하지 않으면, 그것은 제왕께서 빈궁한 업을 심는 것이며, 또한 복을 심을 기회를 놓쳐버리는 것입니다."

"어떤 스님들은 열심히 수행하지 않고 무리를 지어 장난치며 세월을 보내면서, 절의 이름을 빌어 시주자를 소원하게 하면(즉 신도들에게 불법을 가르치지 않으면) 어떻습니까?"

스님께서 답하였다.

"만약 스님들이 절을 짓고 불상을 조각하고 그리며, 시주금을 모집하는 것은 그 곳 백성들에게 부처님을 뵙게 하고 불법을 듣게 하는 것이니 좋은 일입니다. 그리고 길을 뚫고 다리를 놓으며, 부처님께 공양하고 스님께 재를 베풀며 도량을 세우고 폐관하여 참선하며, 모든 것을 함께 사용하면 공덕이 헤아릴 수 없습니다.

그러나 게으르게 세월을 보내고 우매하여 삿된 견해를 가지고 불경의 법문을 믿지 않으며, 스승의 말을 듣지 않고 고기, 오신채, 술 등을 사사로이 먹고 마시면 그 허물은 무량합니다.

밝은 스승의 가르침을 구하지 않고, 가르침과 경서, 계율을 배우지 않으며, 선악의 인과를 알지 못하고, 삼악도의 괴로운 과보를 두려워하지 않으니 진실로 스승과 부처님을 가슴 아프게 합니다.

비록 총림에 머물면서 절을 돌보지 않고 단지 자기의 안락만 추구하며, 손에 시주의 장부를 들고 곳곳으로 화주를 모집하면서 시주를 속이면, 부처님과 하늘이 용납하지 않습니다.

인과를 속여 시주의 재물을 속인에게 보내 사용하게 한다든지, 혹은 친척, 권속에게 주면서 삼보의 재물을 사사로이 사용하면, 소가 되고 말이 되어도 다 갚을 수 없습니다.

혹은 정재(淨財)를 가지고 세속의 여자와 사귀고 삿된 마음이 치성하여 제멋대로 나쁜 짓을 하면, 더러운 이름이 나서 신도들의 믿음과 보시의 마음을 물러나게 하며 스승을 상심시키게 됩니다. 이런 것이 스님들이 삼악도의 업인을 심게 되는 것이며, 괴로운 과보가 다할 기약이 없으니, 하루 빨리 가사를 벗고 산문(절)을 나가느니만 못합니다.

그리고 어떤 속인들은 승려인 체 속여서 불상을 조성하고 절을 짓는다고 하면서 돈과 쌀을 모읍니다. 그것으로 처자를 먹여 살리는 이러한 어리석은 사람은 귀신도 용납하지 못할 것입니다. 슬프고 탄식할 일입니다. (그들은) 순간의 즐거움을 누리다가 천년, 만년의 고통을 초래하며, 부모와 친척에게까지 누를 끼쳐 함께 삼악도(三惡道)의 고통을 받게 합니다. 임종 때는 (악도에 떨어져) 끓는 솥에 떨어진 게와 같이 될 것이 틀림없습니다.

만약 착한 마음의 스님이라면 반드시 인과를 알고 마음에 사사로움이 없이 공평 정직하여, 절을 짓는 화주를 위하여 선(善)의 인(因)을 심고 반드시 선(善)의 과(果)를 얻게 할 것입니다. 그리고 불법을 널리 펴 중생을 제도하면 부처님의 깊은 은혜를 갚을 수 있습니다. 이와 같은 스님에게 시주들이 널리 공양하면 후일 함께 바른 과를 증득하게 될 것입니다. 올리는 공양물이 비록 작은 과일 하나라도 재를 올리는 당에 놓아야 하며, 이러한 공평한 마음을 가지면 불법을 배울 수 있습니다."

무제가 또 물었다. "세상 사람이 돈과 쌀로써 부처님께 공양하고 스님께 재를 올리면 어떠한 공덕이 있습니까?"

지공 스님께서 말씀하셨다. "부처님과 스님께 공양하면 그 공덕은 매우 많습니다. 미래세상에서 반드시 무량한 수승한 과보를 얻게 됩니다. 절에 양식이 충분하면 스님들이 안심하고 수도를 할 수 있습니다. 출가인은 속진을 벗어나 계율을 지키고 밝은 스승께 법을 구하며, 전심으로 노력하면 머지않아 마음을 밝혀 견성(見性)할 수 있으며, 부처를 이룰 것이 틀림없습니다."

무제가 물었다. "사람이 죽은 후 스님을 청하여 천도(薦度)하면 죽은 사람이 고통에서 벗어나 천상으로 오를 수 있습니까?"

지공 스님께서 답하셨다.

"황후가 이미 구제되지 않았습니까? 다른 사람도 마찬가지로 단지 가족들이 성심성의껏 해주기만 하면, 그리고 천도해 주는 스님이 계행(戒行)이 있는 분이면 구제될 수 있습니다. 진심으로 독경(讀經)하고 예참(禮懺)하면 재와 공양이 청정해지며, 절대로 살생을 하지 말아야 합니다. 그러면 백천 사람도 모두 고통에서 벗어날 수 있으니, 정말로 살아있는 사람과 죽은 사람 모두 이익을 받을 수 있습니다. 만약 살생하여 깨끗하지 않으면 효과가 없습니다.

그러나 세상 사람은 인과를 알지 못하여 술 마시고 고기 먹는 사람을 청하여 천도하기도 합니다. 그러면 염불송경이 경건하지 않기 때문에 망자(亡者)에게 공덕이 없습니다. 생명을 살해하고 또 주육(酒肉)으로 도량(道場)을 더럽히면, 돌아가신 부모는 구제를 받지 못하고 도리어 살생의 업이 더 증가하게 됩니다. 그러므로 천도재에는 반드시 고기와 오신채가 들지 않은 깨끗한 음식을 써야 합니다.

도산(刀山)지옥, 검수(劍樹)지옥이 모두 살생의 업으로부터 옵니다. 경에서 이르기를, '악업의 연을 맺으면 더욱 깊고 중해진다.'라고 하는 것은 바로 이러한 청정하지 못한 불사(佛事)를 가리키는 것입니다.

다른 사람을 제도코자 하면 먼저 반드시 자신을 제도해야 합니다. 고인이 이르기를, '한 사람이 도를 얻으면 아홉 조상이 승천한다.'라고 합니다. 마을에 억울하게 죽은 원혼이 그의 착한 힘을 타고 고통에서 벗어나는 것입니다.

　탄승게(嘆僧偈)에서 이르기를, '덕이 있는 스님이 도량을 지어 엄정하게 재계하고 경문을 염송하며 성심으로 예불하면 많은 공덕이 있으며, 살아있는 사람과 망자가 모두 이익을 받고 길상함을 얻게 된다.' 라고 하였습니다. 훈승송(訓僧頌)에서 이르기를, '손에 바라(징)를 들고 치면서 술 마시고 고기를 먹으며 도량을 만들고 불경(佛經)을 더럽히는데, (이건) 정말로 애석하며 망인(亡人)에게는 오히려 더욱 재앙을 초래하게 된다.' 라고 하였습니다."

　또 물었다. "어떤 사람은 잘 입고 잘 먹고 하며 많은 복을 누리는데, 이것은 무슨 까닭입니까?"

　답하셨다. "전세에 보시를 많이 한 복입니다. 경에 이르기를, '인과응보이며 자작자수(自作自受)' 라고 하였습니다. 그러나 복을 누리는 사람은 복을 다 누리면 안 되며, 복을 아끼고 늘려야 합니다. 복이 있으면 복을 짓기도 쉬우며, 도를 닦기도 편리합니다. 돈이 없으면 보시하려고 해도 매우 어렵습니다. 만약 복이 있어도 수행할 줄 모르고 이전의 복을 다 써버리면 괴로운 날이 다시 올 것이니, 하루빨리 깨달아 복을 아끼고 복을 닦으며 선을 행해야 할 것입니다."

　무제가 탄식하며 물었다. "어떤 출가인은 절에서 수행하지 않고 도리어 온갖 나쁜 짓을 저지르면서 절의 스님에게 손해를 끼치는데, 이것은 무슨 원인입니까?"

　지공 스님이 답하였다. "이러한 무리들은 모두 성도(成道)를 막는 요사스런 마의 무리로서, 마음에 의심이 많고 한(恨)을 품어 스님의 모습을 지어 불법을 파괴하러 온 것입니다. 말법(末法)의 시대에는 사마(邪魔), 외도(外道)들이 스님의 옷을 입고 불법의 용어를 사용하면서 술 마시고 고기 먹으며 돈을 긁어모으는데, 갖가지의 방법으로 불교를 파괴하려고 올 것입니다. 이러한 무리들은 절을 집으로 삼고 청정한 부처님의 땅을 더럽히며, 불법의 참된 모습을 파괴할 것이니, 죽어서는 아비지옥에 떨어져 무량한 고통을 받게 될 것입니다."

무제가 또 물었다. "불법은 미묘하여 능히 생사의 고해를 건널 수 있으며, 윤회의 고통에서 벗어날 수 있습니다. 어떤 사람은 어릴 때 출가하여 이미 스승의 은혜를 깊이 받았습니다. 그러나 자라서는 열심히 도를 배우지 않고 사중(寺中)의 돈과 쌀, 재물을 가지고 가서 환속하여 아내를 얻기도 하는데, 이러한 사람은 이후 어떻게 됩니까?"

지공 스님께서 답하셨다.

"이러한 무리는 죄의 뿌리가 매우 깊고 두터우며, 복력(福力)이 천박합니다. 또한 출가하는 것이 해탈(解脫)의 길이라는 것을 믿지 않지만, 진실로 참회하면 안락을 얻을지도 모릅니다. 이러한 사람은 축생에서 몸을 바꿔 처음으로 인간의 몸을 얻게 된 무리로서 삿된 마음이 쉽게 생기며, 또 불법을 이해하지 못합니다. 잘못이 있으면 참회하여 고쳐야 하며, 작은 잘못이 큰 잘못으로 자라지 않게 해야 합니다.

불문(佛門)의 돈, 쌀, 재물은 시방의 시주들이 먹을 것, 입을 것을 절약하여 보시한 돈으로서, 원래 절의 스님들이 안심하고 도를 닦게 하는 자량입니다. 스님들이 정진 수도하지 않으면 부끄러움을 느껴야 하는데, 도리어 그것을 가지고 나가서 환속하여 처를 얻고 머리를 기르는 것은 (축생의) 꼬리가 생기는 원인이며, 아내와 같이 하는 잠자리는 (지옥의) 쇠 침대입니다. 그때가 되면 염라대왕의 심판에서 도망가기 어렵습니다.

절에는 사왕(蛇王)보살이 불법을 보호하고 지키는데, 그때 가서는 육친 권속까지 연루되어 편안하지 못하며, 자신은 바로 지옥으로 들어가 천백만 년이 지나도 벗어날 기약이 없습니다.

이전에 양(陽)씨 스님이 계셨는데 덕행이 단정하고 산에서 수행을 하던 좋은 스님이었으며, 수행에 성취한 바가 있어 하루는 선지식을 참방하러 가려고 하였습니다. 막 떠나려고 하는데 호법신장인 사왕(蛇王)이 가로막고는 비단 한 필을 돌려주어야 갈 수 있다고 하였습니다.

양씨 스님은 말하였습니다. '나는 산에 있으면서 무슨 비단을 받은 적이 없습니다.'

사왕이 말하였습니다. '당신은 여기 처음 계실 때 종이 한 장으로 과자를 싸서 어머니에게 보낸 적이 있는데, 오늘 계산해 보니 비단 한 필을 돌려주어야 이 절에 빚이 없게 됩니다.'

양씨 스님이 말하였습니다. '지금 절에는 도를 수행하지 않고 함부로 나쁜 짓을 하는 자들이 많은데, 당신은 그들에게는 참견하

지 않고 왜 나에게만 막고 빚을 받으려 합니까?'

사왕이 말하였습니다. '그들이 수행을 하지 않는 것은 그들이 <u>스스로 지었으므로, 스스로</u> (그 과보를) 받을 것입니다. 일단 그들의 나쁜 악업이 가득 차면 목숨을 마칠 때 내가 그들에게 결판을 낼 것입니다. 그들은 죽어 지옥에 들어가 죄를 다 받고 나면 다시 축생의 몸이 되어 이전의 빚을 갚을 것입니다. 당신이 지금 지옥에 들어가기를 원하면 나도 당신을 막지 않을 것입니다. 나는 이전에 부처님 앞에서 큰 서원을 발하기를, 무릇 절의 재물은 금은보화, 기타 기물, 쌀 등 크고 조그마한 것을 막론하고 모두 보호하겠다고 하였습니다.'

양씨 스님이 말하였습니다. '종이 한 장을 가져갔는데, 왜 비단 한 필을 갚아야 합니까?'

사왕이 말하였습니다. '나는 부처님의 부촉을 받고 절의 재물을 관리합니다. 시주의 보시를 기록하는데, 하나를 보시하면 만 배의 과보를 얻습니다. (절의 재물을) 낭비하고 손해를 끼치는 것을 일일이 기록하여 밤낮으로 그 이자를 계산하여 상환 받습니다. 나는 서원을 발하기를, 절의 벽돌과 기와가 재로 변해야 비로소 관여하지 않겠다고 하였습니다. 오늘까지 계산해보니 당신은 비단 한 필을 갚아야 합니다.'

양씨 스님이 듣고는 몹시 놀라고 걱정되어 연이어 땅에 대고 절을 하며, 너그러이 은혜를 베풀어 주실 것을 빌면서 즉시 방법을 강구하여 갚겠다고 하였습니다. 양씨 스님은 은 석 냥을 모아 절의 스님에게 돌려주고는 후인을 경계하는 게(偈)를 지었습니다."

낮에 열심히 일하고 밤에 좌선하며
가람(절)의 밥값을 면하고자 하네.
만약 나의 경계하는 말을 듣지 않으면
천년, 만년을 지옥에 떨어질 것이네.

지공 스님이 이어서 말씀하셨다. "양씨 스님은 게를 읊고는 구름을 타고 가버렸습니다. 산문(절)을 침해하는 사람은 후손이 끊어지며, 절의 재물을 도둑질하면 화(禍)가 서로 잇따릅니다. 사왕보살도 게를 지어 경계하였습니다."

옛날 영산회상에서 일찍이 서원을 발하여
절의 조그마한 풀 하나라도 지키려고 하네.
승려과 속인이 인과의 법칙을 지키지 않으면
한 치의 오차 없이 보응을 받으리라.

절의 재물을 침해하면 지옥의 인이며
재물을 도둑질하면 화가 서로 따르리라.
종이 한 장 가져가서 비단으로 갚고 공중으로 올라갔으며
빚의 업은 윤회에 떨어지게 하네.

양무제가 또 물었다. "어떤 스님은 돈을 많이 저축하고는 비록 전도됨이 없고 바르지 못한 행을 하지는 않으나, 보시하지 않고 법을 널리 펴려고 하지 않습니다. 이들은 이후 어떻게 됩니까?"

지공 스님께서 말씀하셨다.

"이들은 스님의 본분사인 홍법이생(弘法利生)의 일을 망각하였으니 속인과 다름이 없으며, 재물을 지키는 수전노가 되어 탐심이 중하기 때문에 죽으면 아귀가 될 것입니다. 절에 재물이 남으면 절대로 이익을 꾀하여 사람들에게 빌려주지 말고 마땅히 홍법이생에 사용해야 하며, 자선보시를 하여야 비로소 불법과 시주에 대하여 떳떳합니다.

같은 수행자들이 나쁜 과보에 얽혀든 것은 숙세의 업장이라는 것을 마땅히 알고, 예배하고 송경하며 선을 지어야 합니다. 우리 불법 문중의 사람은 절대로 게으르지 말고 열심히 수행해 나가야 합니다. 향을 올리고 물을 바꾸는 데 편케 하기 위하여, 잠을 잘 때에는 옷을 벗지 말아야 합니다. 부지런히 참구하고 예불할 것이며, 제때 종과 북을 쳐야 하며, 정진 수행해야 합니다.

염불, 송경, 예참의 일은 빠뜨리지 말고 위로는 사은(四恩)에 보답하고 아래로는 삼악도의 중생을 구제할 것이며, 원력(願力)에서 물러나지 말고 수행함에 나태하지 말아야 합니다. 이러한 공(功)이 쌓이고 덕(德)이 모이면 마침내는 도과(道果)를 이루게 될 것입니다.

만약 인과를 믿지 않고 경·율을 보지 않으며, 스스로의 편견에 집착하여 삼보를 훼방하고 스승과 어른을 업신여기며, 상주재물을 파괴하고 부끄러움을 알지 못하는 이러한 사람들은 만약 잘못을 고쳐 자신을 새롭게 하지 않고, 악을 버리고 선을 닦지 않으면 장래 반드시 고통의 세계에 떨어져 받는 고(苦)가 다함이 없을 것입니다. 소위 말하기를 '무간업(無間業)을 초래하지 않으려면 여래의 정법(正法)을 비방하지 말라.'고 하였습니다."

무제가 또 물었다. "재보(財寶)를 보시하여 불보살의 형상을 조성하면, 어떠한 공덕이 있습니까?"

지공 스님께서 말씀하셨다.

"가장 수승한 무루(無漏)의 공덕입니다.『조상공덕경(造像功德經)』에 이르기를, '말법시대에 불상(佛像)을 조성하는 사람은 미륵보살이 성불한 후 첫 법회에서 해탈을 얻을 것이다. 이것은 32상(相)의 인(因)이며 능히 성불하게 할 것이다.'라고 하였습니다.

또한 부처님께서 우전왕(優塡王)에게 말씀하시기를 '불상을 조성하는 사람은 세세생생 악도에 떨어지지 않으며, 즐거운 복을 받으며, 신체가 단정하고 금빛이 나며, 사람들의 사랑과 존경을 받게 된다. 만약 인간 세상에 태어나면 항상 제왕이 되거나 대신, 장자, 현명하고 착한 가문의 아들, 부유하며 존귀한 사람이 될 것이다. 이들은 무수겁을 지나면 성불할 것이다.'라고 하였습니다.

불상을 조성하고 그림을 그리려면 정통하고 우수한 장인(匠人)을 선택하여, 함께 공경심을 일으키고 최상의 심혈을 기울이면 최상의 묘한 과보를 얻게 됩니다. 만약 장엄스럽지 못하면 다시 만들어야 합니다. 불상을 조성하고 경을 간경할 때 공인(工人)과 함께 발심하여 청정하게 재계를 지켜야 합니다. 만약 술을 마시고 오신채를 먹으면 비록 조성하는 것이 많을지라도 공덕은 매우 적습니다. 만약 공경심과 재계를 지니면 복의 과보가 무량합니다."

무제가 또 물었다. "스님들이 폐관(閉關)하여 좌선(坐禪)하면 그 공덕은 어떻습니까?"

지공 스님께서 말씀하셨다.

"스님들이 재계(齋戒)하고 예배·송경하면 그 복덕은 헤아리기 어려운데, 하물며 일심으로 좌선하는 것이야 말할 필요가 없습니다. 일심불란(一心不亂)하고 만법(萬法)이 모두 공(空)하면, 머지않아 공(功)을 이루며 반드시 성불(成佛)할 것입니다. 하지만 반드시 좋은 호법(護法) 거사가 있어 결연히 폐관수행을 보호해 주어야 합니다.

불법을 닦는 데 절대로 아만심을 가지지 말고 고요하여 어지럽지 않아야 합니다. 경에 이르기를, '만약 사람이 잠시라도 정좌하면 항하사의 칠보탑을 쌓는다.' 라고 하였습니다. 보탑은 필경에는 먼지로 변하지만, 청정한 일념은 정각(正覺)을 이룹니다. 그리하여 인천(人天)의 공양을 받으며 세간의 깨끗한 복전이 될 것입니다. 사사(四事)공양에 감히 노고를 아끼면 만 냥의 황금도 소멸하게 될 것이며, 시주가 재물을 보시하여 성심으로 공양하면 그 공덕을 어찌 측량할 수 있겠습니까?"

무제가 또 물었다. "송경(誦經)의 공덕은 그 복이 어떠합니까?"

지공 스님께서 답하셨다. "송경의 공덕은 불가사의하며, 그 복도 상·중·하로 구분할 수 있습니다."

무제가 물었다. "스님께서 항상 말씀하시기를 '불법은 평등하여 높고 낮음이 없다'고 하셨는데 어찌하여 상·중·하의 높고 낮음이 있다고 하십니까? 해설하여 주십시오."

지공 스님께서 말씀하셨다.

"불법은 평등하나 복을 짓는 데에는 상·중·하가 있습니다. 스님을 속가의 집으로 청하여 송경하는 것은 하품(下品)이며, 산과 들에서 송경하는 것은 중품(中品)이며, 절에서 송경하는 것이 상품(上品)입니다. 왜냐하면 속가의 집은 청정하지 못하며, 산과 들은 비교적 청정하며, 절은 청정한 곳이라 제불(諸佛)이 상주하기 때문에 상품이 됩니다.

경은 법보(法寶)로서 평범한 것과는 비교할 수 없을 정도로 뛰어나 천룡이 보호하며, 삿된 마(魔)도 합장합니다. 따라서 향과 꽃과 등과 과일 등으로 공양하여 부족함이 없도록 해야 합니다. 부족하면 공경스럽지 못한 것입니다. 봉공하는 사람은 거칠고 침착하지 못한 행동으로, 경을 읽는 사람의 마음을 놀라게 하거나 움직이게 하여 전심하지 못하게 하면 안 됩니다.

옛사람이 이르기를, '한 번 생각이 동하면 천 리나 벌어진다.'라고 하였습니다. 비유하면 길을 가는데 동반자를 잃는 것과 같으며, 스님들이 히히덕거리면 성심이 없으며 위의(威儀)를 갖추지 못한 것입니다. 그리고 경 속의 이치를 신해(信解)하지 못하고 마음이 원숭이나 말같이 달리면, 이것은 경을 읽는 사람의 과실이며 다른 사람과는 무관합니다.

만약 성심으로 재계하고 여법하게 예송(禮誦)하면서 자구를 분명하게 독경하는 사람은 단지 몇 권만 송하여도 공덕이 매우 많으며, 만약 웃거나 하면서 읽으면 많이 읽어도 이익이 없습니다."

게송(偈頌)으로 이르니 다음과 같습니다.

경을 읽는데 공경스럽지 못하면
설령 많이 읽더라도 헛되며,
경건히 위의를 갖춰 읽으면
바야흐로 큰 복전(福田)이 되네.

무제가 또 물었다. "스님들이 재계를 지니지 않고 예불·송경하면 그 복덕은 어떠합니까?"

지공 스님께서 말씀하셨다.

"재계를 지니지 않고 예불·송경하면 공덕이 전혀 없습니다. 경에서 이르기를, '복을 구하려면 재계를 지켜야 하며, 재계를 지니면 복을 얻을 수 있다.'라고 했습니다. 불사(佛事)의 문중에서는 또 경에 이르기를, '입으로 오신채, 술, 고기를 먹으면 49일간 더럽고 깨끗하지 못하니, 불전과 보탑에 감히 오르지 못하는데, 하물며 예불하고 송경함에 있어서야 말할 것이 있겠느냐?'라고 했습니다.

『능엄경』에서는 '오신채를 먹는 사람은 귀신이 와서 입술을 핥으며, 그 사람으로 하여금 날로 복덕이 소멸하고 죄장이 증가되게 한다.'라고 하였습니다. 스님들이 재계를 지니지 않으면, 큰 공덕이 있는 불사에 시줏돈을 헛되이 쓰게 되는 것입니다.

경에 이르기를, '옛날에 세 사람이 동해를 건너가는데, 한 사람은 매우 총명한 사람으로서 한 척의 큰 배를 만들어 바다를 건너갔으며, 다른 한 사람은 큰 물소를 이용하여 꼬리를 잡고 건너갔다. 또 다른 한사람은 배나 물소를 이용하지 않고 단지 한 마리의 돼지를 이용하여 돼지의 꼬리를 잡고 바다를 건너가려고 하였다. 결과적으로 사람과 돼지 모두 바다에 빠졌으며, 도리어 사람들의 비웃음을 초래하였다.' 라고 하였습니다.

이 비유는 불사를 하는 데 있어서 상·중·하 세 등급의 계행이 같지 않은 스님을 청하면, 얻는 복도 같지 않다는 것입니다. 불사를 하여 복전(福田)을 구하는 데, 시주는 공경심과 공양심을 가져야 합니다. 그리고 스님은 재계와 위의를 가지고 경건하게 예배·송경하면서, 시주를 위하여 재난을 소멸하려는 마음을 가져야 합니다."

게송으로 이르니 다음과 같습니다.

대장경(大藏經)의 공덕은 산보다 크며
그대에게 권하노니 절대로 경솔하게 다루지 말라.
만약 신심과 공경심이 없고, 재계와 정성도 없으면
헛되이 경을 읽는 것이네.

삼승(三乘)의 묘법을 고금에 전하여
인간과 천상을 널리 제도함은 큰 인연일세.

생사의 바다를 건너는 데는 염불이 가장 수승하며
인간과 천상의 길에서는 복을 짓는 것이 우선이네.

무제가 물었다. "탑에 절하며 예불하는 공덕은 어떠합니까?"

지공 스님께서 답하셨다. "반드시 먼저 목욕재계해야 합니다. 예불 일 배는 무량의 죄업을 소멸시키며, 절을 많이 하는 공덕은 무량합니다. 한 번 예불하면 한 번 전륜왕위로 오르게 되며, 이러한 예불공덕의 인연으로 온갖 복을 갖춘 상호(相好)의 몸을 얻게 됩니다.

예배 시에는 오체투지를 하여 세 가지(身口意) 업을 항복받으며, 일신을 단정하게 하여 불보살을 직접 대면한 것과 같이 해야 합니다. 비뚤어지고 삿되이 고개를 돌리고 히히덕거리며 이야기하고 가래를 뱉어 부처님의 땅을 더럽히지 말아야 합니다.

단정하고 장엄스럽게 공경해야 하며, 예불 예탑 모두 같습니다. 탑에는 불보살 또는 고승의 사리를 공양하거나 불경과 불상이 있습니다. 이것은 삼보가 장엄한 승지(勝地)이니, 예배공양하고 탑을 돌면 큰 공덕이 있습니다."

무제가 물었다. "염불(念佛)의 공덕은 어떠합니까?"

지공 스님께서 답하셨다.

"염불의 공덕은 비할 바 없이 광대합니다. 만약 사람이 지성심으로 (아미타불) 염불 일 구를 염하면 팔십억 겁의 죄업을 소멸합니다. 경에 이르기를, '만약 선남자 선여인이 아미타불의 명호를 들고 명호를 염하여 1일 내지 7일 동안 끊어짐이 없이 일심불란하면, 그 사람은 임종 시에 아미타불의 극락국토에 왕생하게 된다.' 라고 하였습니다.

또 경에 이르기를, '성심으로 아미타불을 염하면 팔십억 겁의 생사중죄를 소멸하며, 염불인이 극락세계에 왕생하기를 원하면 반드시 왕생하게 된다.' 라고 하였습니다."

다시 묻기를 "방생(放生)의 공덕은 어떠합니까?"

스님께서 답하셨다.

"그 공덕은 매우 큽니다. 무릇 생명이 있는 것은 모두 불성(佛性)이 있으며 성불할 수 있습니다. 단지 미혹 망상으로 인하여 축생 등이 되었습니다. 왜냐하면 오랫동안 생사에 윤회하면서, 각자의 마음씨와 행위에 따라 갖가지 모습으로 변하기 때문입니다. 비록 이전에 자기의 가족이었을지라도 (모습이 바뀌면) 알아볼 수 없습니다. 만약 자비심을 발하여 재물을 들여 방생하면, 현생에서는 병을 없애고 수명이 늘어납니다. 왜냐하면 단명하고 병이 많은 고통은 모두 과거의 살생을 한 나쁜 업 때문입니다.

방생은 천지간의 생명을 아끼고 사랑하는 덕에 합치되며, 부처님의 자비심이며, 관세음보살의 고난구제의 마음이며, 중생을 널리 제도하는 것입니다. 방생하는 사람은 천지간에서 불보살의 자비를 대신하여 세상을 구제하는 것이며, 이와 같은 사람은 필연적으로 흉함이 길함으로 변하며, 병이 없고 고뇌가 없으며, 자손이 창성(昌盛)하고 가문이 길상(吉祥)할 것입니다.

방생하는 사람은 방생되는 자의 감사의 은혜를 받게 되며, 살생하는 사람은 살해되는 자의 원한을 받게 됩니다. 눈앞의 은혜와 원수는 바로 미래의 복(福)과 화(禍)의 원인이며, 그 과보는 거울과 같이 밝습니다."

무제가 물었다. "세간의 부유한 사람은 선(善)을 행하려고 하는 사람이 적은데 무엇 때문입니까?"

스님께서 답하셨다.

"이 사람들은 전생에 일찍이 보시를 많이 하였으며, 금생에 복을 누리는 것은 과거의 착한 인연이 성숙되었기 때문입니다. 그러나 금생에 전세의 인연을 잊고 보시함에 인색한 마음을 내며, 부득이하여 보시를 하게 되면 마치 자신의 살을 베어내는 것처럼 애석하게 느낍니다.

이 사람들은 복을 누리면서 복을 늘릴 줄을 모르며, 복이 다 할 때 인색한 마음 때문에 반드시 빈궁한 과보를 받게 됩니다. 마치 사람이 계단을 한 계단 한 계단 내려가는 것과 같습니다. 그리고 빈궁한 사람이 배고픔의 고통을 깊이 알고 가난한 사람에게 먹을 것을 보시하면(더욱이 스님에게 공양하면), 이 사람은 마치 계단을 한 계단 한 계단씩 올라가는 것과 같으며, 고가 다하면 반드시 복이 오게 됩니다."

게송으로 이르니 다음과 같습니다.

보시는 마치 우물 속의 샘물과 같아

아침에 가서 길어오면 저녁에 보충이 되며
삼 일 아침을 길러 가지 않으면
우물물이 어찌 가득 솟아나오겠는가!

무제가 또 물었다. "세간의 사람 중에는 불공평한 것이 많습니다. 가난한 사람은 매우 가난하고 부자는 매우 부유하며, 괴로운 사람은 매우 괴롭고 즐거운 사람은 매우 즐겁습니다. 이것은 무슨 인연입니까?"

지공 스님이 답하였다. "부처님께서 말씀하시기를, 인연과보는 조금도 차이가 나지 않으며, 만약 사람이 부지런히 착한 일을 행하면 금후에는 반드시 안락하고 부귀하다고 하였습니다. 금생에 가난하고 괴로운 사람은 전생에 선행을 닦지 않았기 때문입니다. 어떤 사람은 괴로워도 선행을 닦을 줄 알고, 어떤 사람은 괴로움을 받고도 여전히 선행을 닦을 줄 모르니, 괴로움이 그치지 않는 것입니다."

나한게(羅漢偈)에 이르니 다음과 같습니다.

부귀하고 빈궁함에는 각각의 원인이 있으며
숙세의 인연으로 정해진 것이니 억지로 구하지 말라.
봄에 종자를 뿌리지 않았으면서
빈손으로 황무지 밭에서 가을의 수확을 바라네.

무제가 또 물었다. "부귀한 사람은 복을 누리면서 도리어 수명이 짧으며, 가난하고 괴로운 사람은 생활이 곤란하면서도 팔십여 세까지 장수하는 것은 무엇 때문입니까?"

지공 스님이 답하였다.

"부귀는 보시(布施)로부터 온 것인데, 그가 구복(口腹)을 탐하여 널리 살생을 하고 생명을 해치므로 원결(怨結)을 맺어 병이 많고 수명이 짧게 됩니다. 선악의 업연(業緣)과 죄와 복의 과보는 추호도 틀림이 없습니다. 선을 찬양하고 악을 벌하는데, 모든 것은 '스스로 지어 스스로 받는 것'입니다.

금생에 마침 복을 누릴 때, 전생에 갚아야 할 생명의 빚이 있으면 어쩔 수 없이 그것을 따라가야 합니다. 오래 장수하면서 고독하고 가난하게 사는 것은 전생에 보시하지 않았기 때문입니다. 비록 보시한 것은 없지만 살생을 하지 않았기 때문에, 금생에 오래도록 살지만 빈궁하고 괴로운 것입니다."

게송으로 이르니 다음과 같습니다.

인과는 분명하여 조금도 오차가 없다.
콩을 심었는데 어찌 팥이 나겠느냐!
선악에 복과 죄의 과보가 없다면
성인들이 어찌 그들을 믿고 따르게 하겠느냐!

무제가 다시 물었다. "스님에게 공양(식사)을 올리면 그 복은 어떠합니까?"

스님께서 답하셨다.

"이와 같은 적선(積善)은 큰 이익이 있으며, 신심이 오래도록 물러나지 않아야 합니다. 스님은 공양을 받고 부끄러움을 알아야 합니다. 첫째 그 공이 얼마인지 그 밥이 온 곳이 쉽지 않음을 헤아려야 하며, 우리가 먹는 한 톨의 쌀은 농부의 땀이 배어 있다는 것을 알아야 합니다. 금생에 도를 깨닫지 못하면 축생이 되어 갚아야 하니, 반드시 송경·예불하며 부지런히 수행하여 위로는 네 가지 은혜를 갚고, 시주와 함께 복을 쌓고 재난을 소멸하여 불도(佛道)에 올라야 합니다."

게송으로 이르니 다음과 같습니다.

만약 불법(佛法)의 문을 열려면
부처님을 공양하고 스님께 재(齋)를 베풀어야 하네.
여래의 가르침에는 수많은 방편이 있으니,
인간 천상에서 복을 심어야 하네.

한 방울의 물이 모여 강을 이루듯 복을 많이 쌓고
조그마한 보시가 감은(感恩)의 파도를 이루네.
믿기지 않거든 양무제를 보시게.
과거생에 삿갓 하나 보시하여 왕이 된 것을.

나한게에 이르니 다음과 같습니다.

조정의 재상과 왕후(제후)
부귀한 자 모두 전세에 복을 닦아 온 것이며
과거생에 사람이 되어 보시를 하고
단정한 모습 불법문중에서 구했네.

수행이 아니면 무엇을 얻겠는가?
부처를 이루는 것은 다겁의 수행에서 온 것이네.
석가모니도 원래는 황궁의 태자였으며
관세음보살도 역겁(歷劫)의 수행으로 이루셨네.

아육왕(阿育王)은 왕궁의 즐거움을 연연해하지 않고
왕위를 버리고 산에 들어가 청정한 수행을 하였네.
여러 남녀와 현명한 분들에게 널리 권하노니
절대로 좋은 인연 짓는 것을 아까워하지 마십시오.

지공 스님께서 이어서 말씀하셨다.
"그대에게 권하노니 마음속의 심화(心火)를 식히고 관리들에게 화풀이하지 마십시오. 나쁜 돈 천 관(貫)은 구하기 쉽지만, 좋은 돈 한 푼은 구하기 정말 어렵습니다. 자비희사(慈悲喜捨)를 닦는 것을 끊지 마시고, 도를 이루면 재난과 장애를 면하는 길이 있습니다.

한가로이 놀기 위하여 육친을 끊으면, 훗날 재난과 횡화를 피하기 어렵습니다.

어리석은 사람은 세상에 미혹되어 수행하지 않으려 하며, 재물과 여자에 연연하여 그치지 않습니다. 산중에서 정좌하면 즐거움이 유유한데, 만족을 모르는 사람은 도처에서 구하려고 합니다. 지렁이도 불법을 들어 아는데 사람은 불법을 배우지도 않고 부끄러워할 줄도 모릅니다. 백년 인생을 헛되이 지내면 다시 사람 몸 얻기는 어렵고도 어렵습니다.

당신이 청산에게 어느 때 늙는가를 물으니, 청산은 당신에게 어느 때 한가한지를 묻습니다."

무제가 물었다. "세상사람 중에 복과 수명을 다 같이 갖추고 모습이 원만한 자는 무슨 인연입니까?"

지공 스님이 답하였다.

"이런 사람은 과거세상에서 불법을 믿고 재계하며 여러 착한 일을 지었기 때문에, 금생에 장자나 부귀한 집안에 태어난 것입니다. 이런 사람은 모습이 단엄하고 육근이 청정하고 신체가 건강하며, 병이 없고 재앙이 없으며, 주변 환경이 아름답고 복을 향유함이 자재합니다. 사람들이 공경하고 좋아하며, 처자·노복 등 모든 것이 여의하며, 재보가 풍요하여 수용에 다함이 없습니다.

이것은 전세에 보시하여 좋은 인연을 맺어온 복이며, 다른 사람이 빼앗아갈 수 없는 것입니다. 그러나 비록 이와 같이 복을 누릴지라도 때에 맞춰 머리를 돌려야 합니다."

게송으로 이르니 다음과 같습니다.

복을 누림에는 다할 때가 있으니
사람의 수명이 얼마나 되겠느냐!
부귀는 일장춘몽과 같아서
잠깐 사이에 없어지고 마네.
만약 제때에 수행하지 않으면,
모든 것이 없어진 후에는 슬퍼지리라.

지공 스님께서 또 부귀게를 읊으셨다.

차가운 바람, 살을 에이며 눈꽃이 휘날리는데
따뜻한 누각, 붉은 화로의 석탄불이 달아오르네.
얼마나 많은 대갓집의 부귀한 객이
금병에 든 술, 향기로운 음식 맛보았는가!

몸에는 비단옷에 솜저고리를 입고
날마다 고기와 과일 먹으니 입이 향기롭네.
숙세에 선의 싹을 심었으니
금생에 부귀하여 영화를 누리네.

선을 지음에 인과가 없다고 말하지 말라.

금생에 장자의 집에서 복을 누리네.
　　만약 복을 누리면서 다시 복을 지으면
　　금상첨화(錦上添花)로구나.

　무제가 다시 물었다. "어떤 사람은 생산에 힘쓰지도 않고, 가계를 관리하지도 않고, 별 착한 일도 닦지 않으며, 오히려 당을 만들어 도적이 되는데 그 과보는 어떠합니까?"
　스님께서 답하셨다.
　"이 사람은 과거 이래로 선근을 심지 않고 많은 악업을 심었으며, 또 선량한 사람을 모욕하였습니다. 금생에는 반드시 빈곤한 집에 태어나게 될 것입니다. 이러한 사람들은 잘못을 고쳐 착해질 줄을 모르며 도리어 더욱 나쁜 짓만 일삼습니다. 마치 설상가상과 같아서 하루아침에 악이 가득 차면 관가에 체포되며, 죽어서는 지옥에 들어가 나올 기약이 없을 것입니다.
　이러한 사람은 사악하고 악독하며, 도처에서 사람들에게 재물을 약탈하면서 자신의 부(富)만 도모합니다. 남들의 고통은 돌보지 않으니, 죄업이 산처럼 높습니다. 죽으면 지옥에 들어가 염라대왕전 업경대에서 죄장이 모두 드러나며, 부모와 육친 권속까지 연루되어 함께 고난을 받게 될 것입니다.
　죄를 마치고 사람이 되면 남은 죄업이 있으므로 빈궁하고 곤란한 생활을 하게 됩니다. 몸을 가릴 옷이 없고 배를 채울 먹을 게 없으니, 갖가지 고난은 말로 다할 수가 없습니다."

지공 스님이 또 탄식하며 게송을 읊으셨습니다.

손에는 밥그릇을 들고 거리에서 동냥하며
머리에는 두를 모자도 발에는 신발도 없이
밤에는 다리 밑과 차가운 집에서 묵으며
낮에는 자루를 들고 남의 집 문을 기웃거리네.

차가운 한풍에 눈이 휘날리면
얼마나 많은 가난한 사람이 이맛살을 찌푸리는가.
땔나무와 쌀이 없어 아이들은 배고프다 소리치며
아내는 남루한 옷을 입고 추위에 괴로워하는구나.

전생의 죄를 한탄하지 않고 금생에 다시 게으르며
천지를 원망하며 마음씨 또한 비뚤어져
집에는 벽도 없고 신발은 낡아 바닥이 없으며
찢어진 옷은 몸조차 가리기 어렵구나.

헝클어진 머리는 얼굴을 덮고
손가락은 생강마냥 울퉁불퉁하구나.
이러한 빈궁한 모습을 보니
모두 전생에 (부처님께) 향을 사르지 않았구나.

지공 스님께서 이어서 말씀하셨다. "유주(幽州) 사람 모간(毛侃)은 집이 가난하였으나 살 궁리를 찾지 않고 게으르게 지냈습니다. 인과를 믿지 않고 각지에서 스님들을 속여서 쌀과 돈을 얻어와 생활하였습니다. 그의 아내는 (남편에게 그러지 말 것을) 힘써 권하면서 남편을 따르지 않았습니다.

모간은 죽기 전 어느 날 밤 축생의 형상으로 변하였습니다. 다음날 돼지머리에 당나귀 발, 코끼리 귀에 사자코의 형상으로 어느 절로 들어가 청소하는데, 모든 사람들이 놀라며 무슨 괴물인지 알지 못하였습니다.

모간이 입을 열어 말하기를 '나는 괴물이 아니며, 절을 속여 돈과 쌀을 편취한 모간입니다. 어젯밤 사왕보살에게 잡혀와 벌을 받아서 이러한 형상으로 변했습니다.'라고 하였습니다. 그리고는 "산의 절에서 마당을 쓸면서 이러한 추한 과보를 받으며, 그 후에는 지옥에 떨어질 것입니다."라고 말을 마치고는 다시는 말을 할 수 없었습니다. 이러한 사실이 『과보록(果報錄)』에 실려 후세에 전해져 오고 있습니다."

게송으로 이르니 다음과 같습니다.

유주지방의 모간이라는 사람은
절을 속여 재물을 취하면서 그 빚을 갚지 않으니
고기 같은 두 뺨에 큰 코끼리의 귀
당나귀 모습의 두 다리에 돼지 머리를 달았구나.

이전부터 지어온 악업이 끝이 없으니
절에서 땅을 쓸며 쉬지 못하는구나.
절을 왕래하는 객에게 권하노니
절의 물건은 절대로 탐하면 안 되노라.

무제가 다시 물었다. "산문(절)의 인과가 이와 같이 매우 크면, 감히 무서워 오는 사람이 없으면 곤란한 것 아닙니까?"

지공 스님께서 답하셨다. "인과가 매우 크다는 것을 사람들은 깊이 믿고, 절대로 스님의 재물은 속여서 취하면 안 됩니다. 우리의 불법은 착한 사람은 절에 와서 함께 권하여 선을 행하고, 악한 사람은 삿됨을 고쳐 바름으로 돌아와 악을 없애고 선을 따라야 할 것입니다. 항상 착한 일을 하면 바로 선인(善人)입니다. 어떤 사람은 착한 사람인 양 가장하여 절의 재물을 탐하여 취하는데, 착한 일을 빌어 거짓을 행하면 마치 사람을 잡아먹는 나찰귀신과 같은 것입니다."

무제가 또 물었다. "가사(袈裟), 계의(戒衣, 장삼)와 종·북 등 법구(法具)를 보시하면 그 복은 어떻습니까?"

지공 스님께서 답하셨다. "가사를 보시하면 일곱 생 동안 사람의 몸을 잃지 않으며, 계의를 보시하면 세세생생 배부르고 따뜻할 것입니다. 법기(法器)를 보시하면 음성이 우렁차고 좋은 명성을 얻게 되며, 양말과 신발을 보시하면 하인이 되지 않을 것이며, 짚신을 보시하면 길에서 돕는 사람이 있게 되며, 놀라고 위험한 경우를 당하지 않을 것입니다."

무제가 물었다. "스님들께서 사람들을 교화하는데, 우리들이 많은 재물을 보시하면서 도처로 시주를 구하러 가지 못하게 하면 어떻습니까?"

지공 스님께서 답하셨다.

"그건 좋지 않습니다. 스님들이 시주를 구하는 것은 시주자에게 복을 심고 좋은 인연을 맺게 하기 위해서입니다. 반드시 한 사람만 교화해서는 안 됩니다. 널리 세상 사람을 교화하여, 그들로 하여금 발심하여 복과 지혜를 닦아 함께 고해를 벗어나게 해야 합니다. 경에 이르기를, '차라리 천 집의 공양을 받을지언정, 한 집의 은혜를 받지 말라.'고 하였습니다. 이것은 스님들의 원입니다. 보시자는 자기의 힘에 따라 하고 싶은 대로 복을 지을 것이며, 보시는 마음에 있지 재물에 있는 것은 아닙니다.

떨어지는 낙숫물도 그릇에 가득 차게 됩니다. 조그마한 선도 모으지 않으면 어찌 성인이 되겠으며, 조그마한 악도 그치지 않으면 자기 몸을 무너뜨리기에 충분합니다. 어떤 사람이 착한 일을 하는 것을 보았을 때, 환희심을 발하여 말로써 칭찬하면 그 복을 함께 얻을 수 있습니다. 하물며 인연 따라 보시하면 더할 나위가 없습니다. 따라서 마음씨를 잘 쓰는 것이 가장 뛰어납니다."

고덕의 게송에 이르니 다음과 같습니다.

얼굴에 성냄이 없는 것이 참 공양이며

입에 성냄이 없으면 묘한 향기가 나오네.
마음에 성냄이 없으면 가치를 알 수 없는 보배이며
걸림이 없고 막힘이 없는 것이 참된 진리이네.

삼보의 문중에서는 복 닦기가 쉬우며
한 푼의 희사로 만 배의 보답을 받네.
그대와 더불어 견고한 창고에 맡기면
세세생생 복이 그치지 않으리라.

지공 스님께서 이어서 말씀하셨다.
"세상사람 중에서 선을 짓고 복을 쌓기를 좋아하는 사람은 마음을 넉넉하게 가져야 합니다. 먼저 행하고 나서 후에 집의 아내에게 말하는 게 좋습니다. 아내가 원하지 않으면 서로 번뇌를 더하게 될까 걱정되기 때문입니다.
옛날에 어떤 큰 부자가 있었는데, 선을 좋아하고 보시를 좋아하였습니다. 선인(仙人) 여동빈(呂洞賓)이 감동하여, 그를 제도하기 위해 노인으로 변화하여 부자 앞에서 짚신을 팔려고 하였습니다. 그 장자는 짚신이 매우 좋은 것을 보고 사려고 가격을 물었습니다. 노인이 한 켤레에 황금 석 냥이라고 말하자, 그 부자는 돈을 가지러 집으로 갔습니다. 그런데 자기 부인이 알고는 나무랐습니다. '당신 미쳤어요. 짚신 한 켤레에 어떻게 황금 석 냥이나 주고 사려고 합니까?' 장자는 아내의 소리를 듣고 노인의 짚신이 너무 비싸다고 사지 않았습니다. 여동빈 도사는 한 수의 게송을 읊고는 가버렸습니다.

> 황금 석 냥의 가격 높지 않으며
> 짚신은 매우 튼튼하게 만들었네.
> 장자는 아내의 말을 듣지 말아야 하는데
> 선인(仙人)으로 하여금 빈손으로 가게 하였으니!

부자가 게송을 듣고 급히 바깥으로 나왔으나, 노인은 보이지 않았습니다. 비로소 그는 신선이 와서 시험하였다는 것을 알고는 가슴을 치며 크게 후회하면서, 복의 인연이 천박한 것을 탄식하였습니다. 세간에는 어질지 못한 부인들이 많이 있어 남편이 좋은 일 하는 것을 물러나게 하며, 남편으로 하여금 착한 일을 지을 인연을 놓치게 할 수 있습니다."

게송으로 이르니 다음과 같습니다.

> 과거생에 이미 복을 심었으면
> 금생에도 자연히 큰 인연 있으나,
> 인색하여 놓지 못하니 신선은 가버렸으며
> 가슴을 치고 크게 후회해도 소용없구나.

무제가 또 물었다. "어떤 사람은 절과 스님을 관장하면서 생사

대사(生死大事)를 위하지 않고 오로지 불사(佛事)를 하여 돈을 모읍니다. 여러 대중들에게는 각박하게 하고 자기에게는 후하게 하며, 스스로는 재계를 지니지 않으면서 도리어 다른 사람을 비방합니다. 권세에 의지하여 공평하게 하지 못하고 여러 대중을 욕하여 신심(信心)을 잃게 하는데, (그런 사람은) 이후 어떻게 됩니까?"

지공 스님께서 답하셨다.

"절을 관장하려면 사람들의 사표가 되어야 하는데 어찌 쉽겠습니까? 자기의 행위가 전도(顚倒)되니 남을 가르칠 정법이 없으며, 계율과 청규(淸規)를 알지 못합니다. 잘난 체하여 남들의 공경을 받으려고 하며, 아만심이 높고 삿됨을 행하는 것이 위험할 지경입니다. 염치도 모르고 술 마시고 고기 먹으며, 여럿이 모여 시끄럽게 굴면서 세상의 나쁜 소리를 지껄입니다. 이것은 바로 맹인이 여러 사람을 이끌고 불구덩이로 들어가는 것과 같습니다.

어느 날 복이 다하고 악이 가득차면 재난과 횡화가 몸에 덮치게 됩니다. 불법을 오염시킨 죄가 가볍지 않으니, 현재생에서도 고통스런 과보를 받지만 임종 후에는 지옥에 들어감이 화살과 같을 것입니다."

무제가 물었다. "조정의 문무백관 중에는 세력을 믿고 백성을 괴롭히는 자가 있습니다. 일처리가 공평하지 못하면서 혹독한 형벌로써 백성의 재물을 탈취하는데, 이런 자들은 뒷날 그 과보가 어떠합니까?"

지공 스님께서 답하셨다. "이러한 사람이 관리가 된 것은 전생의 복 덕분입니다. 복이 다하고 목숨을 마치면, 염라대왕의 업경대에 그가 저지른 모든 죄악이 비춰져서 법에 따라 죄를 받게 될 것입니다. 죄가 가벼운 자는 축생이 되어 밭을 갈면서 빚을 갚을 것이며, 죄가 무거운 자는 교룡(蛟龍)이 되어 사천하에 비를 뿌리면서 빚을 갚게 될 것입니다. 오래도록 풍백(風伯), 우사(雨師)의 쇠몽둥이를 맞고, 온몸의 비늘에 온갖 독충이 살면서 선혈이 길게 흐르며, 주야로 온갖 고통을 받으면서 쉬지 못할 것입니다.

무제가 다시 물었다. "청렴한 관리는 어떻습니까?"

지공 스님께서 답하셨다. "공정하고 청렴한 관리는 임종 후 성황신(城隍神)이 되든지, 명산(名山)이나 신선이 사는 곳의 신(神)이 됩니다. 위로는 하늘의 칙명을 받고 아래로는 백성의 공양을 받으며, 그 중에서 음덕(陰德)이 성한 자는 저승을 주재하는 관리가 되든지 혹은 염라대왕이 되기도 합니다."

무제가 또 물었다. "지방의 아문(衙門) 중에는 모든 것을 지방 관리들이 관장하면서 공평한 도리에 따르지 않는 경우가 많습니다. 관의 권세에 의지하여 선량한 백성의 재물을 갈취하는데, 어떠한 과보가 있습니까?"

지공 스님께서 답하셨다.

"관리들이 관의 권세를 믿고 재물을 속여 취하며 백성을 해치는 자는 죽은 후 산중의 들짐승이 되어 사람만 보면 놀라 질주하게 될 것입니다. 그들은 백성을 위협하고 속였기 때문에, 금생에 놀라게 되고 살해되는 과보를 받게 되는 것입니다.

지방의 경찰이나 토호들이 사람들의 재물을 사사로이 속여 취하는 자는 소, 말, 돼지, 양 등 육축이 되어 과거의 빚을 사람들에게 갚습니다. 빚을 다 갚은 후에 다시 가난한 사람이 되어 남들의 멸시를 받으며 자유롭지 못합니다. 선악의 과보는 사람들이 스스로 지어 스스로 받는 것으로서, 한 치의 오차도 없습니다."

무제가 물었다. "황후는 구렁이의 몸으로 떨어졌는데, 나는 그녀가 생전에 무슨 악업을 지었는지 아직 알지 못합니다."

지공 스님께서 답하셨다.

"황후는 궁중에 있으면서 음험하고 악독하였습니다. 『묘법연화경』을 찢어 훼손하였을 뿐 아니라, 대왕이 불법을 배우고 수행하는 것을 시기하였습니다. 육궁의 비빈들을 질투하고 선량한 사람들을 괴롭혔으며, 삼보를 경멸하고 모욕하였습니다.

그녀는 거짓으로 스님에게 재를 베풀면서, 안에 고기를 넣어 스님의 청정한 계를 파괴하였습니다. 다행히도 산승이 마음이 밝아 그녀의 나쁜 계략에 넘어가지 않았습니다. 따라서 여러 스님들에게 스스로 먹을 것을 준비하여 몸에 숨기라고 분부했습니다. 그리하여 그녀의 더러운 음식은 옷 속에 감추고, 자신이 가져온 깨끗한 음식을 먹게 하였습니다.

재가 아직 끝나지 않았을 때, 황후는 입을 가리고 크게 웃으며 궁으로 들어갔습니다. 그녀는 도리어 마음속으로 즐거운 마음을 내었습니다. 산승은 암자로 돌아오면서 더러운 음식을 밭에 버렸습니다.

파, 마늘, 부추 등 오신채를 먹고 예불 송경하면, 호법신장이 보호하지 않으니 이익을 얻지 못합니다. 황후의 갖가지 죄악은 삼계의 선신, 악신들이 모두 보았으며, 지옥의 업경대에 더욱 분명하게 비춰졌습니다. 그녀는 작은 선량함도 없고 악업이 천 가지나 되니 뱀의 몸이 된 것입니다. 만약 대왕이 선을 닦지 않았으면 황후는 영원히 축생에서 벗어날 수 없었을 것입니다. 그러므로 선악에는 모두 과보가 있다고 하는 것입니다.

불법은 거짓말을 하지 않습니다. 사람들이 불법을 비방하고 허물기 때문에, 스스로 허물을 초래하는 것입니다. 나라의 국모(國母)가 존귀한데, 어찌 하필 구렁이 같은 무리에 떨어졌겠습니까?"

무제가 또 물었다. "어리석은 사람은 인과를 믿지 않고 갖가지 악업을 저지르며, 삼보(三寶)를 공경하지 않고 불교를 믿는 사람을 보면 훼방을 합니다. 나중에 잘못을 깨닫고 선(善)으로 향하면 어떻습니까?"

지공 스님께서 답하셨다. "업(業)의 바다는 망망하나 머리를 돌리면 피안(彼岸)입니다. 죄를 알고 참회하며, 허물을 알고 고칠 줄 알아야 합니다. 선을 행하고 복을 닦으며 깨끗한 마음으로 수행하면 성불도 또한 어렵지 않습니다."

무제는 미소를 머금고 말하였다.

"오늘 향을 피우고 스님께 전생과 미래의 선악에 대한 인과응보를 물어서, 일일이 다 알게 되어 마음이 밝아지고 즐거움이 끝이 없습니다. 제가 미처 물어보지 않은 것이 있다면, 원컨대 스님께서 말씀하여 주십시오. 여러 대중들에게 스님의 가르침을 듣게 함으로써 부처님의 은혜를 갚고자 합니다."

지공 스님께서 탄식하며 말씀하셨다.

"대왕이 물은 일을 대중들이 믿지 않을까 걱정인데, 하물며 대법(大法)은 어떻겠습니까? 나는 악업을 참회하는 몇 가지 법을 말하여 사람들에게 믿음을 일으키고자 합니다.

대중들은 마땅히 알아야 합니다. 선(善)과 악(惡)의 두 바퀴는 원인에서 결과가 생기는 것이며, 결과 가운데서 또 원인이 생겨서 끊임없이 순환합니다. 부귀와 빈천은 모두 선악의 업력(業力)으로부터 생깁니다.

경에 이르기를, '국왕과 제후 등 권세가 있고 부귀한 사람은 삼보(三寶)를 예경함에서 온다. 큰 부자는 보시에서, 장수(長壽)하는 것은 살생하지 않고 방생함으로써, 용모가 단정함은 인욕에서 오는 것이다.' 라고 하였습니다.

그리고 부지런히 수행하여 성취가 있음은 정진함으로써 생기며, 총명하고 재능이 있는 것은 지혜에서 생깁니다. 음성이 맑고 투명한 것은 삼보에 노래함으로써 오는 것이며, 병이 없음은 자비한 마음에서 옵니다. 그리고 용모가 아름다운 것은 공경에서 오며, 키가 작은 것은 남을 경멸하였기 때문이며, 못 생긴 것은 화를 내고 질투함으로써 생긴 것입니다.

지식이 없는 것은 배우지 않기 때문이며, 태어나면서부터 어리석은 것은 과거생에 기술이 있어도 남에게 가르치지 않으려 했기 때문입니다. 벙어리는 사람을 욕하였기 때문에, 하천한 것은 트집을 잡고 빚을 갚지 않았기 때문입니다. 그리고 용모가 추하고 검은 것은 사람에게 광명을 가린 연고이며, 의복을 갖추지 못한 것은 (불전에서) 살을 드러내고 불경하였기 때문입니다. 코끼리 다리와 당나귀 발은 행동이 경만하고, 다른 사람의 다리에 병이 있다고 조소하였기 때문입니다.

복을 받는 가운데 불안한 마음은 보시한 뒤 후회하며 아깝다는 마음을 내었기 때문이며, 사슴이 된 것은 사람을 놀라게 하였기 때문입니다. 사는 것이 마치 새장에 갇힌 것처럼 부자유스러운 것은 사람을 희롱하였기 때문이며, 몸에 악창이 생기는 것은 중생을 채찍으로 때렸기 때문입니다. 그리고 사람들이 보고 좋아하는 것은 다른 사람을 보고 기뻐하였기 때문이며, 살아서 궁형(宮刑)을 받는 것은 다른 사람을 우리 속에 가두었기 때문입니다.

남들이 법 듣는 것을 어지럽게 하면 개의 무리에 빠지며, 무심히 법을 들으면 당나귀의 무리에 태어납니다. 먹을 것을 아까워하면서 혼자 먹으면 아귀세계에 떨어지며, 사람이 되어서는 빈궁하여 배고픔에 허덕이게 됩니다.

상하고 나쁜 냄새가 나는 것을 사람에게 먹이면 후에 돼지, 개의 무리에 떨어집니다. 그리고 속이고 사기치고 기만하여 남의 물건을 빼앗으면, 후에 양의 무리에 떨어져서 껍질이 벗겨지고 고기를 먹히는 과보를 받게 됩니다. 재물을 도둑질하면 후에 소와 말로 태어나 사람의 부림을 받게 되며, 거짓말로 남에게 전하기를 좋아하는 자는 죽어서 지옥에 떨어져 끓는 구리물을 마시고 혀를 빼 밭을 가는 발설지옥에 빠지게 됩니다. 죄를 다 받고 나면 까마귀로 태어나, 사람이 그 소리를 들으면 그가 죽기를 저주합니다.

술 취하는 데 탐닉하면, 후에 끓는 똥물지옥 가운데 떨어집니다. 죄를 마치고 나면 원숭이 가운데 태어나며, 후에 사람이 되어서도 미련스럽고 사리에 어둡습니다. 무지하고 힘을 탐하는 자는 후에 코끼리의 무리에 태어납니다.

부귀한 사람이 도리에 맞지 않게 아랫사람을 채찍으로 때리고 괴로운 일을 시키면, 나중에 물소의 무리에 태어나 코가 뚫려서 밭을 갈고 수레를 끌면서 묵은 빚을 갚게 됩니다.

사람이 깨끗하지 못한 것은 돼지무리에서 온 것이며, 간탐하는 사람은 개의 무리에서 온 것입니다. 그리고 잔인하고 흉악한 것은 양의 무리에서 온 것이며, 침착하지 못하고 참지 못하는 사람은 원숭이의 무리에서 온 것입니다. 몸에서 나쁜 냄새가 나는 것은 고기와 자라 가운데서 온 것이며, 화를 잘 내고 독한 사람은 뱀의 무리에서 온 것이며, 사나운 사람은 호랑이 무리에서 온 것입니다.

모든 중생은 부처님의 가르침에 따라 마음을 깨끗이 하고 행동을 바르게 해야 합니다. 경에 이르기를, '믿음은 도의 근원으로 가는 공덕의 어머니이며, 모든 선근을 자라게 하는 것이다.' 라고 하였습니다. 믿지 않는 허물은 모든 죄 중에서 최상입니다. 무간업(無間業)을 짓지 않으려면 마땅히 불법을 믿는 데서부터 시작해야 할 것입니다."

무제가 찬탄하며 말하였다. "오늘 스승님의 법문을 들으니 태양이 하늘을 비추는 것과 같습니다. 달이 호수에 비치는 것처럼 투철하고 분명하니, 깊이 믿게 될 것이 틀림없습니다. 스님의 설법은 흐르는 물과 같아서 가르침을 들음이 감로와 같습니다. 신하들에게 천하에 유포하게 하여, 즐거이 듣고 깊이 믿으며 경건히 받들어 행하게 할 것입니다. 모든 인간, 천상의 사람이 믿고, 불법의 대해 속으로 들어가 신수봉행하기를 널리 원하옵니다."

양무제와 양황보참(梁皇寶懺)

양무제는 착한 일 하기를 좋아하고 수행을 열심히 한 사람이며, 지공(志公) 선사를 국사로 모셨다. 양무제의 황후 치(郗)씨는 인과를 믿지 않고 궁인들을 질투하였다. 또한 양민을 괴롭히고 삼보를 공경하지 않았으며, 지은 업이 매우 무거웠다. 황후는 죽은 후 양무제의 꿈에 나타나 "저는 구렁이의 몸을 받아 몸을 감출 곳도 없으며, 배가 고파 죽을 지경입니다. 또한 온몸의 비늘 속에 독충이 피를 빨아먹으니, 고통이 이루 말할 수 없습니다."라고 말하였다.

양무제는 부부의 옛정을 생각하여 지공 선사에게 가르침을 청하여, 어떻게 하면 황후를 천도할 수 있는지에 대하여 귀중한 법문을 얻게 되었다. 양무제는 마음으로 참회를 구하고, 참회도량을 세웠다. 아울러 500명의 고승을 청하여, 경전에서 찾아 10권의 참회문을 기록하였다. 이것을 '양황보참'이라 한다.

양무제는 삼보의 가피를 받아, 황후의 영혼이 현신한 구렁이를 이끌어 참회 천도도량의 단 아래 오게 하였다. 스님들이 단에 올라 예불, 송경하면서 단을 돌았다. 과연 황후는 삼보의 은혜를 받아 구렁이의 몸을 벗고, 천인(天人)의 몸을 얻어 구름 속에 몸을 나타내면서 감사의 예를 올리면서 사라졌다.

최근 각 사찰에서는 매년 '양황보참(자비도량참법) 법회'를 거행하는데, 그 목적은 과거세의 부모 친지들을 천도하여 고통에서 벗어나게 하려는 것이다.

어느 집안의 인연 이야기

양무제 때 지공 스님이 계셨는데, 스님은 오안육통을 갖춘 고승으로 과거·현재·미래의 인과에 모두 밝았다. 어느 날 어떤 부자가 스님께 독경을 청하였다. 스님이 그 집에 들어서자마자 탄식하며 말씀하셨다.

"기이하고 괴상하구나. 손자가 할머니를 아내로 맞이하고, 돼지와 양이 솥 옆에 앉아 육친을 솥에 삶고 있구나. 딸은 어머니의 고기를 먹고, 아들은 아버지 가죽으로 된 북을 두드리며, 여러 사람이 와서 축하하고 있구나. 나는 (이것이) 정말로 고(苦)라고 말하노라."

스님이 말하는 "손자가 할머니를 아내로 맞이한다."는 것은 옛일에서 비롯된다. 원래 이 할머니가 임종할 때, 어린 손자를 돌볼 사람이 없는 것을 애석해 하면서 손자의 손을 꼭 잡고 세상을 떠났다. 그리하여 애착심 때문에 손자의 처로 태어난 것이다.

"돼지와 양이 솥 옆에 앉아 육친을 삶고 있네."라는 것도 역시 과거생에서 비롯된다. 사람에 의하여 도살된 돼지와 양이 지금은 사람으로 태어났으며, 이전에 돼지와 양을 잡아먹었던 육친 권속이 지금은 축생으로 태어난 것이다. 솥에서 삶아져 사람들에게 다시 먹히니, 묵은 빚을 갚고 있다는 것을 이야기한다.

"딸은 어머니의 고기를 먹고 있다."는 것은 딸이 돼지 족발을 아주 맛있게 먹고 있는데, 이 돼지 족발이 이전의 모친인 것을 누가 알겠는가? 지공 스님은 또 음악을 연주하는 사람 가운데 북을 치고 있는 사람을 보니, 그가 치고 있는 북은 놀랍게도 그의 부친이 몸을 받은 당나귀 가죽으로 만든 것이니, "아들이 아버지 가죽으로 된 북을 치네."라고 말한 것이다.

사람들이 즐거워하며 놀 때, 누가 이와 같이 복잡다단하게 얽힌 인과관계를 어찌 알겠느냐! 그 가운데의 괴로움은 단지 지공 스님 같은 눈 밝은 분이라야 알아볼 수 있는 것이다. 중생은 인과에 밝지 못하여 종종 전도되어 고를 낙으로 여기며, 살생하고 고기를 먹으면서 미래의 재앙을 도리어 구복을 누리는 것으로 생각한다. 이것이 바로 성인(聖人)께서 매우 불쌍히 여기며 길게 탄식하는 까닭이다.

방생공덕 감로묘법

쇼다지캄포(索達吉堪布)

본사 석가모니부처님께 정례합니다.
대자대비 관세음보살님께 정례합니다.
일체 대은 전승상사님께 정례합니다.

우리 대사 석가모니부처님의 불교는 세 가지로 귀납할 수 있다. 중생을 해치는 악업을 짓지 말고, 신구의(身口意)의 선업을 봉행하며, 늘 자기 마음속의 번뇌를 조복하는 것이다. 이것이 바로 진정한 불법(佛法)이다.

『화엄경』에서 이르기를, "제악막작(諸惡莫作), 중선봉행(衆善奉行), 자정기의(自淨其意), 시제불교(是諸佛敎)."라고 하였다. 이러한 까닭으로 불교에 귀의하는 사람은 귀의증 등을 가졌느냐 하는 거짓 이름을 중시하지 말고, 유정(有情)을 이롭게 하는 것을 위주로 해야 할 것이다.

시시각각 자기의 능력에 따라 불쌍한 중생을 요익되게 하는 것이 대승보살의 수승한 행위이며, 이미 보리심(菩提心)을 발한 사람도 이러한 행위가 없어서는 안 될 것이다. 왜냐하면 석가모니부처님께서 말씀하신 팔만사천 법문의 정수는 보리심(菩提心)이며, 보리심의 본체는 바로 직접 또는 간접으로 중생을 이롭게 하려는 마음이기 때문에, 중생을 보호하는 마음을 내는 것은 세간 유위법의 모든 공덕을 초월하는 것이다. "오직 중생을 요익하는 마음을 발하는 것은 모든 여래를 공양하는 것보다 뛰어나다."라는 적천(寂天) 보살의 말씀과 같다.

그리고 일체 중생이 가장 소중히 여기는 것은 바로 자신의 생명이다. 어떤 사람을 죽음 직전에 구제하는 것이 최대의 은덕이며, 무정하게 그의 생명을 빼앗는 것은 최대의 박해이다. 살생을 금하고 방생하는 것은 대승보살의 본분사이며, 또한 성불의 자량을 원만히 하는 최상의 방편법이다. 본문에서는 불경과 여러 논전에 근거하여 이 방면(방생)에 대하여 전반적으로 서술하겠다.

살생의 응보

열 가지의 불선업(不善業) 가운데 살생과 사견(邪見)의 죄가 가장 크다. 경에서 이르기를, "살생보다 더 큰 죄는 없으며, 열 가지 불선업 가운데 사견의 죄가 가장 중하다."라고 하였으며, '계살방생문(戒殺放生文)'에서 이르기를, "세간에서 지중한 것은 생명이며, 천하에서 가장 비참한 것은 살상이다."라고 하였다. 화지(華智) 린포체는 불경에 근거하여 말씀하시기를 "만약 하나의 유정을 죽이면, 오백생을 갚아야 한다."라고 하였다.

그러므로 큰 중생을 죽이든지 작은 중생을 죽이든지간에 반드시 오백 번의 생명으로 갚아야 한다. 살생의 업이 중한 사람이라면, 내생에 얼마나 많은 고귀한 자신의 생명으로 상환해야 할 것인지 생각해보라. 당신은 그래도 함부로 살생을 할 수 있겠는가?

『정법염처경(正法念處經)』에서 말씀하셨다. "만약 한 유정(有情)을 살해하면 일 중겁(中劫) 동안 지옥에 떨어져 있게 된다." 이와 같다면 일 중겁은 얼마나 긴 기간이며, 이 사람은 어느 때 바야흐로 (지옥에서) 벗어날 수 있겠는가?

연지(蓮池) 대사께서 말씀하셨다. "이와 같은 하늘 가득한 악업을 지으면, 만세에 깊은 원수를 맺게 된다. 일단 죽음에 이르면 즉시 지옥에 떨어져 끓는 물, 뜨거운 불, 검수(劍樹), 도산(刀山)에서 고통을 당하게 된다. 죄를 마친 후에는 여전히 축생이 되어 원한을 서로 보복하기를 목숨으로 갚으며, 축생에서 벗어나 사람이 되면 병이 많고 단명하게 된다. 뱀에 물리고 호랑이에게 잡아먹히며, 칼이나 병기에 죽음을 맞는다. 혹은 형벌을 받아 죽으며, 독약을 마셔 죽게 되는데, 이 모든 것은 살생의 업이 불러오는 것이다."

우리들이 어떤 한 중생을 죽이면, 자신이 죽은 후에 이러한 중생으로 변하여 같은 액난을 받게 될 것이다. 『능엄경(楞嚴經)』에서 이르기를, "사람이 양을 잡아먹으면, 사람은 죽어 양이 되고 양은 죽어 사람이 되어 이를 반복한다. 이와 같이 열 가지 종류의 중생은 세세생생 서로를 잡아먹으면서 악업이 갖춰지는데, 미래세가 다하도록 끝이 없다. 이러한 인연으로 백 천 겁을 지내도 항상 생사 속에 있게 된다."라고 하였다.

『보적경(寶積經)』에 이러한 이야기가 있다.

이전에 한 사람의 부자가 있었다. 그는 양고기를 먹고 싶었으나 아들이 반대할까 두려워 거짓을 꾸몄다. 그의 집 풍수가 좋은 것은 밭가에 있는 큰 나무의 수신(樹神)이 보호하기 때문이라고 하면서, 반드시 양을 잡아 신에게 공양을 해야 한다고 말하였다. 아들은 그 말이 진짜인 줄 알고, 나무 옆에 작은 사당을 지어 양을 잡아 수신에게 공양하였다.

얼마 지나지 않아 그 부자는 죽었으며, 거짓말을 하고 살생을 한 과보 때문에 축생에 떨어져 양이 되었다. 그 다음해 그의 아들은 또 양을 잡아 신에게 제사를 지내려고 하는데, 마침 그의 부친이 변한 양이 선택되었다. 그 양은 울부짖으며 한사코 묶이려고 하지 않았다. 양이 땅에 엎드려 있을 때 문 밖에 한 분의 나한(羅漢)이 와서, 전세의 인연을 설명하고 그의 아들로 하여금 그의 부친이 양으로 변한 경과를 알 수 있게 하였다.

그때 아들은 매우 괴로워하고 후회하면서, 당장 사당을 허물고 그때부터 악을 끊고 선을 행하였다. 그리고 영원히 살생하지 않고 방생을 하였으며, 아울러 삼보에 귀의하고 인과를 깊이 믿게 되었다.

그리고 불경 가운데 하나의 이야기가 있다.

목건련과 덕생 비구가 일찍이 해변가에 이르렀을 때, 온몸이 화염에 타면서 크게 우는 사람을 보았다. 주위에는 무수한 아귀들이 그에게 불화살을 쏘고 있었다. 목건련이 신통으로 인연을 관찰해보았다. 이 사람은 전생에 사냥꾼으로 살면서 살생을 많이 하였기 때문에 살아생전에도 여러 해를 고통 받았으며, 죽은 후에는 지옥에 떨어져 벗어나기가 어려웠다.

그 밖에도 다른 이야기가 있다.

옛날 사위국 비로택가 왕이 군대를 이끌고 석가족이 사는 곳을 침략하여, 팔만 명의 석가족을 살해하였다. 그때 부처님께서 그 인연을 관찰해보니, 이전에 석가족이 어부로 살면서 많은 물고기를 죽인 과보였다. 비로택가왕과 그 대신은 당시 두 마리의 큰 물고기가 전세하여 사람이 된 것이었다.

따라서 비록 우리들의 육안으로는 전생과 후생의 인연을 볼 수 없지만, 자기가 살생한 악업은 항상 따라다닌다. 일단 인연이 성숙할 때 그 과보가 현전한다. 만약 천안통을 얻으면 인과를 알 수 있다. 『백업경(百業經)』에서 이르기를, "유정의 모든 업은 백겁이 지나도 없어지지 않고, 인연이 모일 때 그 과보가 성숙된다."

라고 하였다.

여러 경과 율에서도 모두 말씀하시기를, "모든 업은 백겁이 지나도 없어지지 않는다."라고 하였다. 그리고 지비광(智悲光)의 『공덕장론(功德藏論)』에서 이르기를, "하늘의 금시조가 높이 날 때 비록 그 몸을 볼 수 없을 지라도, 유정의 모든 업과 같이 인연이 모일 때 반드시 나타난다."라고 하였다.

이와 같이 말씀하신 뜻은 비유하면 금시조가 높이 날 때 우리들은 비록 그 몸을 볼 수 없을지라도 결코 금시조의 몸이 없는 것은 아니며, 단지 우리들이 줄곧 그 금시조를 따라가면 금시조가 내려앉을 때 그 몸을 볼 수 있는 것과 같다는 것이다. 마찬가지로 우리가 살생한 악업이나 방생한 선업은 현재 나타나는 것을 볼 수 없을지라도, 없어지지 않고 인연이 성숙될 때 그 과보가 현전하는 것이다. 세상의 모든 동물은 살기를 좋아하고 죽기를 두려워한다. 『공덕장석(功德藏釋)』에 다음과 같은 이야기가 있다.

"아주 이전 석가세존이 국왕이었을 때, 그 권속은 날이 가물어 기우제를 지내면서 동물을 살생하여 신에게 공양하였다. 그때 국왕은 불쌍한 마음을 내어 그렇게 하지 말도록 권하면서 말하였다. '남염부제에 천지가 가물어 내가 공양할 여력이 없으니, 내 권속 중에서 천 명을 죽여 신에게 공양하여 비를 구하려고 한다.'

이때 모든 신하와 백성은 죽는 게 두려워, 신에게 바쳐지지 않기를 원하였다. 그때 왕이 '그대들과 나는 본래 자신의 목숨을 아낀다.'라고 말하였다."

어리석은 사람은 도살을 기다리는 가축들의 두려워하는 모습을 보고 동정의 연민을 가지는 게 아니라, 도리어 크게 분노하면서 꼭 죽이려고 한다. 이러한 사람은 죽으면 반드시 지옥에 떨어진다. 모든 작은 동물도 마찬가지로 생명을 가지고 있다. 고와 낙의 느낌을 갖고 생을 탐하고 죽음을 두려워하니, 함부로 상해할 수 없는 것이다.

이전에 중국 강소성 양주성(揚洲城) 밖에 '사육(四六)'이라고 부르는 농민이 있었는데, 그는 논밭을 개간하고 꽃과 나무 심기를 좋아하였다. 어느 날 땅을 팔 때 무수한 개미들이 살고 있는 개미굴을 발견하였다. 그는 흉악하고 죽이기를 좋아하였기 때문에, 집에서 한 통의 끓는 물을 가져와서 직접 개미굴에 부어넣어 무수한 개미들을 전부 죽게 하였다.

그해 8월의 어느 날, 그는 꿈속에서 갑자기 무수한 개미들이 그의 몸에 기어오르는 것을 보았다. 깨어나서 보니 온몸의 살에 무수한 붉은 반점이 생긴 것을 발견하였다. 다음날 조그만 반점은 붉은 물집으로 변하여, 그 속에서 개미들이 살을 물어뜯으니 참을 수 없이 고통스러웠다. 그는 고통으로 울부짖으면서 며칠 후 사망하였다.

이것은 인간으로 살아있을 때의 과보이며, 죽은 후에는 삼악도의 한량없고 참을 수 없는 고통이 기다리고 있다. 그러므로 여러분들은 마땅히 살생의 불가사의하며 두려운 업보를 생각해야 할 것이다. 본래 세상의 모든 중생은 자기의 생명에 집착한다. 지옥의 중생 외에는 모두 죽기를 바라지 않는다(지옥은 너무나 고통스럽기 때문에 빨리 죽기를 바란다). 비유하면 어떤 사람이 총살을 기다리고 있는데, 그를 여러 가지 방편으로 구출해 준다면 진정한 생명의 은인이 될 것이다. 구출된 사람은 온갖 상념이 끓어오르면서, 은혜가 산같이 중하고 바다같이 깊은 것을 느끼면서 감격해 마지않을 것이다. 같은 이치로 만약 유정이 살해되는 것을 보고, 비록 한 마리의 작은 물고기일지라도 방생하면 이러한 덕이 있게 될 것이다.

『구사론(俱舍論)』에 따르면, 만약 다른 사람에게 부탁하여 살생하든지 혹은 다른 사람이 살생하는 것을 보고 기뻐하면, 이 업은 '축적되나 아직 저지르지 않은 업'이라 칭하며, 이 사람은 직접 도살한 사람과 동등한 죄가 있다고 한다.

만약 꿈속에서 죽이든지 혹은 벌레나 개미 등을 모르고 밟아 죽였다면, 이것은 살해할 마음이 없었기 때문에 '지었지만 축적되지 않는 업'이라 칭하며, 큰 죄는 없다고 한다.

그러므로 살생하여 얻은 재물로 스님께 공양한다든지 혹은 사원과 불상을 짓거나 하면, 공덕이 없을 뿐 아니라 큰 과실이 있게 된다. 그리고 불경과 『구사론』에서 말씀하시기를, 무릇 칼, 창, 그물 등 살생의 도구를 사거나 팔거나 하면 매매 쌍방은 모두 지옥에 떨어지며, 아울러 그러한 공구가 없어지기 전에는 나날이 무량한 죄업이 증가하게 된다고 하였다.

가르침에 의하면, 만약 가족 중 한 사람이 도살자, 사냥꾼 등 살생의 업을 꾸려나가면, 그 집안 사람은 모두 각자 지옥에 한 번은 떨어진다고 하였다. 그리고 만약 산골짜기에 살생하는 사람이 한 사람이라도 있으면, 모든 산골짜기는 길상함을 얻을 수 없다. 아울러 한 찰나도 그런 사람과 접근하거나 교제하면 안 된다. 그들이 다른 집에 가면 많은 불길한 일을 가져올 수 있으며, 그들의 물품을 몸에 지니면 자기 몸의 삼보(三寶)의 가피력이 소멸될 수 있다.

따라서 마땅히 불살생계를 지켜야 하며, 그러면 큰 공덕이 있다. 설령 영원히 살생을 끊을 수 없을 지라도 일 년, 혹은 일 개월, 심지어 하루라도 살생 끊기를 발원해야 한다.

이상에서 서술한 살생의 과실을 명백히 이해한 후, 우리들은 마땅히 삼보전에서 견고한 서원을 발하여 어떠한 경우를 당하더라도 중생을 살해하지 않겠다고 맹세해야 할 것이다.

성자도 살생의 보를 받는다

옛날 부처님께서 세상에 계실 때, 우타이라는 아라한이 한 바라문 여자에게 설법을 해주었다. 후에 여자는 도적과 모의하여 아라한을 살해하고, 머리를 베어 잿구덩이에 묻었다. 국왕이 이 일을 발견한 후 도적과 여자를 붙잡아 산 채로 불에 태워 죽였으며, 아울러 도적의 권속 오백 명의 수족을 자르는 형벌을 내렸다. 그 당시 불제자가 석가모니부처님께 이 사건의 인연을 물었을 때, 부처님은 다음과 같이 말씀하셨다.

"옛날 녹야원에 범시 국왕이 있었는데, 어느 날 꿈속에서 자신의 창자가 도시를 묶고 있는 것을 보았다. 국왕은 바라문 대신에게 이 꿈의 길흉을 물었다. 바라문은 본래 그 꿈이 좋은 꿈이라는 것을 알았으나, 자신과 오백 명의 권속의 이익을 위하여 많은 소를 잡아 대중들에게 공양해야 한다고 답하였다.

당시 어미소와 아비소가 있었는데, 국왕은 본래 살생하고 싶지 않았으나 바라문 대신이 꼭 죽여야 한다고 고집하여, 이 두 마리 소는 아무런 이유도 없이 횡화를 당하게 되었다. 이 두 마리의 소는 죽을 때 나쁜 원을 발하기를, 장래 이 원수를 갚고 바라문의 권속 오백 명의 수족을 자를 것을 맹세하였다. 그때의 범시 국왕은 현재의 국왕이며, 당시의 대신은 현재의 아라한 우타이이며, 오백 명의 권속은 즉 오백 명의 도적이며, 당시의 어미소와 아비소는 현재의 여자와 도적이다.

그리고 성자 용맹 보살이 그 머리를 보시한 이야기가 있다. 이전 인도의 낙행왕이 태자였을 때, 일찍 왕위를 계승하기 위하여 용맹 보살에게 그 머리를 보시할 것을 요구하였다. 태자는 먼저 보검으로 베었으나, 허공을 벤 것처럼 아무런 손상이 없었다. 용맹 보살은 자기의 병기(兵器) 업장이 이미 소멸하였으며, 단지 이전에 풀을 벨 때 벌레 한 마리를 죽인 적이 있는데 그 과보를 아직 받지 않앉으니 오직 길상초로서 그의 머리를 벨 수 있다고 알려 주었다. 나중에 과연 그의 말대로 되었다.

대원만(大圓滿) 전승(傳承)조사이신 비로자나는 이전 세상에서 비구가 되었을 때, 몸에 있는 이를 죽인 적이 있는데 그 과보로 이가 많이 들끓는 감옥에 갇힌 적이 있다.

비록 모든 성자들이 이미 안으로 상응한 공성(空性)을 증득하여 바깥 경계가 그들에 대하여 아무런 이로움과 해로움이 없지만, 현상계에서는 여전히 이러한 환(幻)과 같은 업보를 감수해야 한다. 이것도 또한 인과가 진실하며 거짓이 아니라는 것의 방증이다."

살생하면 도를 성취할 수 없다

삼보에 귀의한 신도 중 보살계와 밀승계를 지니는 자는 절대로 살생하면 안 된다. 그렇지 않으면 모든 계율을 잃게 된다. 불경에서 이르기를, "부처님께 귀의하는 진실한 신도는 여러 하늘에 의지하지 않고, 법에 귀의하는 자는 해로운 마음을 떠나며, 승에 귀의하는 자는 외도를 따르지 않는다."라고 하였다.

『대원만전행인도문(大圓滿前行引導文)』에서 이르기를, "계(戒)에 귀의하는 것은 세 가지를 끊는 것이다. 부처님께 귀의하면 외도와 여러 하늘에 귀의하면 안 되며, 법(法)에 귀의하면 중생을 해치는 마음을 끊으며, 심지어 꿈속에서도 중생을 해치면 안 된다. 승(僧)에 귀의하면 외도에 의지하면 안 된다."라고 하였다.

그러므로 살생하면 귀의계를 잃고 파괴하게 되며, 만약 삼귀의 계가 없으면 어찌 거사, 사미, 비구, 비구니 등의 계가 있을 수 있겠는가? 『칠십귀의송(七十歸依頌)』에서 이르기를, "비록 모든 율의가 있을지라도, 만약 삼귀의가 없으면 계가 없다."라고 하였다.

이와 같이 만약 중생을 살해하면 반드시 보살계를 잃고 파괴하게 된다. 경론에 근거하면 모든 보살계의 근본은 발보리심(發菩提心)이기 때문에, 만약 고의로 중생을 다치게 하거나 죽인다면 어찌 보리심이 있다고 하겠는가? 만약 보리심의 종자가 없으면 그 밖의 착한 법을 어디에서 증장할 수 있겠는가? 『화엄경』에서 이르기를, "선남자에게 보리심은 일체의 불법 종자와 같다."라고 하였다.

불제자들이 무슨 법을 닦든지 불문하고 만약 중생을 살해하면 제불보살이 기뻐하지 않을 것이며, 영원히 가피와 성취를 얻지 못할 것이다. 적천 보살께서 말씀하시기를, "만약 누군가 안락하면 제불은 기뻐하며, 누군가 괴로움을 당하면 부처님 마음도 즐겁지 않다. 중생이 기뻐하면 제불도 기뻐하고, 중생을 해치고 괴롭게 하면 여래의 마음을 상하게 한다. 만약 사람의 몸에 맹렬한 불이 타면, 모든 욕망의 묘함도 마음을 편안하게 할 수 없다. 만약 사람이 중생을 괴롭게 하면 또한 이와 같으며, 더욱 부처님을 기쁘게 할 수 있는 다른 법은 없다."라고 하였다.

「보현행원품(普賢行願品)」에서 이르기를, "중생은 자신의 생명을 지극히 사랑하며, 모든 부처님은 중생을 지극히 사랑한다. 중생의 목숨을 구제하면, 제불의 심원(心願)을 성취할 수 있다."라고 하였다. 그러므로 많은 수행인들이 성취를 얻지 못하고 본존(本尊)을 보지 못하는 근본 원인은, 아마도 전생 혹은 금생에서 유정을 해친 까닭일 것이다. 따라서 자신의 살생의 업을 참회하고, 다시는 부처님이 기뻐하지 않을 일은 하지 않겠다고 서원을 세워야 한다.

적천 보살의 말씀과 같다. "이러한 까닭으로 내가 유정을 상해하여 모든 대비자들이 기뻐하지 않은 일 모두를 지금 각각 참회하오니, 모든 죄를 부처님께서 살펴 용서하여 주시기를 원하옵니다. 모든 여래를 기쁘게 하기 위하여, 지금부터 세간을 위하여 종이 되기를 서원하옵니다. 가령 중생이 내 머리를 밟고 지나가도 심지어 죽어도 보복하지 않으며, 부처님을 기쁘게 하겠습니다."

우리들의 대은(大恩) 근본상사(根本上師), 현밀원융(顯密圓融), 중생의 의지처, 법왕(法王) 여의보금강아사리(如意寶金剛阿舍梨) 진미팽조(晋美彭措) 용렬길상현(勇列吉祥賢) 존자도 금년 근 5회나 승속제자들에게 석가모니전을 강의하였다. 중생을 슬퍼하는 데 이르러 감정을 주체하지 못하여 눈물을 흘리며, 설령 목숨의 위난을 만나더라도 어떠한 중생도 해치지 않을 것을 발원하였다. 이때 우리들 많은 제자들도 마음 깊은 곳으로부터 영원히 중생의 생명을 해치지 않을 것을 발원하였다.

살생업의 참회

우리들은 지금부터 최대한 어떠한 중생도 해치지 말아야 할 것이며, 과거생으로부터 지금까지 지은 살생의 업을 열심히 참회해야 한다. 주요한 참회의 방법은 '삼십오불참회문(三十五佛懺悔文)'을 이용하든지, 『백자명주(百字明呪)』와 『금강살타심주(金剛薩埵心呪)』 등 수승한 다라니를 이용할 수 있다.

『묘비청문경(妙臂請問經)』에서 이르기를, "마치 봄 숲의 불이 맹렬히 타올라 모든 초목을 남김없이 태워버리는 것과 같이, 계(戒)의 바람이 (다라니) 염송(念誦)의 불을 불어 모든 업장을 태우며, 대정진이 모든 악을 태운다. 그리고 마치 태양이 설산을 녹이면 쉽게 녹듯이, 만약 계의 해와 염송의 빛으로 악의 설산을 비추면 녹아 없어진다. 마치 암흑 속에 등불을 켜면 어두움이 남김없이 없어지듯이, 수많은 세월 동안 자란 모든 악의 암흑도 염송의 등불로 빨리 없앨 수 있다."라고 하였다.

『대원만전행인도문』에서 이르기를, "매일 백자명주 21번을 외우면 모든 죄장을 없애고 삼악취를 벗어날 수 있다."라고 하였다. 『금강살타수법여의보주』에서는 "만약 네 가지 대치력을 구족하여 여법하게 금강살타심주를 40만 번 염송하면 근본서언(根本誓言)을 파괴한 죄도 청정하게 할 수 있다. 그리고 금생에 일체의 소원을 이룰 수 있으며, 내세에는 극락세계 등 자신이 원하는 정토에 결정코 왕생한다."라고 하였다.

이와 같이 참회하는 자는 죄를 깨끗이 하는 모습을 얻을 수 있다. 그 모습은 『준제다라니(准提陀羅尼)』에서 말씀하신 것과 같다. "만약 꿈속에서 나쁜 음식을 토하거나, 낙유(酪乳)를 마시거나, 낙유 등을 토하거나, 해나 달을 보거나, 허공을 노닐거나, 불이 활활 타오르는 것을 보거나, 모든 물소를 보거나, 흑인(검은 사람)을 제압하거나, 비구 또는 비구니 스님을 보거나, 우유를 내거나, 나무, 소의 왕, 산, 사자좌, 미묘한 궁전을 보거나, 설법을 듣거나 하는 것이다."

방생에는 대비심이 중요하다

『대지도론(大智度論)』에서 이르기를, "자비는 불도의 근본이다."라고 하였으며, 『보리도차제광론(菩提道次第廣論)』에서 이르기를, "최초에 대승(大乘)의 가르침에 들어가는 데 있어서는 오직 자비심을 발하여 안립하며, 후에 대승에서 나오는 것도 이 마음을 내어 안립한다. 그러므로 대승자(大乘者)는 이 자비심이 있고 없느냐에 따라 나아가고 물러선다."라고 하였다.

법왕 여의보가 지은 『승리도가천고묘음(勝利道歌天鼓妙音)』에서 말씀하셨다. "악도에 빠져 윤회하는 중생이 구경의 안락지(安樂地)를 얻기 위하여, 이타심(利他心)과 행을 짊어지고 애욕(愛欲)을 버리기를 독약과 같이 하면, 이것은 능히 악도의 문을 막고 선도의 복락을 이끈다. 또한 구경해탈지(究竟解脫地)를 얻게 되나니, 이러한 요점을 많이 생각하고 수행해야 한다."

우리들은 방생을 겉으로 드러내는 착한 일로 여겨서는 안 되며, 대비심을 근본으로 하여 방생해야 한다. 그렇지 않으면 실제로 이치에 상응할 수 없다. 송나라 대학자 소동파의 애첩은 경건한 불교도로서 방생에 열중하였다. 어느 날 산에서 새들을 방생하고 돌아오는 길이었다. 집 정원에 한 무리의 개미들이 사탕을 빼앗으려고 다투고 있는 것을 보고, 그녀는 발로 개미들을 밟아 죽였다. 소동파가 그것을 보고 말하였다. "네가 방생하는 것은 자비를 위한 것으로서 원래 좋은 일인데, 왜 새들에게는 후하게 대하고 개미에게는 박절하게 대하는가? 이것은 진실한 자비가 아니다."

『권발보리심문(勸發菩提心文)』에서 이르기를, "이전에 입도(入道)의 요문은 발심(發心)이 으뜸이라고 들었는데, 수행에서 급선무는 원(願)을 세우는 것이 우선이다. 원이 서면 중생을 제도할 수 있으며, 마음을 발하면 불도(佛道)를 성취할 수 있다. 만일 광대심을 발하지 않고 견고한 원을 세우지 않으면, 항하사 겁을 지나도 여전히 윤회에서 벗어나지 못한다. 비록 수행이 있을지라도 언제나 헛되이 고생만 하는 것이다."라고 하였다.

이와 같은 도리로 아주 작은 중생에 대해서도 경시할 수 없는 것이다. 『현우경(賢愚經)』에서 말씀하시기를, "비록 극히 작은 죄악이라도 해가 없다고 가벼이 여기지 마라. 불은 아무리 작아도 능히

산천초목을 다 태울 수 있다."라고 하였다. 그리고 『입보살행(入菩薩行)』에서도 이르기를, "한 찰나에 하나의 죄를 저질러도 다겁을 아비지옥에 머물게 되는데, 시작이 없는 아득한 시절부터 쌓아온 죄는 말할 필요도 없이 우리들로 하여금 선도(善道)에 태어나게 하지 못하는 것이다."라고 하였다.

중국의 어떤 대덕이 이르기를, "만물이 상해를 입고 죽을 때는 언제나 아픈 정을 느끼며, 비록 작은 벌레, 개미들도 삶을 탐한다."라고 하였다. 만약 중생에 대하여 대비심을 갖추지 못하면 비록 승려나 거사일지라도 또한 겉으로의 형상일 뿐이지 진정한 불교도는 아니다.

현재 중국뿐 아니라 외국에서까지 사람들이 저지르는 살생의 업은 너무나 무겁다. 식당의 메뉴판에는 갈수록 새로운 음식이 등장하면서 식용동물의 범위도 넓어지고 있다. 만드는 수법도 갈수록 잔인해지면서 식탁 위에는 수많은 생명들의 시신이 진열되고 있으니, 정말로 인간지옥과 같은 비참한 세계가 연출되고 있다. 그렇게 살생을 하여 째고, 삶고, 태우고, 지지고, 볶고 하는데, 만드는 사람은 언제 그러한 무거운 빚을 다 갚을 수 있을런가?

티베트의 설원은 부처님의 대비와 관세음보살이 화현한 도량인 까닭으로, 98%의 사람이 어릴 적부터 염불하고 선을 행하면서 살생을 하는 것이 아주 적다. 만약 한 집에서 소 한 마리를 잡으면 전 집안사람들이 그 소를 위하여 진언(眞言)을 염송하고 발원하며, 아울러 사원의 스님을 청하여 경을 읽고 천도한다.

토끼, 고양이, 까마귀 등이 죽은 것을 발견하면, 스님을 청하여 송경하며 천도하고 매장해 준다. 그리고 고기를 먹기 전에는 습관상 관음심주(觀音心呪)를 7회 내지 108회 염한다. 어떤 사람은 돈을 내어 도살될 소와 양들을 사서 방생을 한다. 이때는 파는 사람도 가격을 깎아주면서 방생에 대한 일종의 함께 기뻐하는 수희(隨喜) 공덕을 짓는다.

따라서 불문에 귀의한 모든 사람은 자신을 자세히 관찰하여, 만약 대비심을 갖추지 않았으면 이름뿐인 불교도라는 것을 알아야 한다. 그러므로 마땅히 대비심을 발하여 힘을 다해 방생하여, 고통 받고 있는 중생을 이롭게 해야 할 것이다.

우리들이 설령 한 달에 하나의 생명을 구제할 수 있더라도, 중대한 의의와 공덕이 있는 것이다. 제불보살과 고승조사들은 중생의 고통을 구제하기 위하여, 자신의 신체 내지는 생명을 희생하는 것도 아끼지 않았다.

『대지도론』에 다음과 같은 이야기가 있다.

옛날 설산에 신선 비둘기가 있었는데, 생활이 유유자적하였다. 비둘기는 어느 날 눈이 많이 내려 어떤 사람이 길을 잃고 조난을 당하여, 배고픔과 추위에 생명이 경각에 달려 있음을 보게 되었다. 비둘기는 이 사람을 보고 대자비심을 발하여 즉시 날아가서 불을 구하고 나무를 모아 그 사람을 따뜻하게 하였으며, 스스로 불에 뛰어들어 자신의 몸을 그 사람에게 보시하였다.

그 비둘기는 이 공덕으로 후에 성불하였으니, 바로 석가모니

부처님이시다. 이러한 대보살과 비교하면 우리들은 방생하는 조그만 돈조차도 아까워하니, 어찌 대승의 보리심을 발한 사람이라고 할 수 있겠는가?

육식과 채식

부처님께서는 『능엄경(楞嚴經)』 등 대승경전에서 살생을 금하고 육식을 끊게 하시며, 나아가 채식의 공덕에 중점을 두고 설하셨다. 『능가경(楞伽經)』에서 설하신 것과 같다. "범지(梵志)의 종에 태어나고 나아가 모든 수행처, 지혜 있는 부귀한 집안에 태어나는 것은 고기를 안 먹었기 때문이다." 또한 『불설십선계경(佛說十善戒經)』에서 이르기를, "고기를 먹으면 병이 많으며, 큰 자비심을 행하려면 불살생계를 받들어 지녀야 한다."라고 하였다.

따라서 양나라 무제도 『열반경』 등 불경의 교의에 근거하여, 자비의 마음을 내어 고기 먹는 것을 반대하는 '단주육문(斷酒肉文)' 네 편을 지어, 스님들은 일률적으로 고기, 물고기 등을 먹는 것을 끊어야 한다고 주장하였다. 무제는 또 세 분의 율사를 불러, 궁중 회의에서 스님들로 하여금 고기를 끊고 채식을 하게 하였다. 그로부터 중국의 불교도는 채식하는 것이 불가의 법제로 정해졌다.

그때부터 지금까지 중국의 절대다수의 사원에서 법사(스님)와

신도들은 모두 채식을 견지하고 있으며, 불경에서 말씀하신 '고기를 끊는 무량한 공덕'을 얻게 되었다.

그러나 육식의 문제에서 밀교를 신봉하는 티베트와 상좌부 불교를 봉행하는 동남아 지역에서는 중국과는 서로 다른 전통습관을 가지게 되었으며, 다 같이 교리상의 근거를 가지고 있다. 이러한 현상을 해석하고 불경의 심오한 이치를 유추하여 알려면, 마땅히 덕을 구비한 상사의 가르침과 청정한 전승, 나아가 광대한 지혜에 근거해야 비로소 갖가지 경론의 서로 다른 점을 이해할 수 있을 것이다.

어떤 사람은 티베트에서 고기 먹는 것을 밀종(密宗)의 종풍으로 여기는데, 사실은 결코 그렇지 않다. 확실히 밀종 최고의 견지에 기초하면 육식은 쌍운(雙運), 강복(降伏) 등과 같이 밀종 최고의 행위에 속한다. 하지만 이것은 깨달아 증득하여 경지가 매우 높은 유가사(瑜伽師)들이 행할 수 있는 것이지, 일반 범부들이 함부로 행할 수 있는 것이 아니다.

나로빠는 대성취자 띨로빠가 항상 살아있는 물고기를 먹는 것을 보고도 그것에 대하여 삿된 견해를 내지 않았으며, 이치에 의지하여 수행한 후 그도 궁극의 성취를 얻었다. 그리고 중국의 제공(濟公) 스님도 일생 동안 고기 먹고, 술 마시고 하였지만, 사람들은 여전히 그를 성자(聖者)로서 중생교화를 시현하였다고 숭배하고 있다. 티베트 불교도들이 고기를 먹는 풍습은 고원지구의 지리여건상 곡식이 자라지 않는 객관적 현실에 기초하고 있으며, 본사 석가모니

부처님께서 별해탈계(別解脫戒) 가운데서 방편으로 허락하신 것이 근거가 되었다.

인도의 율종조사 공덕광(功德光)과 석가광(釋迦光)은 각자 저술한 『율경근본율(律經根本律)』과 『비내야삼백송(毗奈耶三百頌)』에서 모두 삼정육(三淨肉) 먹는 것을 허락하였다.

종합하면 고기를 끊고 채식을 하면 무량의 공덕이 있으며, 고기를 먹는 것은 커다란 과실과 우환이 있다. 하지만 티베트에서는 불교도가 '세 가지 청정한 고기(삼정육)'를 먹는 것은 보살계와 별해탈계에서 파계한 것이 아니며, 더욱 살생과 외도의 행위와는 같지 않다. 따라서 티베트, 중국을 위주로 한 모든 불교도는 마땅히 단결 화합하여 서로 존중하고 비방하지 말아야 할 것이다. 모두 석가세존께서 전하신 청정한 가르침임을 알아야 하며, 모두 해탈의 도가 있음을 알아야 한다. 널리 배워 실제로 증득한 사람은 이에 따라 티베트와 중국이 서로 통하고, 현교와 밀교가 서로 어긋나지 않으며, 각각의 교파가 원융함을 증명할 수 있다.

경사스러운 날에는 살생을 금하고 방생해야 한다

방생은 많은 공덕이 있어 모든 일을 길상하게 할 수 있다. 연지 대사께서 말씀하셨다.

"살생을 금하는 집은 선신이 보호하고, 재난과 횡액을 소멸하며, 수명을 늘린다. 자손이 어질고 효순스러우며, 길하고 상서로운 일이 많으니 다 열거하여 말할 수 없을 정도다."

살생은 널리 원한의 업을 쌓는 것이며, 아울러 숙세에 쌓아온 복과 수명을 점점 소멸하고 감소하게 한다. 그러므로 매년 해가 바뀌는 때, 경사스러운 생일, 결혼일, 개업날 등 손님을 청하는 경사스러운 날에는 마땅히 널리 방생을 행해야 하며, 이때 살아있는 목숨을 죽이거나 자연계의 생명을 해쳐서는 안 될 것이다.

원래 경사스러운 날은 친지, 친구들이 한 곳에 모인다. 설날은 오곡이 풍성하고 가족들이 흥륭하며 모든 일이 길상하기를 희망하는데, 왜 이때 반대로 생명을 살해하여 갖가지 화근을 묻어두는가? 세상 사람이 함부로 생물을 죽이면 원한이 쌓이며, 하늘도 기뻐하지 않는다. 그러므로 수재, 화재, 기근 내지는 전쟁이 일어나게 된다.

생일 축하는 부모와 자기의 복과 수명이 늘어나고 이고득락하기를 희망하는 것이니, 마땅히 부모와 자기를 위하여 방생하고 재계를 지녀야 복과 수명이 늘어나는 것인데, 어찌하여 도리어 이때 부모님의 길러주신 은혜를 잊어버리고 생명을 죽여 죄업만 늘어나게 하는가? 위로는 부모님께 누를 끼치고 아래로는 자기에게도 불리하다. 본래 생을 구하려고 하면서 반대로 생을 해치며, 본래 긴 수명을 원하면서 도리어 수명이 줄어들게 한다.

옛날에 어느 대관(大官)의 부인이 생일날이 임박하여 많은 손님을 청하기 위하여 닭과 오리, 돼지, 양, 물고기, 새우 등을 많이 샀다. 그러나 닭을 잡고 양이 도살될 때, 그녀의 영혼이 이런 살해되는 동물의 몸에 붙게 되었다. 그녀는 고통스러워 큰소리로 고함치며 침상에서 이리 구르고 저리 구르고 하였는데, 죽는 것보다 더 참기가 어려웠다. 이때 그녀는 짐승이 도살될 때의 고통과 원한을 느끼게 되었다. 짐승들은 단지 말을 못하고 언어로 표현하지 못할 뿐이었다.

마침내 그녀는 이와 같은 것을 깨닫고는 이후로는 살생을 금하고 방생하며, 다시는 축생을 잡아 구복(口腹)의 즐거움을 누리지 않겠다고 다짐하였다. 그 후에 부인은 오래도록 장수하였으며, 이 모두 그녀가 한 생각의 자비심으로 악을 고쳐 선을 행한 까닭이다.

결혼하는 날은 원래 미래에 가정이 화목하고 귀한 자식을 낳기 바라는데, 왜 이치와 상반되게 자녀를 낳기 전부터 살생하여 결혼 후 많이 싸우고 번뇌가 오게 하는가? 심지어 혼인관계가 깨지는 지경에까지 가게 하며, 후에 태어난 자식도 흉폭하고 질병이 많으며 요절하게 하는가? 이런 결혼이 길상한지 아닌지 묻고 싶다.

자수(慈壽) 선사께서 말씀하셨다. "세상에 살생이 많으면 결국에는 도병겁(刀兵劫, 전쟁)이 오게 되며, 목숨을 빚지면 너의 몸이 죽게 된다. 재물을 빚지면 집이 타거나 허물어지게 되며, 처자식이 흩어지게 되는 것은 일찍이 중생의 집을 파괴했기 때문이다. 각각 그에 상응하는 과보를 받게 되나니, 귀를 씻고 부처님 말씀을 들어야 한다."

장사를 하는 사람은 개업하여 대길하기를 기원하면서 재물이 풍성하기를 바라는데, 왜 이때 생령을 도살하여 원한의 소리가 길에 가득하게 하는가? 재물이 생하는 날에 널리 살생의 업을 지으면, 개업이 길할지 흉할지를 가만히 생각해 보면 알 것이다.

"살생하지 않으면 어떤 이익을 얻습니까?"라고 물었을 때, 『대지도론』에서 말씀하셨다.

"살생하지 않으면 두려운 바가 없게 되고 안락하여 공포가 없어진다. 내가 중생을 해치지 않기 때문에 그 또한 나를 해침이 없게 된다. 살생을 좋아하는 사람은 비록 그 지위가 왕이 되어도 스스로 편안하지 못하게 된다.

만약 살생을 좋아하지 않으면 일체 중생이 모두 의지하기를 좋아한다. 살생하지 않는 사람은 목숨을 마칠 때, 그 마음이 안락하고 의심이 없고 후회가 없다. 만약 천상이나 인간에 태어나면, 항상 장수하게 되고 이것은 득도(得道)의 인연이 된다. 또는 부처님께서 머무는 정토에 왕생하여 수명이 무량함을 얻게 된다.

살생하는 사람은 금생과 내생에 갖가지 몸과 마음의 고통을 받게 되며, 살생하지 않는 사람은 이러한 여러 액난이 없으니 이것이 큰 이익이다."

아울러 망령을 천도하고 장례를 치르거나 재난을 소멸하기 위해서는, 모두 살생을 금하고 방생하는 것으로 복을 구해야 하며, 도와 배치되게 행해서는 안 된다. 그러면 헛되이 망자에게 업장을 더하게 된다.

『지장경』에서 말씀하셨다.

"염부제 사람은 동물을 죽여 귀신에게 제사지내지 말아야 한다. 그러면 망자에게는 아무런 도움이 되지 않는다. 오히려 죄의 연을 맺어 업만 더 깊고 무겁게 증가시킨다. 설령 망인이 살아생전에 선을 닦아서 마땅히 좋은 세계로 오를 것인데, 권속들이 살생을 함으로 말미암아 도리어 악도에 떨어지게 된다. 하물며 선을 닦지 않은 사람은 어떻겠는가?"

방생은 복을 증가시키고 수명을 늘린다

만약 오래 살고 싶으면 방생을 해야 한다. 『방생찬(放生贊)』에서 이르기를, "네가 생을 연장하고 싶으면 내 말을 들어라. 모든 일은 현명하게 자신에게서 구해야 한다. 네가 오래 살고 싶으면 방생을 해야 한다. 이것은 우주의 순환하는 진실한 도리이다. 중생이 죽을 때 그를 구해주면, 네가 죽을 때 하늘이 너를 구해준다. 수명을 연장하고 아들을 구하는 데는, 다른 방법이 없고 살생을 금하고 방생하는 것이 가장 좋다."라고 하였다.

또 미륵보살께서 게송으로 이르시기를, "그대에게 열심히 방생할 것을 권하노니, 방생하면 장수하게 되며, 만약 보리심을 발하면 큰 재난을 만나도 하늘이 너를 구제할 것이다."라고 하였다.

불경에서 인간과 하늘의 일곱 가지 덕으로 "고귀한 종성, 단정한 모습, 장수, 무병, 연분의 우수함, 부유함, 광대한 지혜"라고 말씀하셨다. 그 중에서 장수와 무병의 근본 원인은 살생하지 않고 방생하는 것이며, 방생은 또한 나머지 다섯 가지 덕을 이루는 조연(도와주는 인연)이다.

세친(世親) 논사께서 말씀하셨다. "죽음을 당하는 중생을 구제하여, 생명을 살리고 유정을 해치지 않으면 장수하게 된다. 의사, 간호사가 약을 보시하여 중생을 살리면 병이 없게 된다."

병자는 전생 혹은 금생에 저지른 살생의 과보를 받는 것으로서, 의사도 치료할 방법이 없다. 만약 방생하면 곧 치유되는 경우가 있다. 중국 항주(杭州)에 새를 잡아 살아가는 사람이 있었는데, 등에 갑자기 종기가 자라났다. 의사도 어찌할 방법이 없었다. 그때 이 사람은 종기가 금생에 살생을 많이 한 과보인 것을 깨닫고는, 다시는 살생하지 않겠다고 발원하고 아울러 방생을 많이 하였다. 그 후에 치료를 하니 곧 효과가 있으면서 점점 완치가 되었다.

티베트에서도 가족이 방생을 하고 경을 읽어, 병원에서 반드시 사망할 것이라고 진단을 받은 환자가 점점 생명이 회복되는 경우가 많이 있다. 더욱이 의사가 진단할 수 없는 이상한 병은 모두 자기의 전생 혹은 금생에 살생한 업이 현전하는 것이다. 이때는 오직 방생하는 것이 좋다.

중국 청나라 도광(道光) 연간에 한 분의 태수가 있었는데, 몸에 중병이 들어 생명이 위급한 지경이 되었다. 그는 서원을 발하여 지금부터 일체의 중생을 이롭게 할 것을 맹세하고, 자기의 업장을 참회하면서 일체의 세간 일을 놓아버렸다.

그날 밤 꿈에 관세음보살께서 나타나 그에게 말씀하셨다. "너는 이전에 살생의 업이 중하여 금생에 단명보를 받게 되었다. 다행히도 이때 견고한 서원을 발하였으니, 오직 방생하면 수명을 연장할 수 있으며 또한 복록을 증가시킬 수 있다."

그는 꿈에서 깨어난 후 크게 느끼고 깨달아, 전 집안에 살생을 금하게 하고 자주 방생하였더니 병이 마침내 완쾌되었다.

우리 주변에서 방생을 통해 현생의 수명이 연장되는 사례를 많이 볼 수 있다. 최근에 티베트 어느 지방에 한 사람의 유목민이 있었는데, 여러 해 동안 질병을 앓아 매우 고통스러웠다. 많은 병원에 가보았지만 효과가 없었다. 후에 어떤 스님 한 분이 그녀에게 말하기를, "당신은 전생에 살생한 것이 매우 많아서, 만약 방생하지 않으면 병이 많고 단명할 것이다."라고 하였다. 그녀가 발심하여 방생을 많이 하자, 곧 고통이 없어지게 되었다. 지금 그녀는 인과를 믿고 매년 방생하는 데 돈을 기부하고 있다. 만약 중한 병에 걸려 수명이 다하려고 할 때 방생하면, 병이 없어지고 수명을 늘릴 수 있다.

이전에 소주에 왕대림이라는 사람이 있었는데, 그는 대자비심으로 자주 방생하였다. 마을에서 어린이들이 물고기나 새 등 동물을 잡아서 노는 것을 보면, 그는 힘써 말리면서 돈을 주어 방생하게 하였다. 그는 평소에 사람들에게 권하여 말하기를, "소년 때는 반드시 물건을 아끼고 생명을 사랑하는 인자한 미덕을 배양하여, 생명을 해치는 나쁜 습관에 물들게 되면 안 된다."라고 하였다.

그는 이와 같이 평생 사람들에게 권하여, 선을 행하고 악을 끊게 하였다. 나중에 중병에 걸려 죽게 되었는데, 성스러운 한 분의 존자가 나타나 말씀하시기를, "너는 평생 방생하여 큰 공덕이 있으니, 복이 증가하고 수명이 36년 늘어날 것이다."라고 하셨다. 그 후 그는 다시 살아나게 되었으며, 97세 때까지 살다가 병 없이 임종하였다.

마찬가지로 최근에 '과재'라고 부르는 장족의 사람이 있었는데, 미래를 아는 사람이 말하기를, "너는 단지 31세까지 살 수 있으며, 만약 방생하고 진언을 염송하면 수명을 늘릴 수 있다."고 하였다. 그래서 그는 즉시 방생을 많이 하였다. 매년 방생하고 중생의 생명을 보호하였더니, 수명이 자기도 모르게 늘어나 금년에 이미 나이가 50세이다.

또한 비슷한 일이 하나 있다. 이전에 어떤 분이 도시에 가서 붉은 색 잉어 한 마리를 사서 방생하였다. 후에 그분이 병이 들었을 때 꿈에 용왕이 나타나, 그를 청하여 용궁으로 모시고 가서 말하였다. "선생은 본래 수명이 다할 것인데, 용의 아들의 생명을 구하였기 때문에 수명이 12년 늘었습니다." 그가 잉어를 구해주었을 때는 48세였는데, 60세까지 살다가 죽었다. 따라서 인간 세상에서 수명이 길지 않은 사람은 마땅히 발심하여 방생하면 복과 수명을 증장시킬 수 있는 것이다.

불교신자는 인과를 깊이 믿는 것이 매우 중요하다. 방생에 대한 감응도 매우 기이하다. 최근 이름이 널리 알려진 많은 의사들은 방생에 의지하여 병을 치료하고 있다. 사천성 수녕시(遂寧市)에 한 분의 의사가 있는데, 그녀는 국내외에 영향력이 매우 크다. 그녀의 집에는 국내외에서 치료받고 완치된 환자들이 봉헌한 감사패와 깃발들이 많이 걸려 있다. 현재 그녀는 이미 수많은 사람들의 생명을 구한 은인이다.

내가 완치된 몇몇 분들에게 물어본 적이 있다. 그들은 모두 말하기를, "병원치료가 효과가 없을 때, 그 분은 방생과 불경을 독송하라고 권하였다. 그 분의 분부대로 널리 방생 등의 선행을 행하였더니 병이 완쾌되었다."고 하였다.

나는 그들의 말을 듣고 부처님 말씀에 대하여 더욱 깊은 이해와 믿음이 생겼다. 따라서 방생은 일종의 특이한 효능을 가진 병 치료의 방편이기도 하다. 달리 말하면 살생은 병에 걸리고 수명이 짧아지는 직접적인 원인이며, 본래 오래 살 수 있는 사람이 살생을 좋아하면 수명을 단축하게 된다.

티베트의 아사리 아왕자빠가 말씀하시기를, "만약 생명을 구하는 방생을 하게 되면 단명자도 수명을 연장할 수 있으며, 만약 물고기, 뱀 등 중생을 죽이면 장수할 사람도 단명하게 된다."

자고로 방생으로 인해 단명할 사람이 수명을 늘린 사례는 말할 수 없이 많다. 우리들이 만약 때때로 자비심을 축생, 미물에게까지 펼쳐 살생을 금하고 방생하든지, 또는 다른 사람들에게 널리 권하여 살생을 끊고 방생하게 하면, 모든 일은 반드시 길상여의하게 될 것이다.

전지화지 린포체가 말씀하시기를, "항상 선을 행하고 방생하는 자는 호법지신이 항상 그를 도와주고 지켜준다."라고 하였다. 또 『호생의 고사(故事)』에서 이르기를, "그림자가 형상을 따르듯이, 고금에 선악의 보응은 명명백백하고 분명하며 감응의 사적은 너무나 역력한데, 그대는 아직도 의문이 남아있는가?"라고 하였다.

방생의 이익은 무변하다

모든 유루(有漏)의 선법(善法) 가운데 방생의 공덕보다 큰 것은 없다. 무릇 기타의 선법은 자기의 마음이 깨끗하지 못하면 공덕이 없으나, 방생은 그 마음이 깨끗하든 깨끗하지 않든 그 일은 모두 직접 중생에게 혜택이 미치는 것이다. 그 때문에 불가사의한 선의 과보가 있으며, 비록 한 마리의 생명을 방생해도 그 공덕을 헤아릴 수 없는 것이다.

왜냐하면 방생된 중생은 참을 수 없는 죽음의 고통에서 벗어나기 때문이다. 게다가 방생하면서 부처님의 명호와 다라니를 염하여 가피를 주면, 마침내 그들 중생도 불퇴전의 과위를 얻게 된다.

『불퇴륜경(不退輪經)』에서 이르기를, "무릇 본사 석가모니불 명호를 들은 자는 모두 불퇴의 과를 얻으며, 축생이 부처님의 명호를 들으면 무상보리(無上菩提)의 종자를 심게 되어 결국에는 불퇴의 과를 얻는다."라고 하였다. 다른 불경에서도 이르기를 "부처님 명호를 듣거나 부처님 상을 보면, 무량의 덕이 생기며 장래 해탈을 얻게 된다."라고 하였다. 또한 『석가불전(釋迦佛傳)』에서 이르기를, "이전에 큰 자라가 있었는데, 자라를 먹고 싶어 하는 많은 상인들 중에서 어느 분이 부처님 명호를 염하였다. 부처님 명호를 들은 공덕으로 그 자라는 사람의 몸으로 바꿔 태어나, 석존의 가르침 하에 아라한과를 얻게 되었다."라고 하였다.

그러므로 방생할 때는 부처님 명호를 염하는 것을 절대로 잊지 말아야 한다. 나는 방생은 중생을 제도하는 것이라 생각한다. 대보살이 중생을 제도하는 것도, 중생으로 하여금 잠시 이고득락하여 인간, 천상의 복보(福報)를 누리고 결국에는 생사윤회를 해탈하게 하는 것이다. 방생도 마찬가지로 이러한 공덕을 갖추고 있다.

따라서 출가인이든 재가불자든 막론하고 방생을 좋아하는 사람은 정말로 대보살이며, 우리들은 응당 무상의 행위(즉 방생)를 함께 기뻐하고 배워야 할 것이다. 비유하면 우리 불학원의 어느 대캄포는 천성적으로 방생을 좋아하였다. 다른 사람이 그에게 공양하는 돈은 전부 방생을 위해 사용하였다.

지금은 말법의 시대로서 진정으로 중생을 이익되게 하는 대덕을 보기 어렵다. 재물이 있는 스님과 신도들이 거금을 들여 절을 짓고 장식하기는 한다. 하지만 안으로는 문(聞)·사(思)·수(修)의 행을 들어본 승중(僧衆)이 없다. 외관은 멋지게 꾸미나 불경에서 말하는 규범을 지키지 않고, 안에는 복장물이 없는 불상도 있다. 이는 비록 좋은 일이기도 하지만, 만약 이러한 돈을 방생에 사용한다면 직접 무량의 중생을 제도할 수 있는데, 어찌 더욱 무변의 공덕을 갖추려 하지 않는가?

용수 보살께서 『대지도론』에서 말씀하시기를, "모든 죄 중에서 살생이 가장 중하며, 모든 공덕 중에서 방생이 제일이다."라고 하셨으며, 티베트의 근상취짜 대사가 말씀하시기를 "마땅히 살생을 끊고 방생하면, 일체의 몸과 입의 선법 중에서 방생의 공덕이 가장 크다."라고 하셨다.

『지장십륜경(地藏十輪經)』에서 이르시기를, "만약 모든 살생을 금할 수 있으면, 모든 중생이 공경하며 무상보리를 이룬다. 항상 병이 없고 수명이 늘어나며, 안락하고 편안하여 손해가 없다. 세세생생 여래의 행을 깊이 믿고 현생에서 불법과 승중을 보고 속히 무상보리의 과를 얻게 된다."라고 하셨다.

티베트의 유명한 공행모(空行母) 근상띠엔진께서 중음계(中陰界)를 유행(遊行)하며 가르친 『심도총집공행이전심의연화심적』에서 말씀하셨다. "일체의 고귀하고 비천한 중생에게 금생과 내세의 안락법으로 방생보다 더 수승한 것은 없다. 남염부제를 돈 공덕은 한 마리의 송아지를 방생한 공덕과 같으며, 관음주(觀音呪) 칠억 번을 염송한 공덕은 한 마리의 작은 소를 방생한 공덕과 같다. 내가 염라국에 이르러 그것을 보았으니, 오늘 이 공행어(空行語)를 망실하지 말고 송아지 등을 힘써 방생하면 무량한 공덕을 얻게 된다."

『구사론(俱舍論)』에 근거하여 말하면 방생하는 몸이 클수록 그 공덕도 더욱 크며, 도살하고 죽이는 유정의 몸이 클수록 그 과실과 우환도 더욱 크다. 왜냐하면 신체가 크면 받는 고와 낙이 크기 때문이다.

인광 대사가 총괄하여 방생의 열 가지 공덕을 말씀하셨다.
1. 도병겁(전쟁)이 없으며,
2. 모든 길상함이 모이며,
3. 건강하고 장수하며,
4. 자식이 많고 훌륭한 아들을 얻으며,
5. 모든 부처님께서 기뻐하며,
6. 중생이 은혜에 감사하며,
7. 모든 재난이 없으며,
8. 천상에 태어나며,
9. 악업을 소멸하고 사계가 안녕하며,
10. 세세생생 끊이지 않고 선심이 서로 감응한다.

고금에 많은 고승 대덕들이 방생에 힘을 다하였다. 옛날 지자(智者) 대사는 바닷가 모래해변 400여 리를 사서 방생지로 만들었고, 당나라 숙종은 온 나라에 명하여 방생연못을 만들라고 하였으며, 안노공은 방생비문을 지었다.

송나라 진종도 천하에 방생지를 건립하라고 명하였으며, 아울러 항주 서호(西湖)를 방생의 용도로 사용하도록 계획하였다. 명나라 연지 대사는 여러 곳에 방생지를 만들었으며, 『계살방생문』을 지어 지금까지도 전해지고 있다.

무릇 방생하는 사람은 네 가지의 공덕을 얻는다.

첫째는 방생의 이숙과(異熟果)로서 삼악도의 고통에서 해탈한다. 하등(下等)의 발심과 방생의 수량이 적으면 인간으로 태어날 수 있고, 중등(中等)의 발심과 방생의 수량도 중간이면 욕계의 하늘에 태어날 수 있으며, 만약 상등(上等)의 발심과 방생의 수량이 많으면 색계와 무색계의 하늘에 태어나며, 점차 윤회의 고해에서 벗어나게 된다.

둘째는 방생의 등류과(等流果)로서 둘로 나눌 수 있다. 하나는 장래 세세생생 무병장수하며, 둘은 미래에 사람의 몸을 얻었을 때 살생을 끊고 방생을 좋아하며 자비선심을 구족하고 수승한 보살도를 행하게 된다.

셋째는 방생의 증상과(增上果)로서 방생자가 후세에 위험한 험지에 태어나지 않으며, 태어나는 곳이 전부 즐겁고 아름다운 경계이며, 음식, 꽃, 과일 등을 구족하게 된다.

넷째는 방생의 사용과(士用果)로서 태어나는 곳마다 방생의 착한 덕이 증장한다.

방생하면 해탈, 왕생을 얻는다

만약 방생하면 금강지옥에서도 벗어날 수 있다. 대장경 가운데 한 가지 이야기가 있다.

옛날 인도에서 '적건'이라고 부르는 외도가 있었는데, 고기 먹고 피 마시기를 좋아하여 살생한 것이 거의 만에 이르렀다. 이 과보로 죽은 후 18지옥에 떨어졌으며, 그 후 금강지옥에 태어나 매 찰나 중에 백번 죽고 백번 사는 무량한 고통을 받았다. 이때 아난이 그 중생의 고통을 관하고는 부처님께 이 일을 이야기하였다.

부처님께서 아난에게 말씀하시기를, "이 사람은 세상에서 고기와 피를 먹기 좋아하였기 때문에, 현재 그 살생의 과보를 받고 있다."라고 하였다.

아난은 다시 염라왕에게 "이 사람이 해탈할 수 있는 어떤 방편이 없겠습니까?"라고 물었다. 염라왕은 "만약 이 사람을 악도에서 벗어나게 하려면, 이 세상에서 많은 방생을 하면 될 것입니다."라고 답하였다. 그 후 아난이 그 사람을 위하여 널리 방생을 행하였기 때문에, 금강지옥에서 벗어나게 되었다.

이전에 어느 시주(施主)는 자주 관음탑이라고 부르는 탑에 공양하였다. 시주는 아들이 없었는데, 하루는 탑 아래에서 서원을 세우기를, "만약 나에게 아들을 점지해 주지 않는다면 이 탑을 무너뜨리겠다."고 하였다. 탑 안의 신은 매우 두려웠으나, 그에게 아들을 점지해줄 방법이 없어 제석천에게 청하였다. 제석천은 곧 죽으려는 천인(天人)을 태에 들게 하였다.

　이 하늘사람이 세상에 태어나 출가하려고 하였으나 부모는 허락하지 않았다. 천인이 전세(轉世)한 그 어린이는 생각하기를, '이 고귀한 인간세상에 태어나 출가하여 수행하지 않으면 아무런 의미가 없다'며 자살하려고 하였다. 강에 뛰어들었을 때 강물이 거꾸로 흘러 죽지 않았으며, 절벽에서 뛰어내렸을 때도 또한 죽지 않았다.

　그 당시 국가의 법률은 매우 엄하였기 때문에, 고의로 강도가 되어 죽고자 하였다. 하지만 형을 집행하는 화살이 모두 되돌아와서 죽지 않았다. 국왕은 매우 놀라 그에게 사과하였으며, 그 후 국왕의 도움으로 마침내 부모로부터 출가의 허락을 받았으며, 얼마 지나지 않아 아라한과를 증득하였다.

　부처님께서는 여러 제자에게 이 사람의 전생인연을 말씀하셨다. "옛날에 그는 곧 죽게 될 사람을 구제해 준 적이 있기 때문에 오백 세 중에서 두려움을 받지 않고 지수화풍(地水火風)도 그를 해치지 못하였으며, 아울러 금생에 아라한과를 얻게 되었다."

　방생은 무외(無畏)의 보시이다. "무외보시는 즉 방생이다."

　『염주경(念住經)』에서 이르기를, "일체의 율의 가운데 선도(善道)에 태어나는 수승한 인연은 즉 생명을 보시하는 계이다."라고 하였다. 또 『방생공덕론』에 이르기를, "만약 선도의 즐거움을 얻으려면, 방생하여 인간과 천상의 복보를 얻을 수 있다. 만약 스스로 적멸을 얻으려면, 방생하여 성문, 나한의 과를 얻을 수 있다. 만약 보리심으로 섭수하려면, 방생은 성불의 과를 이루는 인(因)이다. 만약 스승〔上師〕이 세상에 머물기를 원하면 방생하라. 스승이 오래도록 세상에 머무는 것을 느낄 수 있다. 만약 자기의 긴 수명을 얻으려면 방생하라. 수승한 장수(長壽)의 방편이 될 수 있다. 방생은 무량한 공덕이 있다."라고 하였다.

방생은 또한 정토왕생(淨土往生)의 주요한 인(因)이다. 『무량광수공덕장엄경(無量光壽功德莊嚴經)』은 열 가지 왕생의 인을 말씀하셨다. 이 열 가지 인은 비록 서로 다른 해석법이 있지만, 두 가지의 인, 즉 자기가 직접 하는 방생과 다른 사람에게 방생을 권하는 것으로 많이 해석되었다.

그리고 『중음교언론(中陰教言論)』에 근거하여 말하면, 금생에 방생하면 죽은 후 중음의 시기에 그에 의하여 방생된 중생이 길을 인도하며, 자기가 원하는 정토에 왕생할 수 있도록 이끈다. 만약 살생하면 그에 의하여 살해당한 중생이 나타나 극히 분노하고 원망하며, 강력히 지옥으로 이끌게 된다.

자주 방생하는 사람은 즉시 극락세계에 왕생할 수 있다. 마치 티베트의 치아메이 린포체가 평생 사람들에게 방생을 권하여 원적(圓寂)시 바로 서방극락정토에 왕생한 것과 같다. 중국 송나라 영명연수 대사는 평상시 물고기, 새우 등을 사서 방생에 힘썼으며, 후에 이러한 공덕력으로 극락세계에 왕생하여 상품상생을 증득하였다. 이러한 이야기는 모두 역사에 많이 기록되어 있는 것이다.

결어

바다와 같이 방대한 불경과 논전 가운데 '방생의 공덕과 살생의 과실'에 관하여 많은 가르침과 이야기가 있으나, 그 이론을 다 논할 수 없다. 본문에 언급한 것은 단지 대해(大海) 중의 한 방울의 물에 불과하며, 지면관계상 쓸데없는 말을 장황하게 늘어놓을 수 없었다.

이 글을 빌어 지혜를 구비한 사람은 반드시 하나를 보고 많은 것을 미루어 알 것이며, 득실을 명백히 알아 신중하게 취사선택할 것이다. 그리고 성자 법왕 진메이펑쵸 금강상사께서 극력 주창하신 법문에 따라 널리 방생의 사업을 행하여 여러 중생을 이익되게 하려고 한다.

과학이 고도로 발전함에 따라
마음속의 번뇌 또한 더 늘어나고
자비심은 감소하여 살생이 늘어나니
지금의 이 세상 정말로 슬프구나.
우리 대사 석가모니부처님은
중생을 위하여 버린 목숨 한량이 없으며
만약 이러한 인(因)이 없고 단지 정진만 하면
마치 공중에서 꽃을 찾는 것과 같네.

일체 유루의 착한 법 가운데
살생하지 않고 방생하는 것이 가장 수승하며
내 여기에서 재삼 기도하면서
이러한 수승한 도(방생) 행할 것을 권청하네.

이러한 선은 삼세의 선을 위주로 하며
허공법계 삼계의 중생에게 회향하여
원컨대 그들이 잠시 인간, 천상의 복을 얻고
마침내 극락세계에 왕생하길 비네.

이 글이 만약 중생을 이익되게 한다면
상사와 공행 등 모든 호법선신은
항시 이 (방생의) 묘법을 수호하여
장차 염부제에 두루 퍼지기를 원하옵니다.

- 이 '방생공덕 감로묘법'은 중국의 경건한 신도들이 권청하여, 쇼다지캄포께서 바쁜 와중에서도 인도, 티베트, 중국의 여러 경론에 의거하여 오명불학원(五明佛學院) 남방마니보주에서 지으셨다. 참으로 좋구나!

-1997년 5월 5일

옮긴이의 말

불교를 믿는다는 것은 무엇을 믿는다는 것인가? 불(佛)·법(法)·승(僧) 삼보(三寶), 즉 부처님과 부처님께서 가르치신 법과 그 법에 따라 수행하고 법을 전하는 스님들을 믿는 것이 아닌가! 그 중에서 인과(因果)의 도리를 믿어야 하는 것은 불자라면 가장 기본적인 전제이기도 하다.

2,500여 년 전 석가모니 부처님께서 중요하게 설하신 인과응보(因果應報)는 많은 경전을 통해 전해지고 있다. 하지만 세월이 흘러 말법시대로 접어들자 과학이 고도로 발전함에 따라 사람들은 인과에 대한 인식과 믿음이 희박해지고 있으며, 인과응보의 이야기를 신화나 전설같이 생각하는 경우가 많은 것 같다.

이 책을 번역하면서 나는 세상 모든 것이 인연에 의해 전개된다는 것을 다시 한번 깊이 느끼게 되었다. 이 책은 최근에 일어났던 실제 사례를 통하여, 우리가 만나고 겪는 모든 일들이 알고 보면 결국은 '자기가 지어 자기가 받는다(自作自受)'는 것을 명확하게 알려주고 있다. 이 모두는 지어낸 이야기가 아니라 묘법 노스님의 혜안으로 간파하시고 고통받는 사람들을 위하여 들려주신 것이다.

인과는 과거·현재·미래를 통하는 도리이기 때문에 그러한 삼세를 꿰뚫어 보는 안목이 없는 우리들이 믿기 쉬운 것은 아니다. 그러나 불교를 믿는 불자라면 부처님의 가르침 중에서 핵심적인 사상인 인과의 이치를 이해해야만 비로소 현생의 고통뿐 아니라 생사의 윤회에서 벗어날 수 있을 것이다.

불보살께서는 인과의 도리로써 중생을 제도하시며 중생들은 인과에 의지하여 성불(成佛)의 길로 갈 수 있는 것이다. 인과를 따르는 것은 바로 고통을 뛰어넘을 수 있는 지렛대이자 악도를 막는 방패이며, 천상으로 향상할 수 있는 길이며, 생사의 바다를 건너가는 배와 같은 것이라고 생각한다.

우주선이 하늘로 날아가기 위해서는 발사대가 튼튼해야 하듯이, 우리가 생사(生死)의 고해에서 벗어나기 위해서는 계(戒)의 몸이 튼튼하게 갖춰져야 할 것이다. 계란 바로 인과를 기초로 하기 때문에 수행자는 인과에 대한 철저한 인식하에 과거의 업장을 참회하고 새로운 나쁜 업을 짓지 않아야 한다. 그렇게 할 때 우리의 불성(佛性)을 가로막고 있는 망상과 업장은 점차 엷어질 것이며, 인연이 도래할 때 불보살(佛菩薩)의 가피로 본래 우리가 가지고 있던 불성이 현현할 것이다.

인과를 무시하면 결코 불보살의 가피를 입을 수 없을 것이며, 결국 자기의 업대로 살다보면 삼악도에 빠져 생사의 고통 속에서 벗어날 날을 기약할 수 없을 것이다. 지금은 말법시대로서 우리들의 근기가 약하기 때문에 단번에 불성을 깨달아 들어가는 사람은 극히 드물다. 그러므로 먼저 염불이나 다라니에 의지하여 자기의 무거운 업장을 녹여나가야 할 것이다. 그런 다음 때가 되면 최상승의 공부를 할 수 있는 기초가 형성될 것이며, 근기가 뛰어난 사람은 단박에 자기의 성품을 깨닫게 될 것이다.

『오대산 노스님의 인과 이야기』 전편을 읽고 많은 분들이 고기 먹는 문제에 대하여 한번쯤은 생각하면서, 고기를 먹을 때 다소 죄책감 같은 것을 가지게 되었다고 하였다. 지금 우리는 오직 영양학적으로만 생각하고 아무런 의식없이 고기를 먹고 있다. 고기 먹는 것이 이미 굳어진 생활습관이 되어 이를 바꾸기란 여간 어려운 것이 아님은 사실이다.

그러나 우리는 고기 내면에 들어있는 고통 받는 생명(영혼)을 생각하고 식습관을 바꾸려고 노력해야 할 것이다. 고통과 생사에서 벗어나려고 하면서 다른 생명을 고통스럽게 하면, 이는 생사에서 해탈할 수 없을 뿐 아니라 더욱 업만 짓고 윤회의 고통에 빠져드는 길이다. 자비의 마음으로 고기를 먹지 않는 것 자체가 커다란 공덕을 짓는 것이라고 하였다.

요즘은 심지어 스님들조차 고기와 오신채 먹는 것을 대수롭지 않게 생각하는데, 대승불교에 속하는 우리나라에서는 이 문제에 대하여 깊이 생각해야 할 것이다. 남방불교에서 고기를 먹는다고 그걸 따라할 수는 없는 것이다. 스님은 우리 불자들의 의지처인데 스님들이 고기와 오신채를 먹으면 더 이상 중생들이 공덕을 지을 수 있는 청정하고 성스러운 의지처가 될 수 없을 것이다.

이 책에서는 전편에서 다 소개하지 못한 사례를 통하여 인과의 진실을 이야기하고 있다. 특히 음욕심을 끊지 못하면 절대로 생사에서 해탈할 수 없으며, 구복(口腹)을 채우기 위하여 고기를 먹고 살생을 많이 하면 수많은 병을 일으킨다는 사실을 호소하면서, 지금이라도 잘못을 깨닫고 깊이 참회하고 수행하면 고통에서 벗어날 수 있음을 말하고 있다.

묘법 노스님께서 말씀하시길, 생사의 고통에서 벗어나기 위해서는 하루빨리 고기와 오신채를 끊고 열심히 참회, 수행하라고 하셨다. 지금 우리가 노스님을 뵙고 싶어도 찾아 뵐 수 없다. 하지만 그분의 고구정녕한 말씀의 일부분이나마 접할 수 있어서 다행이며, 우리가 그분의 가르침대로 열심히 수행하면 그분을 직접 만나 가르침을 받은 것이나 다름이 없을 것이다. 하지만 가르침을 따라 행하지 않으면 지금 노스님을 직접 만나뵙더라도 아무런 이익을 얻지 못할 것이다.

그리고 『오대산 노스님의 인과 이야기』에는 없지마는 인과를 이해하는 데 도움을 주고자, 양무제의 스승이신 지공 선사(志公禪師)의 인과법문을 추가하였다. 그리고 마지막에는 티베트의 고승이자 역경사인 쇼다지캄포의 방생공덕에 대한 감로법문을 첨부하여, 살생의 해악과 방생의 공덕을 다시 한번 환기시키고자 번역 소개하였다.

이러한 실제 사례와 고승대덕의 법문을 통하여 인과를 이해하고 살생을 하지 않으며, 또한 방생 등 여러 공덕을 지어 우리 모두 하루빨리 질병의 고통에서 벗어나게 되기를 바란다. 첨단과학이라는 미명 아래 불법을 무시하고 인과를 역행하면 그에 대한 과보가 조만간 자기에게 미친다는 사실을 깊이 인식하여 고통에 빠지는 일이 없어야 할 것이다.

이 책을 통해 인과의 무서움과 생사의 무상함을 느끼고 모두가 마음을 돌려, 지난날의 허물을 깊이 뉘우치고 널리 공덕을 짓는 일에 힘쓰며 불도(佛道)수행에 매진하는 계기로 삼았으면 한다.

번역을 마무리하면서 묘법 노스님과 과경 거사에 대한 은혜를 조금이나마 갚게 되어 기쁘며, 번역이 매끄럽지 못한 부분이 있으면 넓은 아량으로 이해해 주시기를 바란다.

『오대산 노스님의 인과 이야기』에 보내주신 독자님들의 성원과 관심에 대하여 이 글을 통하여 고마움을 전하고 싶다. 아울러 이 책이 세상에 널리 알려질 수 있도록 출판해주신 불광출판사에 대하여 다시 한번 감사드리면서, 모든 사람들이 다 같이 생사의 고해에서 벗어나 극락세계에 왕생하기를 빈다.

정해(丁亥)년 화창한 봄날
재가불자 각산(覺山) 삼가 씀.

오대산 노스님의
그 다음 이야기

2007년 4월 18일 초판 1쇄 발행
2022년 7월 4일 초판 16쇄 발행

엮은이 과경 • 옮긴이 각산 정원규
발행인 박상근(至弘) • 편집인 류지호 • 상무이사 김상기 • 편집이사 양동민
편집 이상근, 김재호, 양민호, 김소영, 권순범 • 제작 김명환
마케팅 김대현, 정승채, 이선호 • 관리 윤정안

펴낸 곳 불광출판사 (13150) 서울시 종로구 우정국로 45-13, 3층
　　　　대표전화 02) 420-3200 편집부 02) 420-3300 팩시밀리 02) 420-3400
　　　　출판등록 제300-2009-130호(1979. 10. 10.)

ISBN 978-89-7479-541-2　03220

값 12,000원

잘못된 책은 구입하신 서점에서 바꾸어 드립니다.
독자의 의견을 기다립니다. www.bulkwang.co.kr
불광출판사는 (주)불광미디어의 단행본 브랜드입니다.